中国房地产市场炒作问题研究

刘丁豪 刘昱君 杨磊玉 邓元东 肖格雅 ◎ 著

中国财经出版传媒集团

经济科学出版社
Economic Science Press

·北 京·

图书在版编目（CIP）数据

中国房地产市场炒作问题研究／刘丁豪等著．
北京：经济科学出版社，2024.8. -- ISBN 978 - 7 - 5218 -
6243 - 0

Ⅰ. F299. 233. 5

中国国家版本馆 CIP 数据核字第 20241XS086 号

责任编辑：刘战兵
责任校对：隈立娜　刘　娅
责任印制：范　艳

中国房地产市场炒作问题研究
ZHONGGUO FANGDICHAN SHICHANG CHAOZUO WENTI YANJIU
刘丁豪　刘昱君　杨磊玉　邓元东　肖格雅　著
经济科学出版社出版、发行　新华书店经销
社址：北京市海淀区阜成路甲 28 号　邮编：100142
总编部电话：010 - 88191217　发行部电话：010 - 88191522
网址：www. esp. com. cn
电子邮箱：esp@ esp. com. cn
天猫网店：经济科学出版社旗舰店
网址：http://jjkxcbs. tmall. com
北京季蜂印刷有限公司印装
710 × 1000　16 开　16.5 印张　271000 字
2024 年 8 月第 1 版　2024 年 8 月第 1 次印刷
ISBN 978 - 7 - 5218 - 6243 - 0　定价：66.00 元
（图书出现印装问题，本社负责调换。电话：010 - 88191545）
（版权所有　侵权必究　打击盗版　举报热线：010 - 88191661
QQ：2242791300　营销中心电话：010 - 88191537
电子邮箱：dbts@ esp. com. cn）

序

　　住房本是人们生活中的必需品，也是一件十分普通的商品，而房价的持续上涨使其成为人们生活中的奢侈品。尤其是在大城市，购买住房需要一个家庭付出数十年的努力，甚至一家几代人一辈子的心血。近年来，房价问题成为政府、社会和老百姓关注的重点问题。房价的持续上涨成为影响国民经济持续健康安全发展的重要因素，也成为影响人民生活质量的重要因素。房价的持续上涨不仅受到市场经济中竞争机制的影响，而且也受到了部分炒房者的推动。为此，习近平总书记多次强调房子是用来住的、不是用来炒的。与此同时，国家也通过宏观调控和市场调节对房地产市场进行调控，抑制房价过度上涨，保持房地产市场平稳发展，最终使住房回到居住的属性。

　　西华师范大学商学院刘丁豪教授长期关注房地产行业，并对其进行了系统思考。《中国房地产市场炒作问题研究》这部著作是他和同事们长期研究房地产问题的理论思维结晶，本书全面系统地研究了社会炒房的原因、炒房的危害和抑制炒房的路径，是近年来全面研究分析炒房这一社会经济问题的力作。

　　《中国房地产市场炒作问题研究》是一本对我国炒房问题进行较为全面研究的著作。作者从主观和客观两个方面分析了我国房地产市场炒住房的原因，阐明了炒房客为什么要炒房以及为什么能炒。作者主要抓住经济利益这一关键因素，剖析了市场主体为什么要炒房，从住房的商品属性出发，分析了社会主义市场经济条件下为什么能对住房进行炒作。作者分析了炒房的主体，主要包括房地产市场主体和非房地产市场主体两大类，具体包括自然人、企业甚至政府等，从而指出了导致房价快速上涨的原因。本书以现实分析为起点，剖析了我国炒房的实际情况，指出我国被炒作的住房主要是大城市的住房和学区房等。炒房并非新出现的问题，具有一定的历史性。为了保持经济持续健康安全发展，我国政府出台了一系列促进房地产市场稳定发展的政策。作者运用唯物辩证法对我国历次房地产调控政策进行了剖析，并讨论了这些政策在促进房地产市场平稳发展中的作用。抑制炒房不仅事关我国房地产市场平稳发展，更关系到我国经济安全发展。作者在借鉴国外经验的基础上，从保持房地产市场供需动态平衡视角提出了在我国抑制炒房的建议，具体包括打破土地供给渠道垄断、多渠道保障住房供给、一城一策、拓宽投资渠道和完善房地产政策等。

刘丁豪教授长期关注我国房地产行业的发展，本书对我国房地产市场炒作问题进行了全面研究，是他和同事们多年研究的成果。在本书中，作者运用经济学理论和行为组织学理论，结合生动的案例，回答了我国炒房的缘由、谁在炒房、在哪里炒房、炒什么类型的房等问题，并针对如何抑制炒房这一现实和理论问题，提出了自己独特的见解。总而言之，这本探讨如何抑制我国房地产市场炒作问题的新作既有学术的探索，也有现实的温度，无论是对经济学专业的学生，还是对从事教学研究的科研工作者，抑或是政府工作者，都具有较高的借鉴和参考价值。

蒋永穆

四川大学经济学院教授

2022 年 9 月 20 日

目录

第一章

炒房的定义、特征与危害

炒房属于投机行为，对房地产市场的稳定和可持续发展具有消极的影响，甚至对整个国民经济体系都会带来严重的危害。

一、炒房的定义

1994 年国务院颁布《关于深化城镇住房制度改革的决定》，1998 年取消福利分房制度，自此正式拉开了我国房地产业市场化序幕。在我国房地产业市场化加速向前迈进的同时，炒房投机行为也开始出现，搅乱了房地产市场的一池清水。面对日益严重的炒房现象，中央高度重视，不断推出宏观调控措施，对炒房投机行为进行干预和抑制。2016 年 12 月中旬，在北京召开的中央经济工作会议明确指出，"房子是用来住的，不是用来炒的"，同时要求合理运用金融、土地、财税、投资、立法等行政和市场手段，加快建立符合国情、适应市场规律的基础性制度和房地产市场的长效机制。2017 年10 月，党的十九大会议再次重申房子是用来住的，不是用来炒的，提出要"加快建立多主体供给、多渠道保障、租购并举的保障制度，让全体人民住有所居"。在党中央的号召下，2018 年上半年各地出台楼市调控政策累计达200 次左右，实施限售的城市约 50 个。这些针对房地产市场的调控都直接剑指炒房问题。2020 年 12 月召开的中央经济工作会议再次提及要坚持"房子是用来住的、不是用来炒的"这一定位，要因地制宜、多措并举，促进房地产市场平稳健康发展。在 2022 年召开的党的二十大上，习近平总书记再次代表党中央重申了党的十九大提出的关于房地产的基本定位和对炒房现象进行抑制的基本思想。

（一）炒房的含义

凯恩斯认为，所有纯粹以市场心理做出估计的活动都是投机。投资和投机往往交织在一起，很难区别，但投机和投机还是有很大区别的，虽然二者都以追求利润为目标，但投资是建立在对市场的理性分析基础上的交易行为，正如本杰明·格雷厄姆所说："投资是一种通过认真分析研究，有望保本并能获得满意收益的行为，必须以事实和透彻的数量分析作为基础。不满足这些条件的行为被称为投机，投机往往是奇思异想和猜测。"投资是以规避风险为出发点的，而投机则可能带有较明显的感性色彩，并接受或利用市场风险。投机不是要尽量规避风险减少损失，而是要最大限度地利用风险追求利润。也就是说，投机不是依据价值规律而是按照人们的心理认知决定商业行为的，这是投机和投资最大的区别之一。

房地产投机俗称"炒房"，对于"炒房"的定义，学术界还没有统一定论，有学者认为炒房是指买房的目的不是住，也不是租，而是卖。炒房持有时间往往比较短。其与房地产投资是有区别的。房地产投资者持有房地产的时间一般比较长，买房的目的主要是用于出租或自住，通过买入房地产等待其升值再卖出，或通过出租收取租金而获取超过成本的收益。由此，可以通过对房地产持有时间的长短和持有的目的来判断是否为炒房。同时，也有学者指出，购房数量等因素也应纳入炒房的判断标准之内，那种明显超出自住需要数量的房地产交易就带有炒房的嫌疑。目前，学者们从持有目的、时间、数量等方面进行了描述，认为判断是否为"炒房"的核心要素是"持有目的"和"持有时间"。在具体持有期限方面，虽然没有明确的政策界定，但在各地的房地产调控政策中存在相关隐性信息。例如，在"房住不炒"的定位确立后，大部分中心城市出台限售政策就是为了从持有时间上对炒房行为进行抑制。

投机炒房的首要动机是经济动机，也就是要通过较快的房地产买卖交易频率使投资利润最大化。显然，投机炒房需要依赖于两个条件：一是低买高卖；二是较快的交易频率。第二点是房地产投机与房地产投资最大的区别所在。

要区别房地产投资和炒房行为是很难的，因为炒房常常隐藏在房地产投资行为中，二者往往交织在一起。要识别和区分炒房和房地产投资行为应当从二者的行为方式、借助的条件以及其所带来的后果等方面来判断。从行为动机上看，二者的区别并不十分明显，严格意义上说，炒房和投资一样都是为了获取投资收益，以收益最大化为目标。炒房与房地产投资最大的区别在于交易的频次。一般来说，炒房和房地产投资在交易频率上是有区别的，投资的交易频率一般会低于炒房的交易频率，炒房往往对房地产品不会持有太久，其常常要通过较为频繁的交易来实现其利润最大化的目标；而且，炒房为了实现收益最大化的目标，往往像炒股、炒期货一样，会依托房地产市场因素和价格趋势来实现。比如，利用城市化、人口政策等有利的房地产市场环境因素来炒作房地产需求增长预期，影响房地产消费者消费决策，进而使其跟进购房；再比如，利用房地产价格不断走高的市场大趋势来快速推高房价。炒房离不开房地产价格的变化，必须依托房价的不断走高，才能实现盈利，可以说，房价的不断上涨是炒房得以实现的必要条件；还可以利用房地产市场信息不透明、不对称的特征并与开发商等其他市场主体共谋来推动房价快速走高，等等。同时，要识别炒房行为，还可以从其后果上来判断，一般来说，炒房会导致房地产市场价格短期较大的波动。

炒房是指在房地产市场中依据市场持续向好的环境，通过快进快出的方式，以追求最大利润为主要目标，并有别于房地产投资的一种投机行为。它是伴随着房地产市场快速发展、房地产价格快速上涨的过程而产生的。炒房是市场经济发展到一定时期的产物，难以用目前已知的法律来进行定义。根据高丙中先生对社会团体的合法性分类①，炒房在一定程度上有着社会的合法性，至于法律合法性则相对存疑，至今为止，没有一部法律对其有明文界定。

炒房的盈利模式一般有两种：一是通过低价购进、高价卖出房地产获取价差，也就是通过购进标的物价格的上涨获取差额利润，这是主要的盈利模式；二是炒房团通过庞大的资金量与开发商合作，给开发商提供高于银行利率的资金，进而获得收益（包括利息差收益和其他合作收益）。因此，炒房者总是要尽可能地与开发商共谋，不断制造畅销、交易活跃的市场氛围，不

---

① 高丙中教授将社会团体的合法性分为四种形式：一是社会合法性；二是行政合法性；三是政治合法性；四是法律合法性。

断推动房价上涨。

当房屋商品的需求方不是房屋的真正需求者而是炒房者时，房地产便被更多地看成是一种获利的对象，今天的购买是为了以后能有机会以更高的价格卖出去，以图获得差价带来的利润。甚至有些炒房者只期待短期在房地产交易中迅速获得收益，只要看好未来房价上涨的趋势，不论价格多高都愿意购买并迅速出手，在短时期内使需求曲线向右上方倾斜，斜率明显增大。总之，这种投机者的购买行为所形成的房屋需求曲线是向右上方倾斜的，是一种特殊的需求曲线。区位较差、背街小巷的普通房屋，价格长期稳定，没有购买者；而区位优势明显的市中心、繁华地段的房屋，价格高而且上涨快，却更容易销售出去，就是投机者介入的结果。

我们可以借用机会成本原理来分析炒房投机者的购买行为：首先，炒房者不是终端消费者，他不能从购买房屋的过程中获得消费上的满足，因而不存在边际效用问题。其次，炒房者的资金是有成本的，炒房者选择购房，是对其他投资机会的放弃，因而也是有机会成本的。所以只有预期房地产价格不仅要涨，而且要涨到机会成本以上，投机者才可能进场交易。最后，一旦房价在一定时间内的涨幅大大超过了资金成本或机会成本，炒房者的投机规模就会进一步放大，推动房价上涨，形成联动涨升的局面。因此，房价上涨越高，交易量越大，炒房者炒房利润曲线越向右上方倾斜（见图1-1）。可见，炒房利润构成及其变化主要由房价和销售量的大小决定，特别是要以房价的上涨为基本前提。

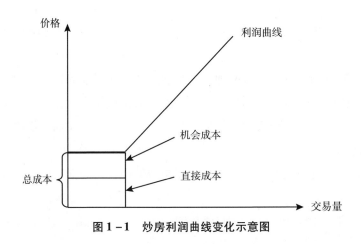

图1-1　炒房利润曲线变化示意图

（二）炒房的基本特征

不同的角度，对炒房投机特征的概括存在差异。在此，从一般的视角看，炒房具有以下一些基本特征：

1. 快进快出

与其他市场投机一样，快进快出是炒房投机的基本特征之一。快进快出就是进入市场，完成从选定、买入投机标的物到卖出标的物都很快捷，也就是持有房地产的时间比较短。因为有时候出于抓住市场机会的需要必须实施快进快出的策略；同时，从追逐利润的角度讲，快进快出可以增大交易频次（对单次交易来说，因为时间较短，快进快出可能不能获取最大利润），实现总利润的最大化。最关键的是，投机者往往都是在利用风险进行博弈，其交易行为面临的风险也相对更大，所以只有通过快进快出，方能让风险降到最低。快进快出是投机与投资最大的区别之一。因此，从这一点上看，对房地产持有时间的长短是区别房地产投资和炒房的主要依据之一。

2. 抱团炒作

由于高利润的吸引，炒房者有个体的自然人，也有组织机构。以不同的标准来划分，炒房的类型不同。从炒房的参与者与参与方式来分类，可以把炒房分为个体炒房、机构炒房、抱团炒房等类型。从总体上看，抱团炒房是最主要的形式，因为通过抱团的形式，可以为某一个具体的楼盘营造畅销的市场氛围，有利于拉高房价上涨预期，吸引其他消费者，也有利于炒房投机者快进快出，实现快速获利；另外，抱团炒房还可以与开发商进行价格谈判，降低炒房成本。在许多地方，炒房基本上都是以这种抱团炒作的方式来进行的，比如，我国最有名的炒房团——温州炒房团在 2001 年进驻上海，对上海房地产进行大规模炒作，就是通过抱团的方式进行的。2001 年 8 月，温州乐清炒房团 180 多人坐满两节火车抵达上海，一次性砸下 5000 余万元资金炒房；一个月后，又一波温州看房团来到上海，成交 1.8 亿元。随后，一批批温州炒房团带着巨资杀进上海房地产市场，推动上海房价快速上涨。2020～2021 年发生的深圳炒房事件也同样具有抱团炒房的特征。

3. 高收益与高风险并存

炒房追逐的是高额利润，由于房地产品的特殊性，再加上我国人口基数庞大，在城市化的推动下，房地产价格不断上涨，在需求和房价上涨的成长型市场，炒房往往能实现高利润的目标。高利润也预示着高风险。炒房本身就是接受并利用风险进行投机交易，所以，其往往也面临着高风险。这种风险既有市场性风险、经营性风险，也有政策性风险。

4. 短期性

炒房行为一般具有短期性。其短期性一方面主要是指炒房者更注重市场的短期态势，往往把追求短期利益放在首位；另一方面，在炒房的时候往往对标的房地产持有的时间比较短。

5. 隐蔽性

炒房具有隐蔽的特点。在房地产市场中，炒房与房地产投资是很难区分的，往往隐藏于投资中，与正常的房地产交易并没有显性的区别。尤其是在炒房管理实务中，要对炒房进行识别是较为困难的。

6. 松散性

虽然炒房常常以抱团的形式进行，但炒房大多都是通过民间的渠道参与的，以较为松散的方式进行自我管理。除了行动上的一致性之外，炒房团作为民间组织，在其他许多组织方面和管理环节都相对松散。

7. 与其他市场主体共谋

要达到炒作盈利的目的，炒房者往往需要与房地产市场的其他主体共谋合作，借助其他市场力量完成盈利目标，比如与某些媒介制造、渲染虚假市场信息，尤其是与开发商进行共谋、配合。在炒房客看中某一具体楼盘的时候，往往会与此楼盘的开发商进行谈判，从而达成批量购买的目的。当炒房客对此楼盘进行"扫货式"批量购买时，就可以造成此楼盘交易活跃、十分畅销的假象，吸引其他普通购买者，进而实现炒房者炒作盈利的目的。这样的炒作方式，是炒房者炒房的常规套路，对炒房者来说是十分有利的，这样不仅可以获取较大的团购优惠，还可以为本楼盘营造较好的销售氛围，实现其预设的目标；对开发商来说，也是十分有利的，有利于楼盘的销售，快速回收资金，所以开发商也愿意与炒房者共谋。在炒房过程中，开发商与炒房者的共谋、配合是十分重要的。如果没有开发商的配合，要实现炒房目标相对更为困难。

（三）炒房的参与者

在炒房高利润的吸引下，参与炒房的市场主体越来越多，不仅有个体的自然人，也有抱团的炒房群体，甚至也有企业等正规的机构组织。

抱团式的民间炒房团体是常见的炒房参与者。其又主要有两种形式：一是由自然人组成的炒房团体，也就是以熟人、朋友、乡情等特定关系为介质结成的炒房团体，比如非常有名的温州炒房团、"太太"炒房团等；二是通过网络等媒介由特定发起人号召、组织而形成的更大的区域性炒房团，比如2021年"爆雷"的深圳炒房事件中的"深房理"。

在炒房的巨大利润诱惑下，一些实体企业、组织也参与炒房，有的企业将企业闲置资金用于炒房，而有的企业则不惜转变企业原有业务方向甚至放弃主业来参与炒房。"审计署近日发布 2017 年工作报告显示，多家金融机构和企业涉及房地产资产闲置。Wind 数据显示，截至 6 月 26 日，A 股 3582家上市公司中，共有 1656 家上市公司持有投资性房地产，占比 46.23%，合计持有市值 9904.66 亿元，同比增长近两成。"[1] "2018 年一季度，投资房地产的上市公司数量已增至 1655 家。"[2] 可见，在房地产市场追逐利益的实体企业不在少数，有的属于投资性质，有的则完全是在炒作房地产，以获取高额利润。

二、炒房的利润构成

炒房的利润是很高的，获取高额利润是炒房者最主要的动机。炒房的利润之所以很高，不仅是因为可以获得低买高卖的交易价差，也可以获得资金

---

①② 乱象！超千家上市公司炒房近万亿 对企业投机炒房如何围堵？［R/OL］．(2018 – 08 –02)．https：//weinan. focus. cn/zixun/e5efab18cef063ef. html.

利息价差和土地出让金差价收益。也就是说，炒房者所获得的利润主要由三部分构成：市场交易价差、资金利息差、土地增值收益。

（一）市场交易价差

因为房地产市场和其他市场一样会在受到诸多因素影响后产生波动，房地产价格会出现时跌时涨的上下波动，所以，炒房者就可以利用房地产市场的价格波动及其对未来价格的预测进行低价时购入、高价时卖出的交易获取价格差。这是炒房者最显而易见的利润来源。

（二）资金利息

炒房者常常采取抱团的方式炒房，有时所归集的资金总额巨大，比如温州炒房团有时的资金总额高达千亿元。炒房团往往会利用巨大的资金优势与开发商实现利益交换，开发商以给予一定量的低价房屋、较高的利息以及其他好处作为交换条件，以使炒房团的资金成为自己的开发资金。炒房团可以从开发商那里获得比银行利息更高的资金收益，这便是炒房利润的又一来源。当然，这种利润并不是每一个炒房者都可以获得的，一般来说，资金实力不足的个体炒房者难以获得。

（三）土地增值收益

土地增值收益是指在进行房地产开发后，因土地的某种利用条件改变而使房地产价值上涨所产生的增值。一般来说，土地增值收益的计算公式如下：

土地增值收益＝（征地补偿费＋土地开发费＋城市建设配套费＋税费＋投资资金利息＋投资利润）×土地增值率

土地增值率往往受到土地用途和土地等级的影响。一般来讲，不同用途的土地增值率从高到低排列为商业用地、住宅用地、工业用地；土地根据不同的标准可以分为不同的等级，一般来说，一级土地增值率最高，其他级别的土地增值率依次降低。

我国土地增值税并不是从房地产市场化一开始就征收的，而是随着房地产业的发展和对房地产市场管理逐步规范而开始的。

要探讨炒房收益，就不得不分析房地产的价格构成。一般来讲，房地产的价格主要由成本和利润两大部分组成。房地产的成本主要包括土地成本、建安造价、配套设施建设费、开发企业管理费、房地产销售经营费等。而土地成本则主要包括土地出让金和拆迁安置费等。可以说，土地出让金是土地成本中最重要的部分。

根据马克思的地租理论，土地出让金实质上就是土地所有者向土地使用者征收的土地租金，土地租金主要由绝对地租、级差地租、垄断地租组成。

马克思在《资本论》第三卷研究资本主义农业问题时基于劳动价值理论分析了超额利润是如何转化为资本主义地租的。马克思指出，地租是"土地所有权在经济上的实现，即不同的人借以独占一部分土地的法律虚构在经济上的实现"[①]，所以一切形式地租的产生要以土地所有权的存在为前提。在资本主义生产方式下，农业的直接生产者被剥夺了土地，土地集中到大土地所有者或大资本家手中，土地私有制产生，土地所有者凭借土地所有权以地租的形式无偿地占有雇佣工人在生产过程中创造出的剩余价值的一部分。马克思认为："地租的特征是：随着农产品作为价值（商品）而发展的条件和它们的价值的实现条件的发展，土地所有权在这个未经它参与就创造出来的价值中占有不断增大部分的权力也发展起来，剩余价值中一个不断增大的部分也就转化为地租。"[②]

马克思的地租理论认为，地租主要包括三种形式：

一是级差地租。级差地租又包括级差地租Ⅰ和级差地租Ⅱ。马克思考察了使用等量资本投资在等量面积的各级土地上造成不同结果的两个因素：与资本无关的土地的自然肥力和土地的位置。由于马克思研究农业资本问题，所以主要考察了土地肥力与土地区位（土地距离土地产品销售市场的远近）对形成级差地租Ⅰ的影响。级差地租Ⅰ产生的条件是土地自然条件的差异，也就是级差地租Ⅰ是由土地肥力和土地区位引起的地租。由于不同自然条件的土地的个别生产力不同，优等土地上资本的个别劳动生产率较高，资本在优等土地上生产的农产品的个别价格就低于社会生产价格，在市场价值规律作用下，它按社会生产价格出售时，就产生超额利润，这部分超额利润就转

---

① 马克思.资本论：第三卷［M］.中共中央马克思恩格斯列宁斯大林著作编译局译.北京：人民出版社，2004：715.

② 马克思.资本论：第三卷［M］.中共中央马克思恩格斯列宁斯大林著作编译局译.北京：人民出版社，2004：720.

化为级差地租Ⅰ。级差地租Ⅱ的实质是把生产率不同的各个等量资本连续投在同一地块土地上所产生的超额利润转化成的一种地租形式。马克思指出，"级差地租Ⅱ的基础和出发点，不仅从历史上来说，而且就级差地租Ⅱ在任何一定时期内的运动来说，都是级差地租Ⅰ"①。

二是绝对地租。土地所有权本身产生绝对地租，与土地等级差别无关。在马克思对农业地租进行考察的年代，农业资本有机构成低于社会平均资本有机构成，在社会平均剩余价值率的条件下，等量的预付资本中可变资本所占比例更大，因此农业资本能够创造更多的剩余价值。但土地所有权的垄断，阻碍了工业资本向农业资本的流动，排斥了农业资本所生产的剩余价值参与平均利润的形成，所以农产品能够要求按照商品价值出售。以商品价值为基础确定的商品价格超过社会平均价格的部分所形成的超额利润转化为绝对地租，转移到土地所有者手中。如果农业资本家不向土地所有者支付绝对地租，那么土地所有者宁愿土地荒废，所以即使是最坏的土地也要支付地租。因此马克思说："……A级土地的地租都不是谷物价格上涨的简单的结果，相反地，最坏土地必须提供地租才会让人耕种这一事实，却是谷物价格上涨到使这个条件得以实现的原因。"② 简单地说，绝对地租就是因为对土地使用权的占有而产生的地租。

三是垄断地租。在一些特殊用途的土地上，由垄断价格转化而来的超额利润就形成了垄断地租。它既不同于级差地租，也不同于绝对地租，而是一种特殊的地租形式。并不是每一块土地都会产生垄断地租，它只存在于少数土地，由于其具有特殊用途，能生产特殊产品，这种特殊产品可以产生垄断价格，进而才能产生超额利润，形成垄断地租。

级差地租、绝对地租和垄断地租是地租的三种最基本的形态。农业土地、建筑土地或者矿山土地中都包括这三种地租形态，也就是说，无论哪种土地，地租量的大小都是由这三种地租加总而成的。

地租除了农业地租之外，还有建筑地段地租和矿山地租。马克思在探讨农业地租时也对建筑地段地租和矿山地租问题进行了探讨。他指出，建筑地

① 马克思.资本论：第三卷［M］.中共中央马克思恩格斯列宁斯大林著作编译局译.北京：人民出版社，2004：761.

② 马克思.资本论：第三卷［M］.中共中央马克思恩格斯列宁斯大林著作编译局译.北京：人民出版社，2004：854.

段的地租和矿山地租的决定方法与农业地租的决定方法一样。土地所有者凭借对土地或自然资源所有权的垄断，以地租的形式，从使用土地的产业资本家那里把超额利润夺走。凡是存在地租的地方就存在级差地租，这种级差地租和农业级差地租都遵循相同的规律。建筑地段地租除了绝对地租之外，还包括级差地租和垄断地租。一般来说，建筑地段地租主要是由区位因素引起的，也就是说，级差地租Ⅰ在建筑地段地租中占有十分重要的地位。因此，从这一方面来说，对城市房地产开发土地出让金的测量必须重点考察由土地区位引起的级差地租，从而通过土地地租量的大小来衡量土地出让金的高低。

　　马克思的地租理论指出，土地出让金主要是由这块土地的地租量的大小决定的，也就是由这块土地的绝对地租、级差地租、垄断地租共同构成的。不仅农业土地的地租是这样，房地产开发土地的地租也是如此。为了更直观地观察到土地出让金的组成，我们在二维坐标中画出城市土地出让金组成（见图1-2）。图中纵轴表示土地出让金的组成内容或者土地出让金的数量，横轴表示土地条件优劣程度，从左到右土地条件优势逐渐递减。

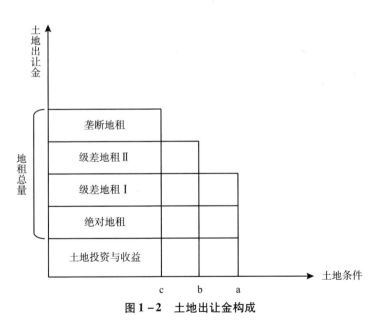

图1-2　土地出让金构成

注：本图参照曹飞：《从农地到市地的地租理论分析——兼对征地低补偿和高房价问题的思考》中的图示改动而来。

在图1-2中，假设土地市场上存在优等地c、次优等地b和劣等地a三块地，由于土地条件优劣不同，遂产生不同地租量。一般来说，一块土地（无论是农业用地还是建筑用地）的地租总量决定土地出让金的高低，而地租总量则是由该土地的绝对地租、垄断地租和级差地租（包括级差地租Ⅰ和级差地租Ⅱ）的大小决定的。无论是劣等地、次优等地还是优等地，绝对地租量都是一样的。但不同的是，在垄断地租和级差地租上，劣等地、次优等地和优等地则存在较大差异，一般是从优等地向次优等地再向劣等地依次递减。

土地出让金中属于租金的部分本质上是一种借贷资本，是土地所有者或承包者贷放给土地经营者的实物资本，其量的大小仅与投入土地的资本和银行利率有关。

垄断地租来自土地产品市场价格超过土地产品价值的差额转化的超额利润。垄断地租产生的条件是土地区位的独特优势或者特殊的自然和社会条件，以及这类土地的稀缺性导致的土地及其土地产品的供给刚性。对于城市土地垄断地租来讲，土地的区位优势、单位土地的人口密度是主要影响因素，但是城市土地能产生垄断地租的总是具有某些特殊因素的有限地段的土地，不存在普遍性，如城市的商业中心、交通便利地段或者生活环境舒适区等。

城市土地的绝对地租与级差地租在土地出让金中占重要份额，具有普遍性。城市地租的主要影响因素为区位优势，城市地租通过这个主要因素的影响进而影响城市土地价格及土地产品价格。区位优势即城市的不同地段所具备的优势，包含工商业等经济集聚程度、就业密度、基础设施状况、社会公共服务分布、各种有利于劳动生产率的要素布局，以及交通便利程度、运输成本和产出品距离销售市场的距离等方面，这些因素都将影响城市聚集经济效应进而决定地租量的大小。

此外，城市规划及土地用途也会影响地租量或土地出让金的大小，也就是因为土地用途不同，以及土地的使用年限有差别，土地的单位、时间收益也不尽相同。土地使用年限以及土地使用类型不同带来的收益差别，决定了土地出让金也不相同，土地出让金的高低要受土地性质（使用类型）影响。按土地性质划分，土地主要有农业用地、工业用地、住宅用地、商业用地等几类。这几类用途的土地的出让年限是不相同的，通常农业用地和住宅用地的年限要长于商业用地和工业用地的年限，正因为这样，工业用地和商业用地的经营主体为了能在土地使用年限到期前收回租地费用，尽可能多地产生利润，往往会加大土地投入，提高土地生产率，使级差地租增加，故而使地租量增加。

马克思在《资本论》第三卷中研究了生息资本及生息资本的运动，在资本所有权和资本使用权相分离的条件下，货币资本家将一定价值量的货币作为资本贷放给产业资本家，过一定时期后要求在原资本额上加上一个增加额收回，这个增加额叫作利息。在资本主义生产基础上，货币贷放者保留货币的所有权，把货币的使用权让渡给职能资本家，使同一货币量作为劳动条件在生产过程中执行资本职能，生产剩余价值，并凭借货币所有权获得部分剩余价值，这部分剩余价值的表现形式就是利息。利息在事实上成为货币资本使用价值的价值。

马克思在考察货币资本时说，国债券不过是"已经消灭的资本的纸制复本"[①]。国债券本身没有价值，但是有价格，可以在债券市场上进行买卖，并且持有人有权从国家的年收入中取得一定量的货币，每年由此得到的收入的资本化形成虚拟资本。如果土地也要求像其他商品一样能够在市场上进行买卖，那么土地必须有价格。遵循资本利息资本化的逻辑，土地所有者将土地使用权让渡给土地经营者，在未来的让渡期内获得一个成为土地使用价值的连续货币收入，即地租。这种连续的收入资本化得到的虚拟价值，就是土地价格，马克思称为"虚假的社会价值"[②]。土地在市场交换中表现的价格取决于未来各时期的地租按照适当的利息率折算的现值的总和，则地租向地价转化的数学表达式为：

城市土地地租购买价格：

$$r = \frac{L}{i}\left[1 + \frac{1}{(1+i)^{n}}\right]$$

式中，r 为土地地租购买价格，L 为城市土地年地租额，i 为土地还原

---

① 马克思. 资本论：第三卷［M］. 中共中央马克思恩格斯列宁斯大林著作编译局译. 北京：人民出版社，2004：540.

② 马克思. 资本论：第三卷［M］. 中共中央马克思恩格斯列宁斯大林著作编译局译. 北京：人民出版社，2004：745.

率，n 为城市土地使用者产权让渡年期。[①]

由以上公式可以发现，地租购买价格受土地年地租额 L、土地还原率 i 和土地让渡年期 n 三个变量的调节，地租购买价格与年地租量成正比，与土地还原率和让渡年期成反比。从中国实际经验来看，土地还原率常常与市场平均利率产生联动，市场利率上升则土地还原率上调，反之则下调；同时，中国商品住宅房产权年限规定为 70 年，[②] 相对于人的生命周期来讲，让渡年期可认为是固定值。

在中国，由于政府一般在出让土地之时甚至之前会对土地进行先期投资，尤其是在适合开发房地产的平地和距离市区较近的土地（土地利用条件优越的土地）出让殆尽之后，对于坡地、距离市区较远的利用条件较差的土地（也就是劣等地）进行预开发，其实也就是通过对土地的先期投资、开发，获得更好的土地销售，赢得更高的售价。具体做法如改善该地块的交通、通信等配套设施及平整土地等。政府先期投入进行预开发，就是要将劣等地变为优等地，增加地租，进而提高土地价格。

城市房地产土地成本主要包括土地出让金和拆迁安置费用等，是房地产成本主要的组成部分，是决定土地价格和房地产价格的重要因素，而土地出让金又受到地租量的影响，在一定时期，因为地租量会与土地用途和土地条件等因素保持一致，也就是说，土地用途、土地条件会决定地租。但是，当土地的用途和土地条件发生改变时，地租量也会发生变化，土地出让金、土地价格也会发生变化，尤其是在征地以及开发郊区土地的过程中，表现得尤为明显。我国城市的土地属于国家所有，而农村土地和城市郊区的土地，除由法律规定属于国家所有的以外，属于集体所有。城市化需要占用城市郊区的土地，因而就需要进行征地，也就是政府因为公共需要，对土地进行强制征收。对农村土地的征用就是把农村集体所有的土地变为真正意义上的国有。

在对农业用地进行征用时，根据相关规定，补偿主要是按农用土地性质

---

① 在中国，土地所有制以公有制形式存在，这是社会主义制度的内在要求。土地所有权划分为农村土地集体所有和城市土地国家所有两种类型，所以土地使用者只能取得一定年期的土地使用者权利，并不能获得永久的所有者权利。

② 《中华人民共和国民法典》第三百五十九条的规定：住宅建设用地使用权期限届满的，自动续期。

进行的，而在征用后，则主要是按照商业房地产进行销售。这就会产生因为土地用途不同而形成的增值收益。

此外，郊区土地通过开发，"生地"逐渐变为"熟地"，也就是原来地处郊区的土地，经过政府和开发商的不断投入（集约经营），周边的交通状况和配套设施、环境面貌得以改善，生活与生产所需的各种要素不断集聚，其土地也能产生增值收益。

附着在房地产上的土地增值收益应该属于土地所有者，因此，国家开始了对土地增值收益的关注，并开始向土地使用者征收增值税。在我国，房地产开发商获取土地开发权的途径主要有招投标、拍卖、挂牌出让、协议等方式，前三种方式是土地出让最常用的方式。拍卖、招投标等方式都是经过市场竞争方式来决定价格，体现了公平性，杜绝了土地交易中容易产生的暗箱操作。虽然政府在出让土地时以土地等级和专业机构或人员进行土地评估后确定的基准价格（土地标的底价）作为土地价格确定的依据，但是，其价格的确定从本质上说仍然反映了市场主体对土地价格的主观认知。因为土地等级的确定和专业人士的价格评估都是依据一定的土地交易实例进行的，也就是说，最初的土地参照案例的定价如果没有把土地增值因素考虑进去，那么此次土地交易价格就难以充分反映土地的地租总量，同时，在评估土地价格时也难以摆脱主观因素的掣肘，使土地评估价格发生偏移。从总体上说，开发商等土地使用者是利用土地进行投资，所获得的收益是投资利润，归开发商所有；但土地收益是地租，应该归土地所有者所有。按照马克思的地租理论，地租量的大小与对土地的连续性集约投资有着较大的关系，因此，土地增值收益可以分为两部分：一部分是与地租相联系的增值收益；一部分是与投资相联系的增值收益。两者很难区分。对于前者，土地所有者难以对土地进行最优化的集约投资，使之获得最高的地租、卖出最好的价格，所以，一部分没能在地价中充分反映的地租就成为增值收益而不能在土地出让时体现。地租应该归土地所有者所有。应当归土地租用者所有的是投资收益。可喜的是，国家已经看到并开始向开发商等土地使用者征收土地增值税。1993年12月13日颁布并于2011年1月8日修订的《中华人民共和国土地增值税暂行条例》和1995年1月底颁布的《中华人民共和国土地增值税暂行条例实施细则》就明确指出，除继承、赠与方式无偿转让房地产之外，转让国有土地使用权、地上的建筑物及其附着物并取得收入的，应当向国家缴纳土地增值税。但是，从实际征收实施的情况看，征税执行得并不严格；同时，由于土地增值税计算较为复杂，实际执行也存在打折扣的情况。正是因为存在土地增值税征管问题，2010 年 5 月发布的《国家税务总局关于加强土地增值税征管工作的通知》才提出对土地增值税要"规范核定征收，堵塞税收征管漏洞"。"由于土地增值税税制的复杂性和房地产行业的特殊性，部分地区的税务机关采取了简易办法征税。但随着我国房地产市场的爆发式发展，中央政府基于调控需要，开始重视土地增值税的规范征收，地方政府考虑到土地增值税对财政收入的贡献，也开始加强土地增值税税收征管……2010 年，国务院出台'国十一条'，进一步严格调控房价，随之出台了《国家税务总局关于加强土地增值税征管工作的通知》，要求土地增值税从严征管，土地增值税的精细化管理阶段正式形成。"[①]

土地增值收益被开发商部分占有，造成房地产开发利润高企，也在一定程度上吸引着更多的市场主体进入房地产行业，如炒房者。炒房者进入房地产市场的目的也是分夺房地产投资利润。在炒房团与开发商进行利益捆绑之后，开发商往往也会把自己获得的土地增值收益通过房地产产权的变动部分转移给炒房者，因此，土地增值收益也是炒房的利润构成之一。关键是，炒房者大多以私人名义交易，还可能会规避缴纳土地增值税，让自己获得更大的利润空间。1995 年颁布的《中华人民共和国土地增值税暂行条例实施细则》明确指出："个人因工作调动或改善居住条件而转让原自用住房，经向税务机关申报核准，凡居住满五年或五年以上的，免予征收土地增值税；居住满三年未满五年的，减半征收土地增值税。居住未满三年的，按规定计征土地增值税。"这就为炒房者提供了规避缴纳土地增值税的政策空间。

三、炒房与投资、自住型购房的区别

炒房属于投机的范畴，与房地产投资和自住型购房都有很大的区别。

（一）炒房与房地产投资的区别

炒房与房地产投资难以区分。一般来讲，二者的差别主要体现在以下

---

① 杨硕，陈旭东．土地增值税税制存在的问题及改革思路研究［J］．税收经济研究，2022（4）：15－19.

方面。

1. 交易目的不同

炒房买进房地产主要目的在于卖出，通过买进卖出赚取市场差价，进而获利。而投资一般有两种类型：一种是购进房地产后用于出租，进而获取投资性收益；另一种是在购进房地产后最终虽然也要卖出，但持有时间较长，在持有阶段用于出租或自住。因此，房地产投资往往具有居住的基本定位。

2. 对待风险的态度不同

炒房就是以房地产作为标的对象进行投机。投机和投资对待风险的态度是不一样的：投资以规避风险为出发点；而投机则是接受或利用市场风险。投机不是要尽量减少损失，而是要最大限度地追求利润。可见，在对待风险的态度上，炒房与房地产投资的区别是很明显的。

3. 对标的物持有的时间不同

炒房要营造热销氛围，而热销是一种消费潮流，持续的时间有限，因而，炒房需要快进快出，也就是持有房地产标的物的时间不会很长。而房地产投资，往往是通过正常的市场变化、价格涨跌来获取利润，因而一般情况下从买进房地产到卖出房地产之间的持有时间可能相对较长，也就是要用时间换空间（价格空间），进而获取收益。

4. 追加投入不同

炒房在购进房地产作为投资标的物时，一般较少对标的物进行再次追加投资；而房地产投资则可能在购进房地产之后再次追加投入，比如投资房地产用于出租时，可能要再次对房屋进行装修、改造等追加投资。

5. 后果不同

炒房在持有房地产的时间上以短期为主，因而容易引起房地产市场尤其是房地产价格的短期剧烈波动，或是在炒房的轮番推动下，房价快速上涨，既造成市场不稳定，也影响整个房地产业的发展。房地产投资是以长期持有为主，对市场的波动影响相对较小。

（二）炒房与自住型购房的区别

自住型购房就是以自我居住为目的的购房，与以盈利为目的的炒房有很大的区别。

1. 目的不同

炒房购进住宅等房地产是以卖出获利为目的，而自住购房则是以自我居住为目的，旨在实现住宅等房地产的居住属性。

2. 所需前提条件不同

炒房的目的需要借助较多的经济、市场条件以及经营、管理手段才能实现，如良好的房地产市场环境、良好的需求增长和价格增长预期等；而自住型购房往往是因为居住的需要而购买，有的甚至是因为刚性需求而购买，因而在购入房地产时虽然也要考虑很多市场因素，但不需要满足像炒房那样的市场条件。

3. 交易方式不同

正如前文所述，炒房往往是以抱团的方式进行的，交易达成多是团购方式；而自住型购房则不一定是团购，有时候往往是以个体的方式达成交易。

四、炒房的危害

一般而言，房地产投机本身并不创造社会财富，不能增加社会总财富，其对社会发展和经济发展的作用十分有限。虽然不能完全把房价的上涨归咎于炒房，但至少可以说炒房是房价快速上涨的罪魁祸首之一，是推动房价高位运行的推手之一。炒房属于投机的范畴，投机极容易造成市场价格泡沫和市场恐慌，其危害性十分明显，对房地产乃至整个国民经济都会带来不利的影响。

（一）导致房地产需求上升，造成房地产市场供需结构失衡

一方面，为了达到赚取高额利润的目的，炒房往往会故意制造房地产市

场需求上升的假象，让消费者跟进，推动房地产市场需求不断上升。另一方面，炒房本身就是一种需求，当房地产投机变得有利可图的时候，大量的炒房和投资需求进入房地产市场，必然也使房地产需求大幅增长，造成房地产市场供需结构失衡。

（二）导致房价虚高，危害房地产市场健康发展

炒房实质上就是在以房地产作为标的物通过低买高卖获取价差来盈利，因此，炒房必须要在房价不断攀升之下才能最终实现获利。故此，炒房客要实现获利目标就必须想尽一切办法推动房价不断上涨。在炒房客的轮番炒作下，房价尤其是住宅商品房价格被不断推高。可以说，我国近些年房价的快速上涨，不仅受到城市化等诸多因素的影响，更是受到炒房和投资的影响。在城市化背景下，人口从乡村向城镇大量流动，导致城市房地产尤其是住宅房地产需求不断增长；与此同时，更重要的是输入性需求不断涌入房地产市场（此处的输入性需求是指海外逐利性资本进入我国房地产市场所带来的需求以及国内房地产市场外因为房地产市场利润引力而带来的其他需求，如投资性需求、投机性需求），导致对住宅等房地产轮番炒作，不断推高房价。

炒房就是投机，投机极易导致价格泡沫。在我国，是否存在房地产价格泡沫，学界说法不一。但有许多学者和政界人士都认为，在炒房投机的推动下，存在着一定程度的房地产泡沫。根据国内外学者的研究，房地产价格泡沫是否存在，可以用利润率、房地产价格与居民收入比、租售比等指标进行判断。从利润率来看，房地产行业的实际利润率显然远高于国民经济其他部门的平均利润率。从房价与居民收入比来看，"2014 年全国 35 个大中城市房价收入比均值为 10.6，其中深圳、北京、上海、福州、厦门 5 个城市遥遥领先，深圳高达 21.7"[①]，远高于国际公认的合理范围（国际上公认的房价与居民收入比的合理范围大致为 2~6∶1）。从租售比来看，国内的数值也高于国际公认的合理区间（国际公认的合理区间大致为 1∶200~300）[②]。可见，在我国房地产市场中存在着一定的价格泡沫。房地产泡沫与炒房密不可分，可以说，在很大程度上，炒房助推了房价泡沫的产生，正如一些学者

① 2015 年我国 35 个大中城市的房价收入比态势分析 ［R/OL］. （2015－05－28）. http：//www. chinabgao. com/freereport/66727. html.

② 李春华等. 中国房地产发展报告. No. 15，2018 ［M］. 北京：社会科学文献出版社，2018.

所说，过度投机是房地产泡沫产生的直接原因①。正因为炒房投机助长了房地产泡沫的产生，给房地产业的健康发展带来危害，所以，中央在多次会议中都明确提出要抑制炒房，提出要让房地产回归居住的基本定位。

（三）导致房地产投资过热，产业结构失衡

炒房直接推动房价快速上涨，导致行业利润大幅提升，这又直接刺激了房地产投资快速增长（见图1-3）。在房地产行业高额利润的刺激下，越来越多的市场主体涌进房地产业（见表1-1）。

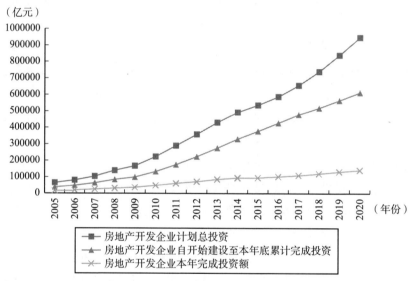

图1-3 2005～2020年房地产开发企业计划投资额、
自开始建设至本年底累计完成投资额、本年完成投资额走势

资料来源：根据国家统计局公布的数据整理。

表1-1 2005～2020年全国房地产开发企业数量增长情况

年份	房地产开发企业个数（个）	内资房地产开发企业个数（个）	国有房地产开发企业个数（个）	港、澳、台地区投资房地产开发企业个数（个）	外商投资房地产开发企业个数（个）
2005	56290	50957	4145	3443	1890

① 吴艳霞，王楠. 房地产泡沫成因及其投机度测度研究 [J]. 预测，2006（2）：12-17.

续表

年份	房地产开发企业个数（个）	内资房地产开发企业个数（个）	国有房地产开发企业个数（个）	港、澳、台地区投资房地产开发企业个数（个）	外商投资房地产开发企业个数（个）
2006	58710	53268	3797	3519	1923
2007	62518	56965	3617	3524	2029
2008	87562	81282	3941	3916	2364
2009	80407	74674	3835	3633	2100
2010	85218	79489	3685	3677	2052
2011	88419	83011	3427	3565	1843
2012	89859	84695	3354	3451	1713
2013	91444	86379	1739	3391	1674
2014	94197	89218	1476	3414	1565
2015	93426	88773	1329	3235	1418
2016	94948	90408	1093	3232	1308
2017	95897	91608	943	3066	1223
2018	97937	94063	767	2719	1155
2019	99544	95691	671	2664	1189
2020	103262	99150	1133	2759	1353

资料来源：根据国家统计局公布的数据整理。

　　房地产投资的过快增长，不仅会导致本行业投资过热，出现相对生产过剩，而且容易造成整个国民经济产业结构失衡，使一些与房地产业紧密相关的产业出现产能过剩。前几年去库存、去产能，进行产业结构调整，很多是与房地产、建筑行业密切相关的领域，如钢材、水泥领域的去产能、去库存等。其实，在房地产领域也存在一定的库存问题，主要就是商业房和车库等（将在后文中予以说明）。

　　良性市场的产品供给和产品价格的上涨应该是渐进式的，对房地产市场来说也是如此。在投机炒房的推动下，房地产市场价格快速上涨，市场需求得以快速释放甚至透支。比如，一个家庭集中几辈人的未来收益购房实际就是在透支未来需求；需求的透支必然使供给也跟着发生变化，房地产市场需求的提前透支使土地等房地产市场资源供给在短时期内过度释放，直接影响房地产市场的可持续发展，也影响到国家财政收支（比如房地产需求透支，也必然带动财政收支提前），继而引起整个社会经济的畸形发展。

（四）导致住房流通环节增多、交易成本增加

在没有投机者介入的情况下，开发商直接将住房出售给消费者，住房只要经过一次交易就从生产领域进入消费领域。在炒房投机者介入后，相当一部分住房经过投机者购买后再转卖给终端消费者，导致流通环节增加。

房地产是特殊商品，其交易成本（交易费用）较高。房地产的交易成本主要包括直接交易成本和时间机会成本。直接交易成本包括交易时支付的税收、中介服务费、办证费等费用。时间机会成本主要是指在交易过程中因为耽误时间而损失的时间价值。相关资料显示，有的城市住房的交易成本占房价的5%左右。那么，如果住房等房地产被投机者购买后再转卖给消费者，由于至少增加1次交易，因而交易成本会增加5%左右。

（五）导致市场交易秩序混乱，阻碍市场正常发育

一些房地产投机活动通过非规范化、非公开化方式进行，使利润再分配严重畸形，国家、生产者和消费者的利益受损，市场交易秩序混乱。在利益驱动下，房地产投机容易冲击土地使用制度和住房改革，阻碍房地产市场的正常发育。

（六）导致资源配置不合理，阻碍国民经济发展

房地产业是国民经济中具有基础性、支柱性和先导性的产业，房地产业发展受到阻碍，必然会影响到国民经济其他产业部门的发展。炒房推动房价快速上涨所形成的房地产收益率的虚高，很容易吸引其他企业等市场主体进入房地产业，导致众多生产资源和生产要素向房地产业集聚，使房地产业快速"膨胀"虚胖，而其他产业则"缩水"虚脱。这就很容易造成整个社会资源配置不合理，从长远来看，必然严重阻碍国民经济的整体发展。

（七）阻碍引进外资

炒房不仅借助了房价上涨预期，也推涨了房价。房价的上涨，包括土地价格的上涨，会在很大程度上阻碍外国资本投资、吓退外国企业。日本在

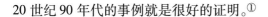

20 世纪 90 年代的事例就是很好的证明。①

（八）容易催生系统性金融风险

炒房资金大致有两大来源：一是原始资金，包括自有资金和民间借贷资金；二是向金融机构的贷款。可以说，炒房资金大多来自银行贷款。一旦房地产市场出现波动，房价下跌，炒房资金被套，就会极大地影响银行贷款，如美国次贷危机一样，给整个金融体系带来系统性风险。

（九）扭曲劳动价值观

从古至今，中国人民勤勤恳恳、兢兢业业地世代劳作，创造了许许多多举世瞩目的成就和无数的社会财富，中国人民始终奉行的基本价值观就是勤劳致富。但是，炒房往往能获取暴利，一次炒房可能比一些人一辈子通过劳动获得的收益还要多，因此，在炒房暴利诱导下，一些人的传统劳动价值观受到冲击，甚至被扭曲。

（十）影响社会和谐稳定

"居者有其屋"是人们的基本追求，房地产尤其是住房直接关系到人们的居住条件，是最大的民生问题。炒房推动房价上涨，使许多人买不起房，使人们的居住梦想难以实现，这就会带来很严重的社会问题，甚至关系到社会稳定。炒房带来的社会问题很多，至少有以下几个方面：一是炒房推动房价不断上涨，导致许多人买不起房，使人们最基本的居住权益得不到保障，容易引发社会矛盾。二是炒房推动房价快速上涨，因为房价涨速过快、涨幅过高，再加上炒房本身就是投机，极易引起市场波动，使房价在某一个时段下跌，房价下跌往往会引起在前期高位买进房地产的业主的不满，因而引发社会矛盾。前几年，全国很多地方出现的业主向开发商维权事件，其实就是因这样的原因而起。三是炒房者往往能获取高额收益，导致社会收入、分配不公平，引发犯罪等诸多社会问题，加剧社会矛盾。

---

① 陆姗. 借鉴日韩经验谈我国利用税收手段调控房地产市场 [J]. 商场现代化, 2008 (3)：335 – 336.

第二章

炒房的主客观原因

催生炒房的因素很多，炒房者就是要利用这些因素来获取收益。可以说，炒房的产生，是主观动因和客观条件共同作用的结果。

一、炒房的主观因素

炒房的产生既有主观的原因，也有客观的原因，是主观动机与客观条件综合作用的结果，正如有的学者指出的那样，"部分国内资金偏好炒房是近年来大中城市房价高涨的原因之一，而该现象是资本的逐利性、投资者的短视、有效投资方式的缺乏等主客观因素共同作用的结果。"[①]

（一）炒房的经济动因

炒房的经济动因就是为了获取高额利润。这是炒房者最直接、最显性的目的，是引发炒房最主要的因素。炒房就是投机，投机是追逐利润极端化的一种表现形态。炒房者买房的目的既不是为了自住，也不是为了租给别人住，而是等待房价涨起来后转手出售。也就是说，买的目的就是为了卖，为了获得买卖差价或增值收益。炒房者最直接的主观动机就是获得高额利润。

（二）炒房的社会动因

在主观上，除了追求高额利润的经济动机之外，还有社会因素在刺激着

---

① 汪贵顺. 内资偏好炒房的原因及对策研究 [J]. 经济师，2007（10）：39－40.

炒房客。

炒房最活跃的参与者主要分布在经济较发达的江浙、闽粤一带。这些地方由于区位优势，一些人先富了起来，并通过炒房获得了更多财富，另一些人也开始模仿这部分人而走上了炒房之路。所以，从这个层面上说，炒房的产生也在一定程度上存在着社会动因。

（三）炒房的心理动因

炒房的产生也受到心理因素的影响，这种心理因素就是敢于冒险的心理素质。通过对 150 位多次参与炒房人士和 150 位没有参与炒房的人士的对比调查发现，炒房者中 83% 以上的人都具有敢于冒险、能够接受风险的心理承受力，远高于后者的 27%。[①] 炒房者这种敢于冒险的心理因素在很大程度上推动了炒房行为的产生，再加上前期炒房者成功的事例对后续炒房者的激励，因此，炒房现象越来越普遍，日益成为阻碍房地产业健康发展的症结，成为政府整治的对象。

二、炒房的客观因素

炒房之所以产生并日益盛行，除了上述主观动因之外，还受到一些客观因素的影响。

（一）有利的宏观经济形势

在经历几十年的改革开放之后，我国社会经济得到极大发展，经济总量已经跃居世界第二，国民收入大幅提高，党的二十大报告指出，党的十八大召开后的十年，"国内生产总值从五十四万亿元增长到一百一十四万亿元，我国经济总量占世界经济的比重达百分之十八点五，提高七点二个百分点，稳居世界第二位；人均国内生产总值从三万九千八百元增加到八万一千元"。

改革开放和国家经济发展显著提高了居民的购买力，尤其是房地产的购买力。正如党的二十大报告中指出的那样。党的十八大召开后的十年间，我

---

① 从调查情况看，越是经济实力强的人、收入高且稳定的家庭，接受投资风险的程度越高。

国"居民人均可支配收入从一万六千五百元增加到三万五千一百元"。可以说，居民收入的增长，再加上消费结构的变化，① 极大地促进了房地产需求的增长。房地产需求的增长，为炒房提供了绝佳的宏观市场环境。

（二）快速推进的城镇化

城镇化是改革开放的重要成果之一。随着改革开放的不断深入，我国城镇化的步伐进一步加快，城镇化率已经从2010年的49.7%发展到2020年的63.9%。

随着城镇化率的提高，大量的乡村人口流入城镇，同时，西部和中部人口不断流入东部沿海经济发达区域，使城镇人口和东部沿海区域人口迅速增加，产生了巨大的房地产需求。房地产需求的增长，为炒房提供了非常有利的市场机会。

（三）不断增长的投资性需求

改革开放促进了社会经济的巨大发展和国家财富、社会财富、企业财富和家庭财富的迅速增长，尤其是家庭、个人财富增长十分迅捷。关于这一点，我们从2005～2021年我国居民人均可支配收入的增长变化就可以看出（见表2-1、图2-1）。西南财经大学中国家庭金融调查与研究中心曾对我国几千个家庭的家庭财富进行过调研，也得出了类似的结论。

表2-1　　　　　2005～2021年全国居民人均可支配收入与增长率变化

年份	居民人均可支配收入（元）	居民人均可支配收入比上年增长（%）
2005	6385	10.8
2006	7229	11.5
2007	8584	13.3
2008	9957	9.5
2009	10977	11.0
2010	12520	10.4

① 范燕. 我国居民消费结构和消费趋势的变化 [J]. 山西财经大学学报, 2011 (s1)：43-43.

续表

年份	居民人均可支配收入（单位：元）	居民人均可支配收入比上年增长（%）
2011	14551	10.3
2012	16510	10.6
2013	18311	8.1
2014	20167	8.0
2015	21966	7.4
2016	23821	6.3
2017	25974	7.3
2018	28228	6.5
2019	30733	5.8
2020	32189	2.1
2021	35128	8.1

资料来源：根据国家统计局数据整理。

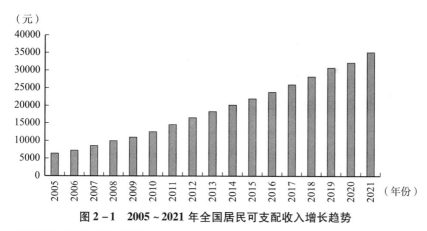

图 2 - 1　2005～2021 年全国居民可支配收入增长趋势
资料来源：根据国家统计局数据整理。

　　财富的迅速增长，首先面临的一个问题是在通货膨胀压力下如何实现保值增值。前些年，通货膨胀一度十分严重，甚至出现了负利率的情况。面对这样的情况，整个社会，包括企业等正规组织和家庭、个人如何尽力让辛苦积累的财富实现保值增值成为非常重要的课题。在传统意义上，人们都习惯于通过储蓄来保值，甚至增值。但是在负利率的影响下，这一安全性最高、参与难度最低的传统方式受到了前所未有的冲击。财富保值增值困境已经成为社会和个人无法回避的问题。之所以会产生较为严重的保值增值困境，主要有以下原因：

1. 负利率的影响

负利率就是通货膨胀率高于银行存款利率，一般是指一年期的存款利率低于同时期的物价指数。因为物价上涨，负利率使此时的储蓄存款本金加上利息低于最初储蓄时的货币价值，也就是使等量货币的实际购买力下降。负利率直接影响居民家庭财富的保值增值，意味着个人财富贬值。简单地说，国家财富的缩水，会影响社会财富的再分配，降低个人收入，也会影响国内投资和国际购买力。个人财富的缩水，会导致消费的减弱，进而影响实体经济。也就是说，负利率使存款在经济上变得不划算，进而使财富保值增值变得更加困难。

从2001～2018年我国通货膨胀率与一年期存款利率的比较（见表2-2）来看，虽然名义利率都为正值，但在许多年份，我国实际利率已经为负值。实际负利率的存在使社会财富保值增值压力显现。

表2-2　　　　　2001～2018年通货膨胀率与一年期存款利率之比较

年份	通胀率（%）	一年期存款利率（%）	备注
2018	2.07	1.5	
2017	1.59	1.5	
2016	2.00	1.5	
2015	1.44	2.5, 2.25, 2.0, 1.75, 1.5	因为年中降息，故一年中有多个利率
2014	1.92	2.75	
2013	2.62	3.0	
2012	2.62	3.25	
2011	5.55	3, 3.25, 3.5	因为年中升息，故一年中有多个利率
2010	3.18	2.5, 2.75	因为年中升息，故一年中有多个利率
2009	-0.73	2.52	
2008	5.93	3.6, 3.87, 4.14	因为年中升息，故一年中有多个利率
2007	4.82	3.06, 3.33	因为年中升息，故一年中有多个利率

续表

年份	通胀率（%）	一年期存款利率（%）	备注
2006	1.65	2.52	
2005	1.78	2.25	
2004	3.82	2.25	
2003	1.13	1.98	
2002	-0.73	1.98	
2001	0.72	2.25	

资料来源：根据历年《中国金融统计年鉴》和中国人民银行公布的资料整理。

另有研究表明，负利率既是一个长期现象，也是一个全球性的、较为普遍的现象。从我国的历史上看，在 1990 年 9 月至 2010 年 8 月这 240 个月中，约有 80 个月出现了负利率，也就是说在 20 年间，出现负利率的比率达到了 33.3%。如果放眼全球，从 2012 年至今，世界一些主要经济体也陆续实施低利率甚至负利率政策。实施负利率，对经济的发展利大于弊，其好处主要在于：一是强迫商业银行放贷。在负利率政策下，金融机构如果想要将过剩储备存放在央行，就必须缴纳利息。央行相当于对持有现金的金融机构进行罚款，逼迫它们将这些现金用于放款。二是负利率政策可以降低本国货币的汇率，提升出口竞争力。三是负利率政策可以促进居民消费，进而推动经济发展。四是负利率政策可以降低企业贷款成本，促进企业和社会资本扩大投资规模，进而促进经济发展。

负利率直接影响财富保值增值，使传统的、大多数老百姓都能够参与的、风险较低的储蓄渠道变得不再像原来那样受到青睐，造成了影响范围很大、影响程度很深的财富保值增值困境。

2. 投资渠道狭窄[1]

投资渠道狭窄是指可用于实现财富保值增值的渠道数量少，尤其是广大普通老百姓可以参与的渠道少，使家庭、个人财富保值增值面临较大的困难。

从总体上看，在储蓄的渠道受阻之后，家庭和个人可参与的用来对财富

---

[1] 董登新. 美国人不"炒房"的五个原因 [J]. 中关村，2010（10）：49-49.

保值增值的其他投资渠道相对较少，实现财富保值增值的压力越来越大，要通过在其他领域的投资方式来实现财富保值增值一般需要专业人士或者专业机构的辅助。比如，实业投资、股票证券投资、文玩古董投资、黄金期货投资、保险理财、其他金融衍生品等，要么对专业技能要求太高，要么风险太大，再加上国内此类中介服务市场并不完善（频频出现的理财产品"爆雷"事件就是很好的证明），一般民众是参与不了的。可见，投资渠道狭窄在一定程度上增大了家庭和个人财富的保值增值难度。

3. 通货膨胀

通货膨胀（inflation）是指在货币流通条件下，因货币实际需求小于货币供给，即现实购买力大于产出供给，导致货币贬值，从而引起的一段时间内物价持续而普遍上涨的现象。其实质是社会总供给小于社会总需求（供小于求），外在表现就是物价上涨，实际购买力降低，内在逻辑是释放货币的速度大于了社会生产力正常的增速。在凯恩斯主义经济学中，其产生原因为经济体中总供给与总需求的变化导致物价水平的移动。而在货币主义经济学中，其产生原因为：当市场上货币发行量超过流通中所需要的货币量时，就会出现纸币贬值，物价上涨，导致购买力下降，这就是通货膨胀。该理论被总结为一个非常著名的方程：$MV = PT$。

从历史数据来看，1995 ~ 2020 年，我国居民消费物价指数最低为 −1.4%，最高为 5.9%，中间值为 3.65%（见图 2 − 2）。

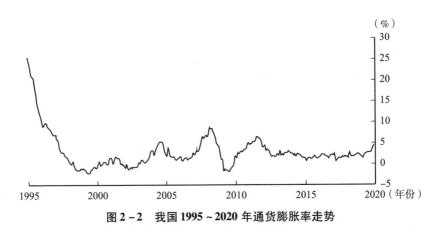

图 2 − 2　我国 1995 ~ 2020 年通货膨胀率走势

资料来源：根据国家统计局数据整理。

通货膨胀率越高，就意味着货币贬值的幅度越大。通货膨胀是房价上涨的一个重要因素。大量持有房产者可以享受房价的"政策性收益"，因为货币贬值能够减轻实际还贷压力，人们不会眼睁睁地看着现金贬值，要么尽快把现金花出去，要么把现金转换成一种可保值增值的资产，而房子可以说既可以作为消费品，又可以作为投资品，在高通胀下容易获得资金青睐，所以在这个时候人们会更加倾向于购买房地产进行保值增值。

总之，由于负利率、投资渠道不足和通货膨胀等因素的影响，社会财富保值增值出现困难，家庭、个人甚至企业资金都面临着较大的为保值增值而另谋出路的冲动。房地产产品的特殊性使其具有作为良好保值增值标的物的特性，成为既有居住属性又有投资属性的产品，因而，大量的社会资金开始涌入房地产领域。这种投资性需求的增长与房地产市场自有的基本需求不断叠加累积，使房地产市场总体需求迅速放大，为炒房提供了非常有利的条件。

（四）特殊的产品属性

无论是从其物质属性上看，还是从其经济属性上看，房地产都是一种具有良好投资属性的产品。

一是房地产产品具有区位性，也就是区位上的固定性、不可移动性、不可携带性、不可分销性。房地产的区位性就是指土地本身与土地之上的定着物具有一定的地理位置固定性，不能随意挪动，这个特性就决定了房地产的不动产特性。它可以从以下几方面理解：第一，表现为自然地理位置的不动性。由于房屋建筑是固定的，不能随意搬动，所以房地产一经修建完成就要固定在某一个地方，一旦移动，房地产物理构造和性质就会发生变化乃至受到损害，导致其丧失基本功能。第二，表现为区域关系上的不动性。一个地方的房屋建筑周围的区位价值虽然会随着社会经济、政治因素的变化而变化，但各项公共基础设施以及交通等区位条件一经确定都是不会轻易发生改变的。第三，经济、社会位置的固定性。由于不同地区之间的经济社会发展水平不同，情况存在差异，导致各区域房地产市场的供求状况和市场要素也不尽相同，也就是说，当房地产一旦在特定位置建成，与之相关联的社会、经济、政治等多种关系便已固定，购买了特定区域的房地产就等于确定了与之关联的各种社会、经济关系，甚至某些政治关系，如住房与户口的关系，住房与受教育、就医的关系，住房与选举的关系等。

房地产为不动产，是一种不可移动或移动后会发生性质、质量、形状改变的财产。房地产的区位固定性，决定了它无法像其他商品一样发生位置的移动，而在市场交换过程中，房地产交易的达成体现为一种资产权利的交割。正因如此，在开发房地产时，应由人口及其他资源的流动性去适应房地产的区位固定性。所以，房地产价格与房地产区位有很高的关联度；人口、交通、经济资源的密集度等因素与房地产的开发有很高的关联度。

总之，房地产是非常特殊的产品，这种区位上的不可移动、不可携带性就决定了人们不能完全用其他市场的规律来理解和参与房地产市场，也不能完全用其他市场的调控手段来对房地产市场进行调控。比如，当一个区域性市场的商品需大于供、商品价格上涨时，可以从其他市场特别是供大于求的区域市场调拨商品，进而达到供需平衡，起到平抑物价的效果。房地产作为商品，却没办法互相调剂，不能因 A 地的房地产稀缺，就将 B 地的房地产调动过来缓和 A 地市场。房地产产品的这种物质上的区位性往往使物价的这种市场调控手段失灵，使区域性房地产市场容易产生区位垄断，从而为炒房提供非常理想的市场空间条件。也就是说，房地产市场属于不完全竞争市场。[①] 新古典经济学派按照产品的限制、市场壁垒、市场竞争程度以及企业对产品价格的影响程度将市场分为完全垄断、寡头垄断、垄断竞争和完全竞争等市场类型，这几种市场垄断程度从前向后逐渐变弱。完全竞争市场应当具备以下条件：第一，市场产品同质化程度高；第二，市场存在大量的买者和卖者，不论是买者或卖者都不能单独影响市场价格；第三，各种生产要素都是自由流动并可以获取的；第四，市场信息是完全的，市场主体都能拥有完全的市场信息。不完全市场则与之具有相反的特征。由此可以推断，房地产市场属于不完全竞争市场。不完全竞争市场的垄断程度较高，炒房者属于掌握房地产市场信息的有利一方，更容易左右房地产价格，为其炒房获取高额利润提供更好的机会。

二是房地产产品具有耐久性。众所周知，房地产一旦建成，除非意外和不可抗力因素，一般而言它的使用时间是非常久的。首先，土地的耐久性不

---

① 刘丁豪. 房地产价格平抑与利益调节机制研究 [M]. 成都：西南交通大学出版社，2013：78.

言而喻，可以不断循环利用。其次，房屋使用年限也非常长。根据中华人民共和国民用建筑（住房）设计使用年限的国家标准——《建筑结构可靠性设计统一标准》（GB 50068 – 2018）的规定，民用建筑根据建筑类型的不同，其设计使用年限也有不同要求，比如，临时性建筑结构设计使用年限为5年，易于替换的结构构件设计使用年限为25年，普通房屋和构筑物设计使用年限为50年；若建设单位提出更高要求，也可按建设单位的要求确定。商品住宅的使用年限按照国家建筑质量设计标准的最低要求，至少要达到50年。可见，房地产产品的使用年限都很长，具有耐久性。

房地产是一种使用年限长、价值量大、单价高的商品。房地产商品不会像一般商品那样，在从生产领域进入消费领域后，商品使用价值随即逐渐消灭，相反，房地产通过一次性购买投入使用，它能够在一个较长年限内为使用者提供服务。房地产的耐用性使其能够在市场和消费领域间不断地交替流转，进而常常被作为投资品，具有保值增值的能力。

房地产产品的耐久性决定了开发商不可能在营销策略上像其他商铺那样进行普遍的薄利多销，往往都是高价销售，这种定价策略在一定程度上决定了房地产产品高价的特点；同时，产品的耐久性也使其成为很好的抵押品，从而获得长期信贷，这非常有利于炒房资金的供给。

三是房地产产品具有不可替代性。房地产是人们生产和生活的必备物质空间，生产活动和生活活动都离不开房地产。自从人类走出山洞之后，房屋就成为不可替代的居住品。特别是土地是人类一切社会活动的基础，生产生活中的土地要素不和任何其他要素存在完全替代关系。在房地产开发中，土地和资本同时作为生产要素投入生产；在土地价格较高的地方，开发商可以选择要素替代，以更多的资本投入换取部分土地的节约，这样的结果表现在建筑容积率的提高上。但是，房地产开发是不能够实现土地和资本之间完全替代的，因为我们不能开发出一座空中楼阁，也正因如此，在商品经济条件下，土地的所有权具备了自然垄断性，进而具有了被商品化的自然基础。

房地产的这种不可替代性决定了房地产市场的替代竞争是相对较低的。根据迈克尔·波特的五力竞争理论，行业的竞争程度是由五种竞争力量共同决定的，一般来说，这五种竞争力量越大，行业（或市场）的竞争就越激烈。替代竞争是五种竞争力量的一种。对房地产业来说，房地产产品的不可替代性以及土地的稀缺性，再加上房地产产品不可移动的特性，致使其具有了一定程度的垄断性。垄断就容易导致垄断定价，产生垄断超额利润，进而推高房价，为炒房提供可利用的机会。

四是房地产具有稀缺性，特别是土地。城市土地作为一种重要的自然资源，在较长的时期内总是有限的。一方面，城市较小的地理区域居住了大量的人口，并且随着城市经济的发展，人口流入对城市土地的需求会进一步增大，人口增长与土地稀缺之间的矛盾就会凸显；另一方面，土地资源自身在量上是不可再生的，它也不能像其他商品那样在工厂里不断地被生产出来。所以，城市的土地总是稀缺的。土地的稀缺使土地供应缺乏弹性，所以地价会不断上涨。

房地产的稀缺性使商品住宅等在我国相当长的一段时间内成为刚性需求商品。房地产品的需求刚性是指价格弹性不明显，也就是价格的变动对房地产的需求变化影响不明显。刚需房是以自住为首要要件，对那些缺少自住房的人来说，房地产的刚需特征表现得十分明显。房地产的这一刚需特征为炒房者提供了绝佳的市场机会。

（五）不完全的房地产市场信息

市场信息不完全是指在不完全市场中市场的参与方不可能完全拥有市场环境状态的完整知识。不完全信息是与完全信息相反的。完全信息是新古典经济理论在理想经济世界中支撑均衡价格的重要基础，只有市场参与各方基于完全的市场信息，才能得出处于均衡状态的市场价格。

市场信息不完全的现象在市场竞争不充分的市场中最容易出现，在市场竞争不充分的市场（非完全的市场）中，往往存在信息不透明的问题，市场中的各方尤其是卖方和买方对市场信息不了解，"信息孤岛"现象比较明显。获取市场信息是需要成本的，同时，在市场经济中，不可能存在绝对的完全市场，多数时候、多数市场都属于竞争性市场，由于竞争的存在，市场主体不可能公布所有的市场信息，因为一些市场主体可以通过对市场信息的垄断获取利益。在这样的市场条件下，必然存在市场信息不透明的现象。

市场信息不透明就必然导致市场信息不对称。市场信息不对称是指在市场经济活动中，市场主体对市场中的各类相关信息的了解有差异，掌握信息比较充分的人，往往处于比较有利的地位，而对市场信息了解、掌握比较少的人则处于相对不利的地位。信息不对称理论是由三位美国经济学家——约瑟夫·斯蒂格利茨、乔治·阿克尔洛夫和迈克尔·斯彭斯在 20 世纪 70 年代提出的。该理论认为：市场中卖方比买方更了解有关商品的各种信息，尤其是关键信息，比如成本、利润等；掌握更多信息的一方可以利用这种优势在市场中获益；买卖双方中拥有信息较少的一方会努力从另一方获取信息。信息不对称是市场经济的必然产物，是市场经济的弊病，对市场经济有一定危害；要减少信息不对称对经济产生的危害，政府应在市场体系中发挥强有力的作用，比如建立相应的市场信息公布平台，或者建立行业产品指导价格和基准收益率等机制体制，等等。

房地产市场也具有这种信息不完全的特征，并且会与房地产市场的垄断性叠加，进而强化这种信息垄断。房地产行业本身的垄断性特征较为明显。比如，土地一级市场垄断，决定了并不是每个人都可以获得土地使用权、开发权。此外，在房地产开发经营环节也容易形成垄断。房地产是一种特殊产品，为了保障房地产市场各个主体的合法权益，按照国家的相关政策规范，从事房地产开发经营活动必须达到相应条件、具备相应资质，而一般的个人和组织是达不到这种要求的，因此行业进入的政策性壁垒就必然存在，行业壁垒必然形成一定程度的垄断。第一，按照迈克尔·波特的五力竞争理论，从影响行业竞争程度的第一种力量——现有企业竞争的状态来看，由于房地产产品标准化程度低，使现有企业之间的竞争相对有限，房地产行业的垄断程度相对较高。与国外成熟的房地产市场相比较，我国房地产市场化的时间并不长，从市场发展周期来判断，过去十几年，我国房地产市场还基本上处于从成长期向成熟期迈进的阶段，正因为处于这样的阶段，市场发展较快，市场中现有企业之间的竞争就会被成长的市场环境所掩盖，此时的竞争不会像市场成熟期和衰退期那样激烈，也不会轻易采用杀伤力更大、竞争更为惨烈的价格竞争手段。另外，房地产产品的标准化程度低，区位、楼层、朝向、户型、质量、样式、色彩等都会影响房地产产品的差异性，这种差异性特征导致用户转换成本很高，房地产用户不容易改变消费决策，也就是说一线城市的消费者不会因为三线、四线城市的房价低就会放弃在一线城市生活、工作的机会，到三线、四线城市购房。房地产产品的非标准化程度低使用户转换成本高，必然使区域性市场形成一定程度的垄断性。第二，从影响行业竞争程度的第二种力量——新进入者来看，房地产行业由于产业壁垒较高（行业规模化经济特征、政策性壁垒、情感壁垒、退出壁垒等因素累积作用），限制了竞争者的进入。新进入者受限，房地产行业的竞争程度就会减弱。第三，从影响行业竞争程度的第三种力量——替代竞争来看，正如前文所述，在人类迈过穴居的原始社会之后，人们基本上都是以房地产作为居住之所，可替代房地产品的产品十分有限，所以房地产业的替代竞争力量很弱。第四，从影响行业竞争程度的第四种力量——消费者的砍价议价能力来看，由于房地产消费者作为大众消费者，不同于专业消费者，对房地产市场的许多信息和关键交易要素不够了解，所以，在与开发商的交易中往往处于被动的、不利的弱势地位，砍价议价能力不高。第五，从影响行业竞争程度的第五种力量——原材料供应商的砍价议价能力来看，房地产行业中的钢材、水泥等原材料供应商由于自身产业发展问题（如产能过剩）以及产品的专业化特征（这些产品专业化都比较强，只能供应房地产、建筑等行业使用），再加上房地产行业对这些行业来说是需求量较大的客户，房地产业作为需求方对原材料供应商具有较大的优势；同时，房地产企业经过较长时间的原始积累，也具备了前向一体化的能力，因此，房地产行业的原材料供应商的砍价议价能力较弱。所以，根据五力竞争模型，房地产行业的竞争性相对不高。可见，由于房地产行业竞争相对较弱，故存在一定程度的垄断性。垄断往往能获取垄断利润。除了因为市场竞争较弱而产生的垄断之外，房地产市场垄断还包括对市场信息的垄断。一方面，房地产市场的垄断更加强化了这种市场信息垄断；另一方面，市场信息垄断又反过来促进了房地产其他领域的垄断。市场信息垄断方会利用这种垄断优势牟利。

垄断市场信息往往能获得较高的额外收益，因此，市场信息的垄断程度只会越来越深。而市场信息的垄断，则会进一步加剧市场信息不对称。对房地产市场信息具有垄断性、支配性地位的优势方基本上都是开发商或者房地产经营者。一方面，因为他们本身就是信息源，可以以较低廉的成本获取市场交易的信息，特别是一些与交易成本、利润、供应量等有关的关键信息；另一方面，他们作为专业从业者，有的甚至是有着雄厚实力的组织，显然比作为普通消费者的大众购房者更有优势获得市场信息。所以，在房地产市场中，处于市场信息优势地位的往往是开发商、房地产经营者，而广大购房消费者则处于信息弱势地位，进而形成了房地产市场信息不对称特征。

房地产市场信息的不对称性使房地产交易双方在进行谈判的时候往往处于不对称状态。消费者在不能充分了解市场信息的情况下，只能居于交易谈判的弱势地位，被迫接受开发商、房地产销售者不尽合理的房屋交易条款，甚至是有损于消费者的条款。房地产市场信息的不透明、不对称性不仅使房地产交易时普通消费者在进行谈判的时候处于弱势地位，往往只能听信别人的信息，被其他信息源所左右，故而导致消费者非理性购房，甚至引发一系列的社会问题。一般来说，普通消费者对市场信息掌握十分有限，所以只能依据公共途径和房地产的供给方和生产方提供的信息来做出购买决策。关于每一个楼盘的具体信息（包括整个房地产市场的整体信息），作为普通消费者是难以从公共渠道获取的。房地产生产和经营方只会提供有利于自己的信息，消费者或者以开发商或与开发商有共谋关系的炒房者提供的信息作为交易决策的依据，或者参考其他消费者的行为进行决策，这就很容易导致普通消费者的非理性购房行为，如跟风购房。如果依据炒房者或者与炒房者有利益勾连者的信息制定购房决策，显然消费者就很容易陷入高价购房的陷阱，使炒房者和房地产供给方获利；如果属于后一种情况，则很容易引发一些社会问题，比如因为跟风的非理性购房，导致许多消费者在价格高位入手，一旦市场回归理性而出现降价，前期非理性购房者势必亏损，进而出现业主怒砸开发商销售部的情况，甚至对整个国民经济产生影响，出现类似于美国次贷危机式的风险。

总之，房地产市场的信息不对称性，强化了房地产市场的垄断性，有利于炒房者和房地产产品供给方，使其在定价和交易中都处于有利地位，轻而易举地推高房价并从中获利。

（六）有力的金融支持

房地产产品具有耐久性，同时也是价值很高的大宗商品，是极好的抵押物，因而炒房很容易获得金融机构的资金支持。由于房地产行业的高收益性，商业银行向来都把房地产企业作为优质客户对待，愿意向其提供贷款，也愿意向以房地产作为抵押物的购房者（包括炒房者）提供购房贷款。另外，房地产开发商也愿意向银行借贷，一方面是出于自身资金的需求，另一方面也是出于转移投资风险的需要。因此，这种双方的借贷默契助长了炒房活动的泛滥。

（七）其他有利条件

除以上这些因素外，炒房盛行的客观条件还包括以下几种。

1. 房地产具有财富象征性

房地产的高价值使其具有了财富象征性，因而也具有了身份筛选功能，也就是房地产具有相当程度的社会属性，房地产能对富裕人群和贫困人群自动进行筛选和甄别。同时，人们也把社会地位与房地产相联系，认为房地产是有钱、有较高的社会地位和身份的象征。人们要体现自己的社会价值和身份地位就要想尽办法购房，从而推动了房地产需求不断增长，使房地产成为极好的投机标的物。

2. 传统观念的影响

家是中国人最重要的生存空间，是根植于每一个人心中的固有传统观念，每个人对家都有一种强烈的归属感。成家立业最重要的标志就是有房、有居所。所以，人们一旦走向社会、一旦结婚组建家庭，首先考虑的就是购房。因此，这种传统观念成为推动购房需求增长的重要内生动力。

家庭观、婚姻观都是我国民众根深蒂固的传统观念。受传统观念的影响，买房成为国人的头等大事。安居才能乐业，这是中国几千年来形成的观念。究其本质，这是国人追求安稳、有保障生活的表现。对于父母来说，为子女奋斗一套房子是重中之重；对年轻人来讲，购买一套住房是小家建立的标志，是人生安稳生活的开始。如果没有住房，父母会觉得子女生活没有保障；如果没有房产，年轻人也会因为缺乏安全感而不愿意结婚。一套房子，象征的是踏实、安稳的生活。所以一旦房价在可以承受的范围内，新婚或已婚但无房者都会尽最大努力去为自己的小家买一处"温馨的港湾"。可见，住房在国人心中已等同于家，房地产已经具有了鲜明的社会属性。正是由于这种传统观念的影响，人们的购房情结越发浓烈。如今，先买房后结婚几乎已经成为年轻人的一个基本准则。房在中国是家的代名词，也是结婚的前提条件，为结婚、为家而购房成为房价不断走高的重要推力。

3. 家庭核心化的影响

家庭核心化是指家庭类型逐渐从复合型家庭向核心型家庭转化的过程。核心型家庭是指家庭人口结构较为简单、由一对夫妇和自己的未婚子女所组成的家庭。与复合型家庭相比，核心型家庭人口规模较小。所以，家庭核心化其实就是指家庭规模的小型化。在我国二孩、三孩政策推行之前，我国家庭人口规模一直呈递减趋势。根据人口普查数据，2000 年时，我国家庭平均人口数为 3.4 人，2010 年时，家庭平均人口数为 3.1 人，而到 2020 年，家庭平均人口数为 2.62 人，且多为核心型家庭。除了核心型家庭之外，一人户和二人户家庭也在不断增加，使家庭人口规模越发变小。"最近几年来，一人户和二人户的比例不断上升。根据中国人口普查和抽样调查数据，中国一人和二人家庭的比例一直在不断增加，2010 年，一人和二人家庭分别占全国家庭总数的 15% 和 24%，2019 年达到 18% 和 30%。"① 家庭人口规模小型化预示着家庭总数的增加，导致房地产需求不断增加。

4. 以房养老助推房地产需求上升

住房保障体系不完善和租赁市场有待规范也是部分消费者选择购房甚至炒房的一个重要原因。

长期以来，房地产出售市场与租赁市场发展并不均衡，一条腿（出售）长，一条腿（租赁）短，是住房市场供给中的突出矛盾。在房地产供给市场中，租赁房地产从供给者来看，主要是个人私房出租，而开发商的租赁量则较少，规模较大且持续、稳定的供应渠道相对较少。虽然一些开发企业也在逐渐进驻房地产租赁市场，但相对来说，出售仍然是开发企业占主导地位的业务。开发商以销售业务为主、租赁业务较少的原因如下：第一，在我国房地产市场起步之初，许多房地产企业没有经历过较长时间的原始积累，企业实力不够雄厚，开发商要快速回收资金，就只能采取出售的形式，因而较少采用租赁的方式；第二，房地产租赁回收资金较慢，资金回收期较长，其间隐藏的风险也较大，因此，从规避风险的角度看，开发商也愿意采用出售方式而不愿意采用租赁方式；第三，受国人传统观念的影响，房地产消费者更愿意购房，而不愿意租房，开发商主要发展出售业务也是为了适应购房市场消费者的消费偏好。近些年，许多房地产企业专门成立了房地产租赁事业部门，开展租赁业务，如万科集团的万科驿、龙湖地产的冠寓、保利地产的保利公寓、恒大地产的泊寓、金地集团的荣尚荟和草莓社区，碧桂园也于

---

① 2010 年以来的家庭总数和平均家庭规模［R/OL］. http：//www. geceo. com/jingji/2108/115478. html.

2017 年正式成立长租事业部，等等。房地产企业这种从注重出售向租售并重的业务转型也是基于房地产市场的变化而做出的及时调整。一方面，国家做出了明确的政策指向。2016 年，国务院办公厅印发了《关于加快培育和发展住房租赁市场的若干意见》，指出要加快培育和发展住房租赁市场。另一方面，房地产企业经过多年的快速发展和积累，已经具备了开展租赁业务的实力和底气。此外，房地产市场的消费群体越来越年轻化，年轻人逐渐成为房地产消费的主力军，其消费观念、消费偏好有别于他们的长辈，即使是一些老年人，也在高房价的压力下开始从购买转向租赁。房地产市场消费者行为的变化也为房地产开发企业开展租赁业务提供了市场基础。

当然，对于许多老年人来说，购房仍然是首选。据调查，50 岁以上的人比 30 岁以下年轻人的购房意愿要高出 50% 以上。在调查中发现，许多年轻人选择租房或者可以接受租房居住。

年龄更长的老年人之所以首选购房而不是租房，是因为一方面其购买力要比年轻人高，另一方面是因为养老的需要。

在我国，养老等社会保障体系经过多年的发展已经取得了巨大的进步，但总体来说还不够完善，尤其是乡村居民的养老保障水平还不够高。城镇居民，尤其是失地之后进城的新生代居民，其社会保障水平有待提高[①]。

老年人面对的保障需求很大，自身医疗、居住、生活等压力纷至沓来。出于养老保障的需要，许多人随着年龄的增长，养老危机感越发强烈，越来越希望通过购房实现以房养老（传统的"养儿防老"的观念在现实面前不得不发生转变）。以房养老其实就是为今后的老年生活提供相对可靠、自己可控的保障。

目前，我国人口老龄化已成为一个相当严峻的问题。根据国家统计局公布的数据，我国 65 岁以上的人口不断上升，老年抚养比从 2002 年的 10.4%快速上升到 2021 年的 20.8%，20 年间上升了 1 倍（见表 2-3）。另据中国社科院人口所发布的《人口与劳动绿皮书：中国人口与劳动问题报告 No.19》预测，随着 20 世纪 50 年代出生高峰期出生的人口陆续超出劳动年龄，劳动年龄人口将会加速减少。从表 2-3 可以看出，2002~2021 年，老

---

① 陈家宁，郭莎. 城镇化后新生居民社会保障问题研究 [J]. 经营管理者，2015（8）：284 - 285.

年抚养比逐年走高，老龄化问题开始凸显并越来越严重。有专家估计，老年抚养比在 2060 年之前将一直保持上升趋势。老年人赡养能力评分仅为 39.1 分，这直接体现了赡养能力不足的问题。我国第六次的人口普查结果表明，在步入老龄化的老人群体中，需要靠养老金以及低保来保障生存的占 29.3%，依靠劳动收入的占 20%，靠子女或其他亲戚进行赡养的达 48.8%，能够依靠财产性收入来进行赡养的只有 0.3%，养老保障形势的严峻性可见一斑，这也说明依靠财产性收入来进行养老还有提升的空间。因此，以房养老成为许多人的共识，助推了房地产需求的上升，进而为炒房提供了机会。

表 2 - 3　　2002 ~ 2021 年我国 65 岁以上人口与总抚养比、老年抚养比

年份	65 岁及以上人口（万人）	总抚养比（%）	老年抚养比（%）
2002	9377	42.2	10.4
2005	10068	38.8	10.7
2004	9879	41.0	10.7
2003	9692	42.0	10.7
2006	10384	38.3	11.0
2007	10702	37.9	11.1
2008	11023	37.4	11.3
2009	11343	36.9	11.6
2010	11934	34.2	11.9
2011	12277	34.4	12.3
2012	12777	34.9	12.7
2013	13262	35.3	13.1
2014	13902	36.2	13.7
2015	14524	37.0	14.3
2016	15037	37.9	15.0
2017	15961	39.3	15.9
2018	16724	40.4	16.8
2019	17767	41.5	17.8
2020	19064	45.9	19.7
2021	20059	46.3	20.8

资料来源：根据国家统计局数据整理。

第三章

炒房的区域与炒作对象

要抑制炒房，必须要对炒房者钟爱的区域和喜好的炒作标的物予以分析。

一、炒房区域

由于我国地域十分广阔，各地经济发展水平和房地产市场条件存在明显差异，因而房地产炒作也存在着显著的区域差别。

一般来讲，可以从宏观和微观两个不同的视角来分析炒房区域。从宏观视角来看，经济越发达、人口流入越多的区域，市场需求越高，越容易吸引投机炒房者，此区域的炒房情形越严重；相反，经济越欠发达、人口流出量越大的区域，对炒房者的吸引越小，此区域的炒房情形相对越轻。在我国近些年城市化的推动下，农村人口不断向城市流动，农村、中西部人口为了获得更好的发展机会也不断向城市和东部沿海区域流动，导致城市尤其是大城市、超大城市以及东部沿海城市人口不断增长。人口的流动，不仅为流入地经济的发展带来了劳动力，促进了当地经济的发展，提升了当地房地产市场购买力，同时也为这些区域带来了最直接的房地产需求，特别是住房需求，因而为这些区域的投机炒房提供了最现实的可能条件，使这些区域成为炒房者首选的区域。炒房者依据投资利润水平的高低做出判断，而利润水平的高低则取决于房地产市场的需求状况。一般来说，需求越旺盛的区域对炒房者的吸引力也就越大。因此，从微观的角度看，在一个城市区域内（也就是以一个城市作为一个局部市场），炒房者在选择具体区位的时候也会依据房地产市场需求状况做出判断。

（一）炒房的宏观区域

炒房者对炒房区域的选择主要以投资收益率以及与此紧密相关的市场状况为基础，因此，从宏观的视角看，炒房最严重的区域毫无疑问是大城市（主要是区域中心城市）和东部沿海经济发达区域。

炒房与房地产投资是很难区分的，因而在哪些区域炒房也是难以辨识的。但从总体上看，由于炒房者需要依据市场增长预期特别是需求增长预期以及房地产市场环境持续向好等因素来判断，并借助房地产市场繁荣、房价持续上涨和销售量的快速上涨为掩护进行操作，因此，通过对与炒房密切相关的因素以及房地产销售情况的分析，我们还是可以对我国炒房热点区域做出基本判断的。从宏观的视角看，炒房主要受到经济状况、市场需求的影响，区域经济状况、房地产需求状况都直接与人口流入有关，因此，我们可以从区域经济发展水平与区域人口流入这两个维度对炒房热点区域做出大致判断。

从以上两个维度我们可以看出，区域中心城市和东部、南部沿海经济发达区域是我国炒房的热点区域。

根据《改革开放 40 年经济社会发展成就系列报告》，我们可以看到，改革开放以来，我国人口流动经历了从改革开放前的低比例、小规模流动到大规模、高比例流动的变化，经历了从乡村到城镇、从中西部落后区域向东部发达区域特别是长三角、珠三角、京津冀等城市群流动的过程，流动人口总量从 1982 年第三次人口普查时的 657 万人增长到 2010 年的 2.21 亿人，[①]到 2020 年第七次人口普查时，更是达到 3.758 亿人；流动人口在总人口中的占比也从 1982 年的 0.7% 增长到 2010 年的 16.48%，到 2020 年达到 21.613%。[②] 人口不断向沿海发达区域流动，导致这些区域房地产市场需求不断增加，房价不断上涨，许多投资者和投机者开始大规模进入这些地区炒房，获取高额利润，比如在 21 世纪初期，温州炒房团大显身手，从上海等经济发达城市开始，其炒房活动逐步遍及全国，受到炒房投机的高利润吸

---

① 国家统计局 . 统筹人口发展战略　实现人口均衡发展——改革开放 40 年经济社会发展成就系列报告之二十一［R/OL］. https：//www. gov. cn/xinwen/2018 – 09/19/content_5323423. htm.

② 根据国家统计局数据整理。

引，后来甚至出现了职业炒房人。

在沿海区域炒房投机行为盛行的同时，在各个省份内，以省会为主的中心城市炒房也十分活跃。据梁中华、吴嘉璐（2020）的分析，2019 年我国人口流动"继续呈现'东迁'和'南下'的特征。不过人口的流向变得更加集中，70% 以上的人口净迁入量都流向了浙江和广东，'二八'现象愈发明显"。"从具体省份来看，人口的流向变得更加集中。每个省份内部，只有省会等少数城市是人口净流入的，大多数城市都面临人口净流出的压力"。"2019 年深圳常住人口增加了 41.2 万，其中常住户籍人口的增量就有40 万"。① 在这些地区人口净流入的同时，房地产市场需求不断扩大，导致房价上涨。房价的上涨，房地产市场环境的宽松，则可能会吸引炒房投机者，导致这些区域炒房的活跃。

从宏观角度看，我国区域经济发展不平衡，区域经济发展水平总体上呈现出由西向东逐步提高的趋势。东部和南部地区是我国经济最为发达的区域，具体包括华南地区、华东地区，相对欠发达的地区包括老工业基地东北地区和西部地区。

1. 华南地区

华南地区是我国经济最为发达的地区之一，地处珠三角区域，地区生产要素尤其是现代生产要素得天独厚，为区域经济发展提供了坚实的支撑。华南地区地理位置优越，铁路、公路众多，交通便利，经济基础良好、实体经济实力雄厚，更拥有广州、深圳两大一线城市，也是我国改革开放的重要窗口。

在华南地区，广州、深圳是炒房客首选之地。在炒房投机行为的推动之下，深圳与广州的房价持续上涨。除广州、深圳两大一线城市外，东莞、惠州等也都是不错的炒房区域。东莞、惠州等离一线城市广州、深圳较近，惠州距离广州、深圳仅 100 公里左右，而东莞距离广州仅 50 公里左右、距离深圳仅 100 公里左右。随着广州、深圳的产业不断向东莞转移，特别是2019 年粤港澳大湾区规划正式出台、东莞落户政策不断改革以及轨道交通

---

① 梁中华，吴嘉璐. 从人口流向看中国房价走势［R/OL］. https：//finance. sina. com. cn/money/fund/jjzl/2020 – 06 – 27/doc – iirczymk9248290. shtml.

的修建带动东莞交通便利度不断提高，促使东莞经济不断发展，使得东莞的房地产市场也处于火热的状态。因此，华南地区的东莞等房地产市场也为炒房客提供了很多的机会。

2. 华东地区

华东地区自然资源比较充足，各种生产要素较为集中且较为丰足，是目前中国整体发展水平最高的地区之一，以上海为中心的长三角地区发展水平更高。在华东地区，上海、杭州、无锡、苏州、南京等城市炒房现象比较突出。

3. 东北地区

东北地区是我国的老工业基地，受产业结构调整、经济发展速度以及气候等因素的影响，近年来，东北地区人口呈现出明显的净流出趋势，甚至出现了所谓的"鬼城"，房地产市场需求不断降低，所以房价也随之不断下跌，炒房现象在此区域相对较少，主要发生在沈阳、大连等区域中心城市。

4. 西部地区

虽然近年来，随着西部大开发、脱贫攻坚战略的实施，以及成渝双城经济圈战略的推进，西部地区自然资源不断得到开发，带动西部地区经济快速发展，特别是城镇化快速推动，极大地促进了房地产市场需求的增长，为炒房提供了机会，但是，从总体上看，我国西部许多地区仍然处于欠发达状态，房地产市场购买力相对不足，严重制约了西部地区房地产市场的长期增长，与其他经济实力相对落后的区域一样，炒房主要发生在成都、重庆、西安等区域中心城市。

炒房往往隐藏在房价的快速上涨和销售量的快速增长中，因此，通过对我国经济发达区域和经济相对欠发达区域的房地产价格和销售量的变化进行比较，可以对炒房的宏观区域做出大致判断。在此，我们对华南的广东省和地处西部地区的四川省、贵州省近年来住房价格变化（见图3-1）和房地产销售量变化（销售套数）（见图3-2）进行对比，可以看到，随着房价的持续提高和房地产销售量的不断增长，区域差别变得越发明显（房地产销售量受到很多因素的影响，销售量的差别并不一定完全代表炒房量的情况），说明隐藏在销售量中的炒房占比越来越高。

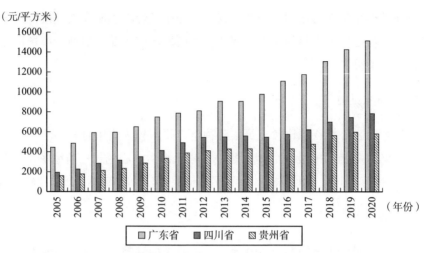

图 3 - 1　2005～2020 年广东省、四川省、贵州省住房价格走势

资料来源：根据国家统计局公布的数据整理。

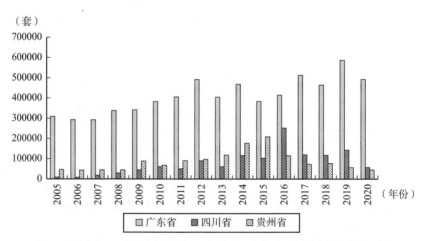

图 3 - 2　2005～2020 年广东省、四川省、贵州省房地产销售套数比较

资料来源：根据国家统计局公布的数据整理。

（二）炒房的微观区域

炒房的微观区域是指在一个较小的区域性市场（一般是指一个城市）中的炒房区域。

房地产是一种非标准化的产品，区位、用途、楼层、朝向、质量等方面都会直接影响房地产价格。对一个城市的房地产市场来说，经济发展程度、受人口因素所影响的房地产需求量，以及其他政治、经济、社会因素都会在很大程度上引起炒房行为的产生、消失，或发生其他变化。

从微观视角看，炒房区域也是难以通过具体的数量指标予以量化的，对于炒房区域，也只能站在炒房者的角度，通过影响炒房利润率因素的分析来予以大致研判。

在以一个城市为区域市场的炒房中，炒房投机行为一般主要受以下因素影响：一是经济和各种生产、生活要素的集聚程度；二是人口聚集数量；三是社会资源丰度。因为这些因素都会在很大程度上直接影响房地产市场，影响炒房者最为关心的房地产价格和投资利润率。

经济和各种生产、生活要素的集聚程度包括的方面很多，受到很多具体因素的影响，如本区域的产业布局和产业结构，经济发展水平，国民收入水平，道路、通信等基础设施完善程度，商业发展状况（如是否为商业中心）等。这些方面都会直接或间接影响房地产需求量预期的变动，进而影响炒房者的选择。一般来说，经济集聚程度越高，对炒房者的吸引力也就越大，二者呈正相关的关系。

城市中心区和生活便利性更优地段的房子因为具有完整的商业配套，交通便利，往往成为炒房者关注的重点，比如在大城市，有些炒房者就直接选择交通便利的地铁站附近的房子进行炒作。

因为房地产是人们生产和生活的必需物质空间，因此，人口的增长也会在很大程度上直接影响城市区域房地产需求量的变化，进而影响炒房者的动向。哪个区域人口越多，那个区域就越有可能被炒房者相中。

社会资源丰度是指各种社会资源的丰富程度，包括的方面很多，比如各类办事处、金融机构、社交娱乐场所等，还包括教育资源和医疗资源，尤其是优质教育资源。在我国，由于各种历史原因，优质教育资源相对有限，无法完全满足所有人的需求，对有些人来说，为了获得优质的教育资源，学区房就成为刚性需求产品。在需求的推动下，学区房价格不断上涨，因而出现了炒作学区房的现象。在许多地方，学区房炒作现象十分突出，直接推高了学区房价格。"可以毫不夸张地说，只要稳住了学区房，就抓住了抑制楼市投机炒房的'牛鼻子'。"[①] 学区房之所以会受到炒房投机者的青睐，使炒房

---

① 郭寸举．警惕学区房炒作卷土重来，降低市场虚火［N］．经济日报，2022－04－11．

者能够有利可图，主要原因在于优质教育资源分布不平衡，使学区房成为稀缺资源。

总之，从微观视角看，炒房者不仅炒作学区房，也炒作人口较为密集的城市中心区域或转移区①的房产，以及其他有升值潜力的城市新区的房产。

二、炒房的对象

一般来说，炒房者期望通过快速的交易获取最大的利润。因此，炒房者一般持有房地产的时间都比较短，这是炒房和房地产投资最大的区别。

目前，学者们从对房地产品持有的目的、时间、数量等方面对炒房进行描述，也就是说，持有房地产的数量明显超出居住需要的，炒房的可能性比较大。在"房住不炒"的背景下，许多城市出台的限售政策都是从持有房地产的时间上对炒房进行抑制，其要点也在于抑制房地产的交易频率。

要抑制炒房，就必须对炒房的对象进行分析。房地产包括地产和房产。在我国，土地属于国有，即使是农村集体所有的土地也必须经过政府征用变为国有之后才能进行房地产开发。为了防范土地炒作，国家对土地市场进行了合理的制度安排。我国只有两类土地市场，即让渡土地所有权的市场（这类市场只存在于农村集体土地征用为国有土地的过程中）和让渡土地使用权的市场（通过缴纳土地出让金方式获取土地开发权的房地产开发用地的交易就属于此类市场）。让渡土地使用权的市场是我国土地市场的主要类型，其又可以分为一、二、三级，国家严格控制土地一级市场。这种制度安排很好地防止了投机者对土地的炒作。同时，国家在约束土地炒作时制定了严格的土地闲置处罚制度。《城市房地产开发经营管理条例》第十五条规定："房地产开发企业应当按照土地使用权出让合同约定的土地用途、动工开发期限进行项目开发建设。出让合同约定的动工开发期限满 1 年未动工开发的，可以征收相当于土地使用权出让金 20% 以下的土地闲置费；满 2 年未动工开发的，可以无偿收回土地使用权。"这一规定限制了炒地者将土地留置在手中的时间，进而使炒地难以进行。虽然在我国炒地现象没有完全杜

---

① 转移区是指随着城市的不断发展，城市商业区可能发生转移，城市原有的商业中心转移到其他区域。

绝，但炒地比炒房的规模要小得多，程度也要轻得多。

城市土地的性质和用途规定着不同的地产形式。按用途划分，可以将土地分为居住用地、商业用地、工业用地以及公共设施用地。不同性质和用途的城市用地与不同的产业结合便产生了住宅、商业和工业等不同的地产形式，如图3－3所示。房屋是建设在土地之上的，对土地用途的规划就决定了房地产的类型。

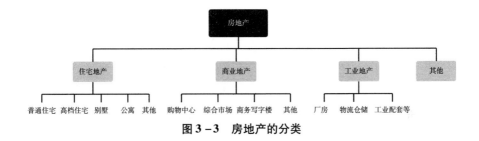

图3－3　房地产的分类

房屋按其用途可以分为住宅、商业用房、写字楼（办公用房）、工业用房、旅游用房、车库等。炒房主要是对房产进行炒作。但炒房者也并不是对所有的房产不加区分地炒作，而是对炒作标的物有所选择。一般来讲，炒房者比较热衷于住宅商品房。因为在房地产众多种类中，住宅的需求量最大，更适合作为炒房标的物。

相较而言，商铺、写字楼宇、工业用房和车库等不一定会成为炒房者的最佳选择。炒房以追求利润最大化为主要目标，当市场需求不能满足炒房者对利润的要求时，肯定会被投机者抛弃。商铺、写字楼宇、工业用房和车库等之所以不是炒房者的首要标的物，是因为这类物业受到本身市场因素及其关联产业市场因素的双重影响，尤其是市场需求和供给关系的影响，不能满足炒房者的心理预期和利润追求。在相当长的一段时间内，从房地产市场情况看，商铺在全国很多地方都出现了库存和过剩的情况。这种过剩主要是在供需关系影响下的供给过剩，也就是供大于求。据《四川日报》报道："伴随房地产业的发展，众多商业项目拔地而起，但部分项目因为开发过量，……加之地处新开发区域，一些商业街区无人问津，租售两难。"[1] 可见，在相当长的时间内，一方面由于供给量的不断扩大，导致供大于求；另

① 姜必刚 . 过剩商铺无人问津［N］. 四川日报，2016－04－22.

一方面，商业业态也在不断发生改变，传统的实体店商业模式（线下商业）受到电商（线上商业）的巨大冲击（见图3-4），商铺市场已经存在严重的供大于求、供给过剩的情形，而且有愈演愈烈之势。

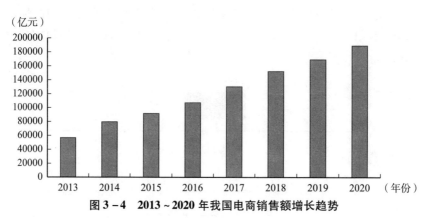

图3-4　2013~2020年我国电商销售额增长趋势

资料来源：根据国家统计局公布的数据整理。

从图3-5可以看出，电商销售额逐年增长，发展势头十分迅猛，线上商业的增长趋势十分明显。同时，我们还可以从商业营业用房、办公楼（写字楼）近些年销售额的变化窥探到这种变化（见表3-1）。从2017年开始，无论是商业营业用房还是办公楼（写字楼），销售额都呈现出不断下跌的趋势。

表3-1　　　　　**2017~2021年全国办公楼、商业营业用房销售额**　　单位：亿元

年份	办公楼	商业营业用房
2017	6441.36	13252.71
2018	6278.01	13010.47
2019	5328.96	11141.39
2020	5047.47	9888.91
2021	4701.46	9692.36

资料来源：根据国家统计局数据整理。

房地产因为土地价值的虚拟性所彰显的很强的金融特性使得其投资回报模式与股票、债券等金融产品的投资回报模式完全相同。房价相当于股票、债券的销售价格，住宅提供的居住服务折算的价值或者商业地产、工业地产

产生的租金相当于股息、利息收入，按照金融资产的定价方式，房地产价格可以视为在一定风险水平下未来租金收入的折现。[①]

　　然而，有着相同的投资炒作基础、回报模式、定价方式的不同类型的房地产，受到的社会关注度和资本追捧度却完全不同。从物业属性来讲，住宅属于生活资料，商业房地产、工业房地产等其他形式的房地产则属于生产资料。住宅作为生活必需品，主要满足人们生活居住的需求，与人们的日常生活有着紧密联系。因此，参与住宅投资买卖的群体规模非常庞大，涉及面广，再加上我国人口基数大，在城市化推动之下，住宅的消费需求不仅稳定有保障而且还在不断增长。在有些时候和有些地区，住宅是刚需品，市场需求更大，所以住宅往往会成为炒房者的主要标的。

　　在以市场交换为基础的现代社会中，住宅体现出很强的外部性，捆绑了众多稀缺的社会资源。住宅的获得不再仅仅代表对特定物理空间的占有，拥有一个遮风避雨、生活起居的场所，还意味着个人或家庭通过住宅所有权享有便利的交通、舒适的环境、丰富的就业市场、便捷的教育医疗等公共服务的权利。这些配套的公共服务资源对住房本身的价格评估构成重要影响，表现为公共服务体系越发达、资源越丰富，该处住宅的市场价格越高。公共服务资源的稀缺性造成条件优越地段住宅供给的短缺，成为住房价格能够长期稳定上涨的重要原因。

　　比较而言，工业地产和商业地产作为生产资料对人们生活的影响表现得并不明显，一般不成为影响家庭购房决策的重要考虑。工业地产、商业地产等地产形式是为了满足社会扩大再生产的需要，其所用土地常常受到城市用地规划的制约。

　　工业房地产、商业房地产是房地产与产业资本在流通领域结合的产物，服从社会扩大再生产的发展规律，具有资本品属性。工、商业房地产的价值评估主要受物业经营效益的影响，价格随市场行情经常变化，缺乏稳定性，所以这类资产较少被纳入资产投资组合，成为投资炒作的对象。由于商业房地产、工业房地产都与产业联系紧密，因此宏观经济周期严重影响着商业房地产、工业房地产市场的繁荣与衰退，造成商业房地产和工业房地产的价值稳定性弱于住宅房地产。宏观经济运行充满不确定性，各行各业潮起潮落，

_____

① 盛松成等. 房地产与中国经济［M］. 北京：中信出版社，2021：161.

只有在投资前景较好的时期，社会就业增加，各行各业蓬勃发展带来房地产租赁需求增加的情况下，工、商业房地产经营产生的丰厚利润引诱大量资本进入，使工、商业房地产市场呈现出一幅繁荣景象，物业市场价值才不断向上调整。此时，工业、商业房地产才可能为炒房者所青睐。相反，如果在宏观经济下行压力加剧的形势下，零售业凋敝、制造业不景气，剧烈持久的市场需求冲击引发大量商超、工厂倒闭，工、商业房地产空置率节节攀升，物业市场价值会受到严重影响，炒房者则不敢贸然进行炒作。

仲量联行发布的《应势开新，重塑格局：2021 中国办公楼市场白皮书》数据显示[①]，广州、北京、澳门、宁波、杭州、济南的办公楼空置率为 11% ~ 19.5%；上海、深圳、南京、成都、重庆、苏州、郑州、乌鲁木齐、太原、兰州、石家庄、昆明、西宁、拉萨、合肥、青岛几个城市空置率为 20.7% ~ 30%；天津、福州、海口、武汉、厦门、西安、长沙、哈尔滨、南宁、大连、沈阳、贵阳、呼和浩特、银川几个城市的空置率为 30.3% ~ 39.4%；无锡、南昌、长春三个城市空置率较高，在 40% 以上。

由此可见，在国民经济持续转型升级、外部世界贸易摩擦不断发生和新冠疫情大流行等各种不利因素叠加的影响下，行业需求受到严重冲击，市场紧缩，中国各主要城市的办公楼空置率普遍上升，且有愈演愈烈的趋势。空置率的抬升表明二、三次产业市场的萎缩，会严重影响工、商业房地产市场价值的稳定性，投资前景不乐观。

另外，从市场供需关系来看，只有特定主体（也就是要有一定的资本、专业特长的主体）才对商业、工业房地产有需求，其需求者数量是有限的，要在需求不旺盛的市场炒房，成功的概率很低。因此，炒房者主要以住宅作为炒作对象。

在商铺、写字楼过剩的同时，车库也同样面临着较大的供大于求的局面。一方面，车库作为一种特殊用途的物业，一般要有停车的需求才会购买，而且作为和住房一样的大宗商品，总价并不低，对于许多家庭来说，往往是举全家之财力甚至是通过预支后续个人或家庭收益购买了住宅之后，难以承担购买车库的费用；对于许多消费者来说，车库并不像住宅那样是刚性

---

① 仲量联行. 应势开新，重塑格局：2021 中国办公楼市场白皮书 [EB/OL]. https：//www. joneslanglasalle. com. cn/zh/trends－and－insights/research/2021－china－office－white－paper.

需求，所以购买车库的愿望不会像购买住宅那样强烈。购买意愿和购买力约束对车库的需求影响极大。同时，购买车库还要受到汽车产业和居民收入等多方面因素的影响，因此，从需求的角度看，车库的需求相对不高。另一方面，从车库的供给方面看，在连续多年的大量开发之后，车库已经严重饱和甚至过剩。在住宅小区的规划要求中，政府建设和规划主管部门对车库一般都有强制性规定，车库数量必须与小区住房数量按比例配置，这就极大地增大了车库的开发量，导致车库市场供需结构不平衡。基于同样的原因，写字楼、工业用房等物业市场在总体上也处于供大于求的状态。因此，从这个角度看，炒房者一般不会把商铺、车库等市场供需结构不平衡、利润实现风险较高的房地产产品作为投机炒作的首选。

第四章

历次房地产宏观调控政策分析

房地产宏观调控是国家借助、运用经济、法律和行政等手段，从宏观上对房地产业进行指引、督导、控制与调节，促进房地产市场总供给与总需求平衡、市场结构与整体优化，引导、规范房地产市场实现有序发展，进而实现房地产业与整个国民经济协调发展的管理活动。科学而有效的宏观调控是市场经济发展的内在逻辑要求，也是保障现代市场经济有效运行的重要途径。

宏观调控的关键是要实现市场机制和政府职能的有机结合，充分发挥市场的作用和政府的作用。市场机制主要是实现市场的自我调节，但是这种调节往往是被动的，甚至带有滞后性和局限性，因此，必须借助政府的宏观调控手段实现对市场的提前干预和主动引导。由于房地产市场的特殊性，更需要借助宏观调控的方式实现对房地产市场的主动干预。从总体上说，房地产市场调控的目标就是要优化房地产产业结构，提高资源配置效率，实现市场总供给和总需求的基本平衡，使房价保持稳定，确保房地产业持续健康发展。其中，房地产调控的首要任务就是要通过总量控制实现房地产市场总供给和总需求平衡。房地产市场总量控制就是要保证市场具有适当的流动性、合理的空置率、适度的供求均衡，所以，在市场机制不能有效达成这一目标之时而推行的历次房地产调控，都把房地产总量控制作为调控政策的出发点和归结点。随着我国房地产市场调控频率的加快和调控程度的深化，尤其是在21世纪的前10年，以加大保障性住房建设、实施一城一策、推行差异化金融政策等为主要内容的优化房地产市场结构也开始成为房地产调控的重要任务。

1978 年，邓小平就提出住房制度改革问题，1980 年 6 月，中共中央和国务院批准《全国基本建设工作汇报提纲》，宣布住宅商品化改革的政策主张，从而揭开了我国住宅改革的序幕，也开启了我国房地产业市场化的进程。在房地产市场化改革的进程中，交织着正向（顺向）和反向（逆向）的调控之举，我国房地产业也正是在这种调控变换中实现了螺旋式的上升发展。从 20 世纪 90 年代初期开始的第一轮大规模的房地产市场调控到现在，房地产调控政策虽有起伏变化，但总的趋势是力度越来越强，采用的手段和方式也越来越多，调控方向以逆调控为主、顺调控为辅。这些调控政策在不同阶段取得了不同的成绩，但也在一些方面需要进一步反思和总结。

一、我国房地产调控政策的演变

在改革开放之前，我国不存在真正市场化意义上的房地产市场，随着 1978 年住房改革问题的提出和 1998 年福利分房制度的全部取消，房地产业开始了从缓慢起步到加速发展的市场化进程，与此同时，现代意义上的房地产市场开始形成、发展并与宏观政策的调控始终相伴相随。

（一）调控政策之肇始

1. 理论突破与改革试点阶段

1978～1991 年是我国房地产改革的理论突破与改革试点阶段。1978 年，在中央提出住宅商品化之后，理论界展开了对相关问题的理论探寻并提出了住房商品化、土地产权等观点，为房地产市场化改革奠定了一定的理论基础；1982 年，国务院在部分城市进行住房销售和土地使用费征收试点；1987 年 10 月，中共十三大报告明确指出，房地产市场也是社会主义市场体系的重要组成部分；1987 年 12 月，深圳市在全国首次采用公开招标方式出让住房用地使用权；1988 年，《中华人民共和国宪法》修正案公布，将"土地的使用权可以依照法律的规定转让"的内容载入宪法，标志着我国的根本大法承认了土地使用权的商品属性，至此，房地产业土地商品化、市场化跨出了重大一步，中国房地产业从此迈入了跨越式发展的新时代；1991 年，住房公积金制度在上海市开始试行；同年，全国房屋登记工作取得重要进展，超过 80% 的房屋所有权人获得了房屋权属证书，基本完成了房屋所有权登记工作；1991 年，24 个省市的房地产改革总体方案先后得到国务院批复。

住房商品化、土地产权等房地产方面的理论突破，以及宪法关于土地使用权可以转让的修正和房地产政策试点为我国房地产市场化改革奠定了重要的基础，极大地促进了我国现代意义上的房地产业的产生和发展。在政策红利的推动下，此阶段房地产业得到迅猛发展，虽然其间出现了不少问题，国家也不断出台相关政策对房地产市场进行规范。但总的来说，这一时期的房地产政策环境较为宽松，国家主要采取鼓励为主的政策来支持刚刚起步的房地产业的发展。

2. 第一次较大规模的调控推进阶段

1992 ~ 1995 年是第一次较大规模的房地产调控推进阶段。1992 年是我国改革开放进程中具有里程碑意义的一年。这一年，邓小平发表南方谈话，同时，党的十四大召开。在邓小平南方谈话和党的十四大精神的激励下，房地产业迅速发展，成为国民经济的热门行业，再加上上海浦东开发区的带动，出现了全国性的房地产过热和非理性炒作现象，投资规模过快增长、投资结构不合理、市场行为不规范、房地产炒买炒卖投机活动加剧、房价快速上涨等影响房地产业发展的深层次问题逐渐暴露。据国家统计局公布的数据，1992 年房地产开发投资 731.2 亿元；1993 年房地产开发投资达到 1937.5 亿元，比上一年增长近 165%。

随着我国房地产业改革不断向纵深推进，出现了第一轮房地产热。为了应对市场过热带来的问题，中共中央、国务院于 1993 年 6 月下发《关于当前经济情况和加强宏观调控的意见》，制定了十六条宏观调控政策措施，第一次对房地产市场进行大规模调控。此次房地产市场调控采用经济手段和行政手段相结合的方式，特别是借助金融调控手段，全面收紧"银根"，压缩对房地产的贷款规模，进一步规范房地产市场秩序，实现宏观经济软着陆。

3. 平稳发展阶段

1996 ~ 2002 年是我国房地产业发展相对较为平稳的时期。经过前期的政策调控，房地产热开始逐步降温，投资额增速得到控制，1994 ~ 1995 年，全国房地产开发投资额分别同比增长了41.3%和21.4%[1]，1997年更是出现了负增长[2]。在此情况下，中央开始转变对房地产业的政策导向，提出把房地产作为居民消费热点和国民经济新的增长点；特别是在1997年东南亚金融危机爆发后，房地产业更是被提升到国民经济支柱产业的高度，期望通过房地产业的带动效应促进国民经济的整体增长。为此，国家制定了一系列鼓励房地产业发展的政策，其中最具代表性的是1998年7月国务院下发的《关于进一步深化城镇住房制度改革加快住房建设的通知》，要求从1998年下半年起停止住房实物分配，逐步实现住房分配货币化。随着福利分房制度的取消，住宅商品化序幕全面拉开；随后，国家又陆续出台了一系列如购房税收减免、内外销房并轨、规范土地出让方式等配套政策。在住房消费商品化系列政策和积极的财政政策推动下，广阔的房地产需求市场空间被打开，在带动消费需求增长和度过经济危机的同时，我国房地产业走出低谷，迎来了新一轮的高速发展和房价的快速上涨。

（二）价格持续上扬中的调控经常化阶段（2003~2015年）

2003~2016年是我国房地产市场规模迅速扩大、房地产价格快速上涨的时期，也是我国对房地产市场调控最为密集的时期。据初步统计，在这一时期，仅中央层面就出台了202次直接或间接针对房地产市场的调控政策，平均每年14.23次，平均每月1.2次。这些政策大部分都以抑制房价、规范房地产市场主体行为、促进房地产业健康发展为主要内容。这一阶段又可以分为几个小的阶段。

1. 第二次大规模调控时期

2003~2007年为房价快速上涨和第二轮大规模调控时期。从2003年开始，在房地产投资快速增长的拉动下，我国房地产市场再次出现过热迹象，房地产投资额快速增长，年均增幅达到33.2%，住宅房价也开始迅速上涨（见表4-1）。为了给过热的房地产市场降温，抑制房价的不断上涨，2003年6月，中国人民银行下发《关于进一步加强房地产信贷业务管理的通知》，

---

① 数据分别来自1994年、1995年《中华人民共和国国民经济和社会发展统计公报》。

② 武一.1997年全国房地产开发与市场分析以及1998年展望 [J].北京房地产，1998（2）：28-29.

对商业银行个人住房贷款政策进行调整，对购买高档商品房、别墅或第二套及以上商品房的首付款比例予以提高，同时取消优惠住房利率政策。这种从资金供给渠道上对房地产市场的调控主要是从需求方面进行的，并没有从房地产供给方面进行资金链上的紧缩。在当时，政府政策还较为犹豫，一方面担心房价上涨和投资增长过快对经济带来不利影响，另一方面又希望通过房地产业的发展带动经济增长，所以，在同年8月，国务院又出台了《关于促进房地产市场持续健康发展的通知》，调转调控方向，指出"房地产业关联度高，带动力强，已经成为国民经济的支柱产业"，继续加大对符合条件的房地产开发企业和房地产项目的信贷支持力度。

表4-1　2003～2007年房地产投资、商品房价格、住宅价格同比增长率　单位：%

项目	2003年	2004年	2005年	2006年	2007年
房地产投资增长率	14.7	24.8	14.6	25.3	29.3
商品房价格上涨率	4.8	17.8	14.0	6.3	14.8
住宅价格上涨率	5.0	18.7	12.6	6.2	16.9

资料来源：根据国家统计局资料整理。

在这样的矛盾心态和政策犹豫中，房地产市场没有受到政策约束，房价开始快速上涨。如果说以前的房价上涨还是局部性的，那么，从2004年初开始的房价上涨则是全国性的，因此，2004年10月底，中央下定决心，希望通过提高商业银行存贷款利率等经济手段来调控房价。2005年3月26日，面对快速上涨的房价，国家再次推出更加严厉的房地产调控的八条措施（时称"旧国八条"，即国务院办公厅发布的《关于切实稳定住房价格的通知》），明确指出："各地区、各部门要充分认识房地产业的重要性和住房价格上涨过快的危害性，高度重视，加强领导，把做好稳定住房价格工作作为加强和改善宏观调控的一项重要内容，采取有效措施，抑制住房价格过快上涨。""旧国八条"将房价问题提高至政治高度，明确表示要追究地方主要领导在房地产价格高涨方面应负的责任[①]。2005年5月13日，建设部、国家发展改革委等七部委又出台了"新国八条"——《关于做好稳定住房价

---

① 孙莹，高芳菲. 近年来我国房地产价格调控政策的演变 [J]. 中国物价，2011 (2)：30-32.

格工作的意见》，从房价、供应结构、消费观念、市场监测等多方面切入，对"旧国八条"意见进行了解释与细化。可以说，两个政策的相继出台，直指我国房价涨幅过快的症结，表明我国房地产调控开始进入经常化时期。

由于房地产需求太过旺盛以及炒房投机的推动，新旧"国八条"的出台并没有从根本上扭转房价快速上涨的局面，北京、广州等地的房价继续不断攀升，房地产热点地区房地产供不应求的情况依然严重。于是，国务院办公厅于 2006 年 5 月 24 日转发了建设部等《关于调整住房供应结构稳定住房价格意见的通知》（简称"国六条"），开始从国家整体和长期的战略角度思考房价调控问题。然而，由于"国六条"的措施不够细化，缺乏具体的可行性方案，所以并没有达到预期的调控效果，到了 2007 年，市场经过一段时间的观望之后再度反弹，房价开始疯狂上涨，特别是那些受到调控政策导向影响的持币观望者经历这次教训，不得不快速跟进，助推了房地产价格的进一步上行。为此，国家随后不得不再次加大对房地产市场的调控力度：2007 年 6 月，加强外资管理，遏制外资炒房；8 月，《国务院关于解决城市低收入家庭住房困难的若干意见》发布，要求调整房地产调控思路，加强保障性住房建设；9 月，提高第二套住房贷款首付比例（即按揭购买第二套房首付比例不得低于 40%）和贷款利率水平（不得低于基准利率的 1.1 倍），以打击炒房行为；10 月，加强土地供应调控，加速土地开发利用。同时，在这一年，继续强化"双率齐升"的金融政策，也就是提升存款利率和银行存款准备金率，加强对房地产市场的调控。央行自 2007 年 3 月首度加息之后，全年共计 6 次加息，10 次上调存款准备金率。2008 年，房地产调控方向仍然是"向紧"：1 月，国务院重拳打击囤地；6 月，再次紧缩"银根"，本年度 5 次上调存款准备金率，从年初的 14.5% 上调至 17.5%。

2. 松绑房地产调控应对全球金融危机时期

2008～2009 年为松绑房地产调控以应对全球金融危机时期。2008 年，美国次贷危机爆发，房地产业再次担当重任，成为我国抵御全球经济危机冲击、拉动内需、力保增长的关键一环[①]。2008 年下半年，面对世界金融危机的影响，我国房地产调控政策大转向，连续的提准、升息政策被终止，转向

---

① 孙莹，高芳菲. 近年来我国房地产价格调控政策的演变 [J]. 中国物价，2011（2）：30-32.

降息、降准，货币政策从"从紧"快速转向"趋松"；同时，实施积极的财政政策，4万亿元投资计划乘势推出。

2009年1月，为了进一步刺激房地产市场，四大国有商业银行对无不良信用记录的优质客户实行七折优惠利率；住房和城乡建设部部长姜伟新发表题为《落实科学发展观，做好今年住房和城乡建设工作》的讲话，提出2009年房地产政策发展的主线是全面推进保障性住房建设和促进房地产市场健康稳定发展，延续和深化2008年房地产调控政策基本不变。5月，国务院发布《关于调整固定资产投资项目资本金比例的通知》，将房地产开发项目的最低资本金比例从2004年以来的35%降低为30%。

2008~2009年，政府虽然也出台了一些对房地产行业进行治理和规范的政策，如加强小产权房查处、规范房地产税收、加强用地审批等，但总的房地产政策思路是松绑调控，积极应对国际经济危机对我国的冲击。此一时期调控政策从"紧"到"松"的调整，使本已看到的国际热钱撤离、炒房行为减少、房价缓缓下降的希望落空，宣告新一轮房地产调控前功尽弃，房价在宽松政策的刺激下调头继续上扬。至2009年底，房地产市场不但全面复苏，而且房价出现报复性上涨，全国商品住房均价涨幅超过24%[1]。

3. 房地产调控由加紧到趋松时期

2010~2015年是房地产调控由加紧到趋松阶段。这一时期，房地产需求不断增长，供需矛盾日益突出，房地产价格快速上涨并长期高位运行，炒房投机现象愈加严重。为了抑制高房价，实现房地产业的可持续健康发展，国家不断运用各种手段加强对房地产市场的调控，调控越来越频繁、政策力度也愈来愈强，房地产调控成为常态。

面对日益高涨的地价和房价，为抑制房价和炒房，2010年1月，《国务院办公厅关于促进房地产市场平稳健康发展的通知》（即"国十一条"）发布，提高第二套房贷款首付款比例不低于40%，明确贷款利率严格按照风险定价，要求合理引导住房消费，抑制投资、投机性购房需求，增加保障性住房和普通商品住房有效供给。4月，《国务院关于坚决遏制部分城市房价过快上涨的通知》（即新"国十条"）发布。文件要求，对于房地产价格过

---

①　孙兴全，张文婷. 中国近几轮房价调控政策与房价波动 [J]. 财政监督，2012 (2).

高、涨幅过快的地区，商业银行可以根据情况暂停发放第三套房贷，禁止用消费性贷款购买住房；房价过高、上涨过快、供应紧张的城市，限定居民家庭购房套数；加快推进房产税改革试点，并逐步扩大到全国；对开发企业囤地、捂盘行为在融资和贷款上予以压制；进一步规范房地产开发商行为，对有违法违规记录的房企，暂停其发行股票、公司债券和新购置土地，同时要求商业银行停止对这些开发商发放新开发项目贷款和贷款展期。同时在上海、重庆试点房地产税。2011 年，房地产调控再次加码，1 月 26 日，《国务院办公厅关于进一步做好房地产市场调控工作有关问题的通知》（即"新国八条"）发布，强化了差别化住房信贷政策，将家庭第二套房首付比例从 40% 提高到不低于 60%，规定第二套房贷款利率不低于基准利率的 1.1 倍。为了降低流动性，收紧房地产市场资金供给，2010 年全年加息 2 次，上调银行存款准备金率 7 次；2011 年 6 次上调银行存款准备金率。2012 年，加大土地供给，以缓解对土地的需求压力，降低地价和房价；12 月，全国住房城乡建设工作会议召开，强调 2013 年继续实施住房限购、差别化住房信贷和差别化税收政策。2013 年 2 月 20 日，《国务院办公厅关于继续做好房地产市场调控工作的通知》（即"新国五条"）发布，要求除拉萨外的各直辖市、计划单列市和省会城市要按照保持房价基本稳定的原则，制定并公布年度新建商品住房价格控制目标，建立健全稳定房价工作的考核问责制度；坚决抑制投机、投资性购房，继续严格执行商品住房限购措施，实施差别化住房信贷政策；增加普通商品住房及用地供应；加快保障性安居工程规划建设；加强商品房预售管理，严格执行商品房销售明码标价规定，强化企业信用管理，严肃查处中介机构违法违规行为。3 月初，国务院又颁布相关规定，对二手房交易的个人所得税税率由交易总额的 1% 调整为按差额 20% 征收。

在持续的、多手段并用的政策调控下，房地产市场过热的势头受到一定程度的遏制，全国房地产开发实际投资规模同比增长率降低（见表 4 - 2），住宅商品房价格涨幅逐渐降低（见表 4 - 3、图 4 - 1）。然而，随着房地产调控政策的推行，在房价得到控制的同时，地方政府财政收入压力不断加大，特别是到了 2014 年，国家财政收入增长率降到个位数（见表 4 - 4）。可见，在对房地产市场进行调控的同时，虽然房价快速增长态势得到抑制，但经济形势也在一定程度上受到影响，所以，国家不得不再一次松动房地产调控政策, 从趋紧变为趋松。

表 4 - 2　　　　2010~2015 年全国房地产投资规模实际增长情况

指标	2010 年	2011 年	2012 年	2013 年	2014 年	2015 年
房企当年完成投资额(亿元)	48259.4	61796.9	71803.8	86013	95035.6	9597.9
同比增长率(%)	33.2	28.1	16.2	19.8	10.5	1.0

资料来源: 根据国家统计局公布的数据整理。

表 4 - 3　　　　2010~2015 年全国房地产住宅商品房价格上涨率

指标	2010 年	2011 年	2012 年	2013 年	2014 年	2015 年
住宅商品房平均销售价格(元/平方米)	4725.00	4993.17	5429.93	5850.00	5933.00	6473.00
增长率(%)	—	5.68	8.75	7.74	1.42	9.10

资料来源: 根据国家统计局公布的数据整理。

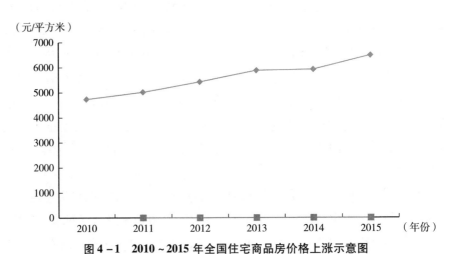

图 4 - 1　2010~2015 年全国住宅商品房价格上涨示意图

资料来源: 根据国家统计局公布的数据整理。

表 4 - 4　　　　　　　2010～2016 年全国财政收入变动情况

年份	全国财政收入（亿元）	中央财政收入（亿元）	地方财政收入（亿元）	地方财政收入同比增长率（%）
2010	83101.51	42488.47	40613.04	24.6
2011	103874.4	51327.32	52547.11	29.4
2012	117253.5	56175.23	61078.29	16.2
2013	129209.6	60198.48	69011.16	13.0
2014	140370.0	64493.45	75876.58	9.9
2015	152269.2	69267.19	83002.04	9.4
2016	159605.0	72365.62	87239.35	5.1

资料来源：根据国家统计局资料整理。

　　2014 年 9 月 30 日，中国人民银行、中国银监会联合下发《关于进一步做好住房金融服务工作的通知》（简称"9·30 房贷新政"），调整了住房金融政策，加大了对保障性住房、居民合理住房贷款以及对房企合理融资需求的支持；10 月，放宽公积金贷款条件；11 月，央行宣布降息、降准，同时推进利率市场化改革。2015 年继续多次"息、准双降"，并将第二套房贷款首付比例从六成降至四成，使用住房公积金贷款购买首套普通自住房，最低首付比例降为二成，允许拥有一套住房并已结清贷款的家庭再次申请住房公积金购房，最低首付为 30%。

　　在中央政府放松房地产调控的同时，面对房地产市场的变化和地方财政收入增幅逐年收窄的现实，各地方政府也纷纷采取激励房地产业发展的政策。中央和地方的政策联动，进一步刺激了房地产市场，房价再度快速上涨，炒房投机再度活跃，我国房地产调控再次进入一个新的阶段。

（三）新时代房地产调控长效机制探索建设阶段（2016～2021 年）

　　如果说 2016 年初，国家房地产政策还保持着 2015 年的趋松惯性的话，那么，在当年农历新年之后不久，政策取向就开始发生一定程度的转变。2016 年 3 月 24 日，上海市人民政府办公厅转发《关于进一步完善本市住房市场体系和保障体系促进房地产市场平稳健康发展的若干意见》，要求执行严格的住房限购政策，提高非本市户籍居民家庭购房缴纳个人所得税或社会保险的年限，将自购房之日起计算的前 3 年内在本市累计缴纳 2 年以上，调整为自购房之日前连续缴纳满 5 年及以上；规定企业购买的商品住房需满 3 年及以上才能再次上市交易；继续推行差别化住房信贷政策，规定为改善居住条件再次申请商业性个人住房贷款购买第二套普通自住房的家庭，首付款比例不低于 50%，对已有一套住房而再次申请商业性个人住房贷款购买非普通自住房的家庭，首付款比例不低于 70%。9 月 30 日，北京推出《关于促进本市房地产市场平稳健康发展的若干措施》，拉开了全国年内最强调控的序幕。10 月起，国务院严打首付贷；2016 年国庆期间，限购新政相继在深圳、广州、珠海、东莞、天津、郑州、无锡、济南、合肥、武汉、苏州等 20 个城市推行。

2017 年 3 月，李克强总理在政府工作报告中提出，房地产调控要因城施策、分类调控，加快建立和完善房地产长效机制。同时，"升息""提准"并用，收缩市场流动性；北上广深等房地产热点城市加码调控，一方面继续严格限购，另一方面严堵"商改住"。为了增加土地供给，从供给侧探索房地产改革新路径；8 月 28 日，国土资源部、住房和城乡建设部确定在北京、上海、沈阳、南京、杭州、合肥等 13 个城市开展第一批利用集体建设用地建设租赁住房试点。

2017 年 10 月，党的十九大召开，习近平总书记在党的十九大报告中明确提出："坚持房子是用来住的、不是用来炒的定位，加快建立多主体供给、多渠道保障、租购并举的住房制度，让全体人民住有所居。"这就在新的高度上确立了我国房地产市场调控的主基调和主方向，标志着新时代房地产调控长效机制探索和建设的开始。2018 年 4 月，海南楼市调控全面升级，实施全域限购。5 月，住建部、财政部等四部门联合发布《关于开展治理违规提取住房公积金工作的通知》，规范住房公积金提取政策，防止提取住房公积金用于投机炒房。5 月 19 日，住建部发布《关于进一步做好房地产市场调控工作有关问题的通知》，重申要毫不动摇地坚持"房住不炒"政策。

2018 年以来，"人才争夺大战"在全国多地上演，引发了新一轮的房价上涨。有鉴于此，2019 年 4 月 19 日召开的中共中央政治局会议再次强调要坚持"房子是用来住的、不是用来炒的"这一定位。随后，银保监会、自然资源部先后下发通知，要求加强对居民杠杆率过快增长、房地产泡沫化的抑制，以及严控供地指标审批。

直到 2020 年上半年，即使面对地方政府希望松绑楼市的压力，此轮持续较久也较为严厉的调控政策仍在努力地坚持着。经过此轮调控，疯狂上涨的房地产价格得到一定程度控制，炒房投机行为也有所减少，但这种房地产市场的短暂沉寂，是否又是新一轮房价反弹的前奏呢？这取决于国家的政策态度和宏观调控的持续力度。

（四）房地产调控的新时期（2022 年至今）

2021 年之后，随着房地产市场形势的变化，房地产需求不再如以前旺盛，房地产开发商投资热情开始降低，投资完成额开始出现负增长（见表 4－5）。与此同时，全国商品房销售均价增长率也从 2019 年开始走低，到 2022 年出现了负增长（见表 4－6）。可见，我国房地产市场在近几年由于受到多种因素的影响，开始出现向下的拐点。此时，以抑制房价为主基调的房地产调控政策开始发生反转，变抑制为刺激。

表 4－5　　　　2019～2023 年全国房地产本年完成投资额年增长率走势

指标	2019 年	2020 年	2021 年	2022 年	2023 年
房地产开发企业本年完成投资额（亿元）	122629.3	130816.2	136275.2	122697.1	110912.9
年增长率（%）	—	6.68%	4.17%	−9.96%	−9.60%

资料来源：根据国家统计局公布的数据整理。

表 4－6　　　　　2015～2022 年全国商品房平均售价走势情况

年份	商品房平均销售价格（元/平方米）	年增长率（%）
2015	6854.72	7.61
2016	7565.00	10.36
2017	8008.11	5.86
2018	8859.18	10.63
2019	9469.42	6.89
2020	10030.17	5.92

续表

年份	商品房平均销售价格（元/平方米）	年增长率（%）
2021	10322.67	2.92
2022	9991.00	−3.21

资料来源：根据国家统计局公布的数据整理。

二、房市调控的特点及其趋势

自中央首次提出住房商品化以来，特别是住房分配货币化改革以来，我国房地产业蓬勃发展，市场规模不断扩大，人们的居住条件也得到了极大改善；但同时，伴随着房价连续上涨、炒房越发严重，国家不断通过经济与行政等方式加强对房地产市场的调控和干预。从整体上说，自 20 世纪 90 年代初期首次大规模调控开始，房地产市场调控便与房地产业的发展进程紧密相连并呈现出以下一些特征。

（一）经济与行政手段并用

从房地产调控的类型看，房地产调控既有需求调控和供给调控、直接调控和间接调控，也有宏观调控和微观调控、内向调控和外向调控、逆向调控与顺向调控；从调控手段看，房地产调控包括经济、法律、行政、综合等手段，而每一种手段又包含着许多具体的调控工具（见表 4 - 7）。对中央层面调控政策的粗略统计显示，在我国房地产历次宏观调控中，经常是多种手段并用，经济手段、行政手段、法律手段使用频率最高，分别排在第一、第二、第三位，其中利率、存款准备金率等金融工具使用频次最多。当然，在不同的时期，因为调控目标和市场环境不同，各种手段的使用存在着一定的区别。此外，从趋势上看，虽然金融调控手段仍在所有调控手段中处于第一位，但限购、限售等行政调控手段的占比也有一定程度的提高，这主要是因为在多次调控之后，房地产价格仍快速上涨，市场投机依然存在，说明简单地利用经济手段来引导市场机制发挥调控作用不容易实现，因而不得不强化直接行政调控的方式。

表 4 - 7   房地产调控常用手段

调控手段分类			备注
经济手段	财政手段	税收	财政支出政策主要是通过财政支出结构的变动来调节积累与消费的比例关系，通过财政支出量的变化来影响社会总需求的变动
		财政支出	
	金融手段	利率政策	
		公开市场业务	
		法定存款准备金率	
		再贴现率	
		常备信贷便利（SLF）	
	价格手段	如土地基准价、价格申报制度	房地产价格是房地产市场调控的切入点。发挥价格的杠杆作用，是调控房地产业发展的关键
	投资手段	如压缩向开发商的开发贷款、提高开发商购地自付款比例等，控制投资规模	投资手段是指对投资主体投资的总量和结构进行调节和控制的一种手段。投资调控是复杂的，需要计划、财政、金融、价格等各调控手段综合配套运用
法律手段	如各种房地产法规		法律手段是指根据一定的立法程序，将经济运行发展的规律和准则加以固定，并通过司法、执法活动对特定的与房地产相关的社会经济现象进行管理的一种手段
行政手段	计划手段	如年度计划、五年计划等	
	规划手段	如土地规划、城市规划、建筑规划等	
	管理手段	如产权登记管理等	
综合手段	产业政策手段（包括土地政策等）		产业政策是政府为了提高本国的经济增长和发展水平，运用政策手段引导和调整国民经济中各产业间的资源分配，或者干预特定产业内部的组织形式的完整的政策体系
	信息引导手段		信息对于企业、消费者、政府的最终决策结果具有前导性作用。政府运用这一原理对房地产市场主体如企业、消费者施加影响
	舆论导向手段		政府运用强大的舆论工具，产生强大的社会舆论压力，从而影响房地产企业形象、经营活动等

（二）宏观调控与规范管理始终相伴相随

房地产调控是国家根据房地产市场规律，运用货币、财政、税收等多重手段从宏观层面对房地产市场进行的宏观管理活动，其重点是控制房地产市场总量，保持市场总需求和总供给的平衡，进而保证房地产市场资源的合理化配置，实现房地产业的可持续发展。房地产市场规范管理则主要是从微观层面进行管理控制，重点是进行房地产法治建设，对市场主体不合规行为进行约束，保证市场的公正、公平，其最终目的也是要实现房地产业的健康发展。二者既有区别也有联系，主要在着力点、使用方式和具体目标等方面存在一定区别。房地产市场规范管理在许多时候是与房地产宏观调控同步的，但也有不同步的时候，一般而言，宏观调控会根据市场供需情况有松紧程度的调整，甚至有不同方向的变化，但规范市场行为的管理则基本上是一直沿着一个方向前行的。

我国房地产产业化、市场化起步较晚，产业制度、市场机制从无到有，从不规范、不健全到逐步规范和完善。可以说，我国现代房地产市场正是在摸着石头过河的过程中逐步发展的，市场的发展、规范化过程是与房地产宏观调控过程齐头并进的。一方面，我国房地产市场发展迅猛，需求增长极快，供需矛盾突出，国家不得不多次进行宏观调控，通过总量控制实现房地产市场的供需总量平衡和结构均衡；另一方面，房地产市场仅仅进行宏观调控、控制市场总量是不够的，还必须对市场行为主体进行约束，使之始终在法治化的轨道下生产、经营，因此，在进行宏观调控的同时也一直贯穿着法治建设、规范房地产主体行为的微观管理。我国房地产产业化、市场化以来，国家先后制定了一系列旨在从微观层面加强房地产产业组织、市场主体经营活动行为规范的法律法规，如《中华人民共和国城市房地产管理法》《中华人民共和国城镇国有土地使用权出让和转让暂行条例》《城市国有土地使用权转让规划管理办法》《城镇廉租住房管理办法》《房地产估价师执业资格制度暂行规定》《房地产开发企业资质管理规定》《城市房屋拆迁管理条例》等，即使在房地产调控松绑的时期，对房地产市场进行规范的微观管理工作都没有停止。

（三）控规模和调结构相辅相成

控规模主要是从调控市场供需总量上来实现房地产市场的良性发展，而调结构则是从调整局部、优化结构上来保证房地产市场的健康发展，两者既有区别又有联系，都是房地产市场宏观调控的基本内容和主要目标。从总体上看，我国房地产宏观调控基本坚持了控规模与调结构的结合。

一方面，几乎在每一个调控周期，国家都会积极使用总量调控的方式对房地产市场进行调控，如运用货币政策调节货币供给总量，对房地产市场供给和需求施加影响，最终实现对房地产业总产出水平和需求水平的调节；又如通过增加土地供给和加强保障性住房建设，实现对房地产市场的供需调节。另一方面，随着市场形势的变化，在坚持总量调控的同时，更加注重对房地产市场结构的调整和优化，特别是在进入 21 世纪之后，房地产市场结构性问题越发突出，部分人拥有多套房、刚需人群无房少房的问题，地区、城市差异带来的区域性需求矛盾问题，成为制约我国房地产市场最重要的症结，所以，强化结构性调整、注重市场结构优化成为房地产宏观调控的主要方向之一。可以说，化解房地产市场的结构性矛盾不仅是现在也将是今后一段时间内房地产宏观调控的主要任务。

（四）调控反复性特征较为明显

时至今日，我国真正意义上的房地产业兴起时间并不长，市场周期性特征还不够鲜明。从房地产产业增加值、房地产市场销售额等衡量产业周期的主要指标的变化趋势看，我国房地产市场基本上处在不断上升的趋势中（见图 4-2）。近些年，虽然房地产市场销售增长率有所放缓（见图 4-3），但需求旺盛、房价高企、投机盛行，利润仍然很高。在上升的市场趋势中，市场需求强劲，市场主体的竞争程度也相对较弱，价格竞争还不是主要手段，所以房价始终处在高位。为了抑制高房价，进行房地产宏观调控也就成为必然。但是，由于我国房地产业在国民经济中的特殊地位，同时又受到经济发展需要和国际国内形势变化的影响，房地产宏观调控呈现出明显的反复性、波动性特征，调控多次反复，调控方向不断变化，从逆调控到顺调控循环往复较为频繁。从 20 世纪 90 年代开始至今，至少有 5 次大规模的调控反复：1992~1995 年为第一次，1997 年东南亚经济危机前后为第二次，2003

年为第三次，2006~2009 年全球金融危机爆发后为第四次，2022~2024 年为第五次。

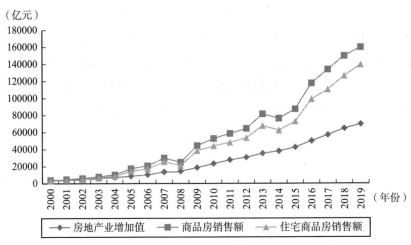

图 4-2 2000~2019 年我国房地产市场发展趋势

资料来源：根据国家统计局公布的数据整理。

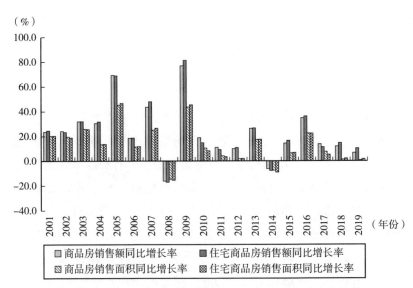

图 4-3 2001~2019 年我国房地产市场销售增长率变化趋势

资料来源：根据国家统计局公布的数据整理。

　　之所以会出现如此多次的调控反复，原因是多方面的。其一，房地产业在我国国民经济中具有支柱性、基础性、先导性的地位和作用，它不仅是其他产业发展的重要基础，也是各级地方政府财政收入的主要来源之一，更是解决就业和带动众多行业发展的重要产业部门。对房地产的调控不仅是解决房地产市场发展中的问题，促进房地产业的自身发展，也是为了促进和带动国民经济其他产业的发展。其二，经济全球化背景下，国际国内形势的复杂多变，严重影响着我国房地产业和整个国民经济的发展。改革开放以后，我国经济的开放性、外向性越加明显，不断爆发的国际性经济危机对国内经济影响极大，为了应对经济危机对国内经济的冲击，不得不几次做出房地产市场调控的反向调整。其三，房地产市场的复杂性导致房地产市场调控存在机制上和技术性的难题。正如原住建部副部长仇保兴所说，快速城镇化带来的对住房的刚性需求、地方政府对土地财政的严重依赖、民间资本投资领域过窄等问题都对房地产调控带来难以化解的困难，再加上我国人口众多、区域发展不平衡、市场情况千差万别，更加剧了房地产调控的难度。要实现有效调控，中央政府应具有对市场更准确的预测和判断，地方政府也应拥有较多的对房地产市场进行调控的组合政策工具，也更有赖于中央政府与地方政府在调控态度上的协调和统一。但事实上，中央政府对房地产市场的判断还不够精准，缺少较为有效的预测模型和决策工具；在"一城一策"提出之前，中央政府对房地产的调控手段较为单一、笼统，缺乏更多的调控组合工具包；作为中央政府下属的地方政府在调控房地产市场时只能长期跟随中央的调控政策而动，难以做到与本地实际相结合。尤其是中央政府和地方政府在调控中并非完全一致性的立场，往往使调控遇到较大阻力，在很大程度上抵消了中央调控政策的效果。

　　房地产调控中的周期性反复对房地产业的发展，特别是对抑制房价、遏制炒房是不利的，因为，政策的多次反复使市场主体对政策产生麻木感，政策反复后的房价咄咄逼人的凌厉走势也使购房者在进行购房决策时宁愿相信个人直觉而忽视政策信号。

　　（五）调控趋势上更加注重顺应经济发展需要

　　如果说在房地产调控初期对房地产调控的重点是规范房地产业和市场发展的话，那么随着房地产业成长为国民经济的重要产业部门，对房地产业的调控则更加注重顺应整个国民经济发展的需要。近年来，随着经济发展速度放慢，以及供给侧结构性改革的不断深入，中国经济由高速增长阶段转入高质量发展阶段，房地产宏观调控也与之相一致，加大了对房地产市场投机的抑制，着力加强了整体上、长远性的房地产调控手段和制度建设，加速了房地产业结构调整和优化，保证了房地产业的可持续发展，进而为整个国民经济的发展奠定了良好的基础。

（六）调控方向上更加注重长效机制建立

在房地产业市场化改革的初期，由于房地产市场规模不大，出现的问题也相对简单，因此这个时期的房地产调控政策往往都具有即时性、短期化甚至随意性的特点，政策的调整变化较为频繁，但随着房地产市场规模的不断扩大，产业影响力不断加强，市场环境越来越复杂，各种问题累积越来越多，原先简单的、粗放的调控方式已不能很好地解决房地产业发展中出现的问题，难以有效抑制投机和房价的过快上涨，因此，国家越来越注重房地产调控长效机制建设，特别是从党的十九大以来，国家更是从战略的高度提出了加强住房制度建设和建立房地产调控长效机制的目标和任务。

三、房地产调控存在的问题与原因

从总体上看，随着房地产市场的发展，房地产调控在不断深化中逐渐趋于合理和规范，对促进房地产业的发展起着越来越积极的作用。但也不可否认，由于多种因素的影响，在房地产宏观调控中也不可避免地存在着一些问题，高房价、炒房投机等楼市痼疾还未从根本上解决。

（一）调控的反复性使楼市调控政策显得力不从心

正如前文所述，纵观我国房地产市场的整个发展历程，国家对房地产行业的调控不可谓不频繁，力度不可谓不强，但因受制于经济发展需要和国际国内形势变化的影响，楼市调控呈现出明显的反复性、波动性、非连续性特征。

首先，调控内容前后变化大，调控重点、调控方向变化快。如 2003 年和 2008 年都出现了在同一年内调控内容、调控重点和调控方向的巨大反向变化，上半年刚刚颁布紧缩信贷政策，加紧对过热的房地产市场进行调控，而下半年又提出要执行适度宽松的货币政策，放松对楼市的限制，鼓励房地产市场的发展。这种调控内容的前后矛盾和调控方向的反复变换在我国的房地产调控过程中时有出现，使调控效果受到严重影响。

其次，调控手段前后不一致，缺乏连续性、稳定性。手段是政策的一部分，调控手段不合适、不一致，政策效率也会受到影响。在楼市调控中，政府所运用的调控手段并没有保持较好的前后逻辑关系，调控手段不能保持相对稳定、前后变化过快，导致市场出现两个极端：一是使市场主体无所适从，陷入对政策的迷茫中，不能作为；二是让市场主体对政策失去信任，产生极端情绪和机会主义倾向，出现与政策豪赌、投机炒作、胡乱作为的行为。

最后，调控对象变动频繁，具有不确定性。从我国楼市调控开始到现今，调控对象也是时有变换的，总体上经历了从笼统到具体、从模糊到清晰、从不固定到较为固定的变化过程。在 20 世纪 90 年代，调控的产品对象是所有商品房，调控的市场主体对象主要是开发商，以调控房地产投资规模为重点内容；21 世纪初期以后，调控的产品对象重点是住宅，调控的市场主体既有开发商也有消费者，调控的重点内容是商品住房价格；从 21 世纪前 10 年中后期开始，调控的产品对象主要是商品住房，调控的市场主体重点是炒房者。调控对象根据市场情况的变化而变化本来是宏观调控的应有之义，但是，如果变动速度太快、变换跨度太大，对房地产市场调控也会带来消极影响。

总之，调控的反复性、非连续性容易使政策自相矛盾，效用相互抵消，同时也给市场信心以巨大打击，使政策失去公信力，丧失引导市场预期的作用。一方面，降低对地方政府、开发商、金融机构等经济活动主体的约束力，容易使之产生等待观望、推诿拖延等行为，甚至出现拒绝执行或公然突破中央调控政策的情况，削弱了调控政策的效率。另一方面，给市场消费者留下不确定的预期，产生后买不如先买的消费心理。这种心理共识一旦达成，房地产市场供需矛盾就更加突出。楼市调控的快速反复不仅难于从根本上解决高房价和炒房投机等问题，反而使楼市陷入屡控屡涨的尴尬局面。如在 2003～2018 年房地产调控密集期，商品住宅平均价格仍然不断上涨（见图 4－4、图 4－5）。

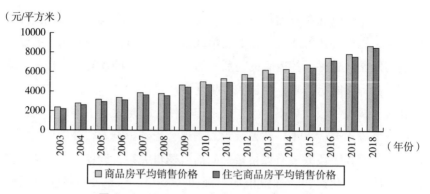

图4-4 2003~2018年全国商品房均价走势

资料来源：根据国家统计局公布的数据整理。

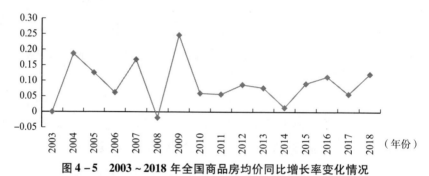

图4-5 2003~2018年全国商品房均价同比增长率变化情况

资料来源：根据国家统计局公布的数据整理。

（二）对行政手段的依赖使市场机制调节作用减弱

宏观调控的目的是实现对市场资源的有效配置，使市场长期保持健康发展。在市场经济条件下，行政调控手段是否必要，在经济学界也存在着分歧。新古典经济学派认为市场机制具有自动维持和恢复均衡的作用，需求的冲击使得短期经济偏离长期趋势造成经济波动不是真正意义上的市场机制失灵，而是一种正常现象，因而反对国家干预经济的自由运行，主张市场展开自由竞争，放任经济自由发展，也就是否认对市场进行宏观调节的作用，更反对通过行政方式干预经济自由运行。而凯恩斯主义则认为，经济的周期性波动持续时间较长，也是非常剧烈的，同时，要发展生产、提高就业就必须增加有效需求，而有效需求的增加则依赖于扩张性的经济政策，因此，政府应对经济进行积极干预，采取财政政策而非货币政策刺激经济，否则有效需求不足就会继续存在，人口失业与经济危机也会继续蔓延①。

世界上市场经济较为成熟的国家对经济的调节大多借助市场机制来完成。但从实际情况看，市场机制并非十全十美，其中也存在着被动性、盲目性、滞后性等弊端。仅仅依靠市场单一的调节手段，会使资源配置效率低下，面对经济波动、经济混乱，不能提前设防和及时应对，致使经济波动加深，同时也会带来社会收入分配不公，导致贫富两极分化加剧。

生成于计划经济时代的我国市场经济在发展初期不可避免地会刻上计划经济的烙印。所以，每当房地产市场出现波动、房价高涨时，运用行政手段对房价进行控制就成为必不可少的手段。可以说，在每一轮房地产市场调控中，行政手段都是最重要的手段之一。对于一个市场化程度较高的房地产市场来说，投资、需求和价格调节应主要应由市场机制来完成，然而，由于计划经济的思维惯性，无论是社会民众还是政府组织，也无论是在房价上涨的时候还是在市场低迷的时候，人们都习惯性地把抑制房价上涨、促进房地产市场发展的希望寄托在国家的行政调控方式上。

过度依赖行政手段对房地产市场进行调节会带来较多的问题。

首先，扭曲市场，使市场调节机制失灵。行政手段固然对市场调节具有前瞻性、主动性、针对性的优势，但是其毕竟是借助政府的强制力来干涉市场主体的经济行为，有违商品经济的自然法则，过度依赖行政方式干预市场，使得市场机制的自我调节作用减弱。市场机制对市场的调节是经常性、多领域、自觉地起着作用，其调节渗透力较强，而行政手段的调控效果有赖于政策本身的合理性和政策贯彻执行的力度，一旦出现政策失误或者政策实施不到位，行政调控的效果就会大打折扣。同时，依赖于市场机制的市场自我修复功能也会受到影响，导致楼市价格扭曲，供需矛盾凸显，市场结构性不平衡加剧。

其次，行政调控手段是直接干预市场主体行为，容易引起市场过激反应，进而伤害房地产业的健康发展。一般来说，作为直接针对房地产市场问题进行的调控，力度越大，市场反应就会越大，市场波动就可能越剧烈。所以，在我国房地产市场的调控历程中，经常会看到楼市"紧急刹车"、经济

① 彭岩. 房地产市场宏观调控政策效应问题的思考［J］. 广州大学学报（社会科学版），2007（1）：50－53.

"硬着陆"的情形。

市场机制虽然也存在着弊端，但每一个产业市场都有着其特定的市场规律，对房地产市场的调节如果过分依赖行政方式而忽略了市场机制的作用，那么市场规律就会遭到破坏，产业发展乃至整个国家经济就会受到惩罚，所以，国家在进行房地产市场调节时，要恰如其分地拿捏好行政与市场调控手段的度，既要运用行政手段加强对市场的调控，也要依照市场经济规律，借助和发挥市场机制的作用实现对房地产市场的自发调节。

（三）调控政策关联度不足使楼市宏观调控低效

政策关联度是指政策目标、政策内容、政策手段、政策效果等方面的紧密程度，具体包括政策方案与政策目标的关联程度、政策内容与政策手段的配合程度、政策目标与政策效果的闭合程度等。一般来说，政策方案与政策目标联系紧密并能始终遵循政策目标指引，政策手段能够匹配政策内容并能达成政策目标，政策目标、政策内容与政策结果能够首尾闭合，我们就称之为政策相关度高；反之，则政策相关度低。政策相关度高，往往能带来较好的政策效应；而政策相关度低，政策方案就不容易实现预期的政策目标，从而导致政策失真、失效。

在我国房地产市场调控中，调控政策体系中的各个方面关联度不足的问题较为突出：

一是政策目标和政策工具、政策路径的关联性存在不足。房地产宏观调控的首要目标是实现市场的供需平衡，但是，在较长的时间内，似乎政策手段、政策路径都与政策目标不太相匹配。众所周知，供求关系是影响市场价格的重要因素，我国房地产市场虽然具有一定的刚性特征，但也必然受到市场供求机制的影响。市场供需平衡的实现，既需要调控需求，也离不开调节供给。然而，曾在一个较长时期内，中央政府制定的房地产调控政策主要是从需求侧对房地产市场进行单向调节，强行抑制需求，忽略了增加供给、从供给侧对市场的调控。单向强行抑制需求固然也会起到平衡市场供需的作用，但是这种作用只能是短期的，就长期来看，政策力度一旦减弱，被压制的需求就会喷发式增长，这已在我国楼市发展进程中得到多次印证。同时，对房地产需求市场的抑制不仅借助了限购、限售等行政手段，更大量运用了利率、存款准备金率等金融工具，对这些金融政策工具的使用也容易产生政策工具与政策目标的非一致性，因为，利率、存款准备金率等金融工具用于房地产市场调节不仅会影响需求市场，也会影响供给市场，其在抑制需求的同时也减少了供给，只能使供求关系在总体缩小的规模和水平上继续维持原状，而不能实现真正市场的供需平衡。可见，政策目标与政策路径之间的非一致性已成为我国房地产市场调控中不能回避的重要问题。

二是从横向看，调控政策在内容上关联不够。这不仅反映在同一政策主体制定的政策上，也体现在不同政策主体制定的政策上。特别是对于后者，由于政出多门，各个政策制定部门之间沟通不畅，对市场信息的把握程度也不相同，更因为各个部门的利益诉求和政策立场有差异，在制定房地产调控政策时难免会各自为战，制定出关联性、一致性较差的部门政策。与此同时，地方政府由于对上级政策意图理解不够，以及对房地产市场形势判断不一致，或出于自身利益的需要，也往往缺乏相互间的配合与协同，不仅在理解中央房地产调控政策时出现较大偏差，而且也在政策执行时步调不统一，执行力度也不一致。

三是从纵向看，调控政策内容和措施前后关联度较低，甚至相互矛盾。近年来，我国房地产调控政策前后不一甚至相互否定的现象常常出现。

房地产调控政策关联度不足带来许多问题：一是产生政策摩擦甚至政策冲突，抵消政策效应；二是降低市场对政策的敏感度，削弱政策效应；三是使政策信号变得模糊，降低政策公信力，进而导致政策低效甚至失效。

（四）政策时滞造成调控时空错配

政策时滞是指从政策制定、实施到产生政策效应的时间，也就是政策传导过程所花费的时间。经济学理论把政策时滞分为内部时滞和外部时滞。内部时滞是指从发现问题到制定出政策所需要的具体时间。内部时滞属于主观因素的范畴，其总长度等于从发现问题到制定对策的时间加上实施对策的时间。决策者对经济形势的预见能力越强、对市场的反应越迅速、政策行动的决心越大、制定政策的效率越高，内部时滞就越短，政策效应也就越高。外部时滞是指政策实施中对政策目标产生影响所需要的时间。外部时滞长短主要取决于市场客观条件和政策对市场的适应度[①]。

---

① 陈颖佳. 房地产宏观调控政策的时滞效应研究 [J]. 中国房地产，2010 (9)：28 - 30.

房地产调控的时滞性既表现为内部时滞，也表现为外部时滞：其一，房地产市场是信息不透明的市场，决策所需要的市场信息难以获得，从发现问题到获取必要的市场信息再到做出调控决策，中间时滞太长，往往会贻误最佳的市场调控时机。其二，因为我国房地产市场区域差异明显、市场结构复杂、市场主体众多，特别是地方政府的特殊角色定位，政策实施中会遇到不小阻力，导致政策外部时滞延长。其三，政策控制和修正中反应不及时产生时滞。任何政策管理都应当包含政策实施效果的反馈和政策修正的过程，这一过程本身也会产生时滞。房地产调控政策从制定到实施再到反馈、修正，政策时滞表现也十分明显。

任何政策都是针对特定的时空条件而制定的，政策时滞性越长，调控时空错配的概率就会越大，所以，在我国房地产市场调控中，时空错配现象时有发生。时空错配表现在两个方面：一是时间上的错配。由于政策时滞，彼时的政策被用于此时，政策及时性不足、针对性减低，不能很好地适应业已变化的当下时段的市场形势，政策效果必然受到影响。二是空间上的错位。我国是一个大国，各地区经济、社会发展情况不一致，特别是存在着区域发展不平衡的问题，各地区域差异十分明显。可能一个政策适用于某一个地区，但却不一定适合于另外的地区。再加上我国房地产市场结构复杂，市场区域空间差异较大，各个区域市场随着时间的推移会发生不同节奏、不同程度的变化，因此，当原先基于统一市场的共性问题而制定的调控政策再作用于这些局部市场时，调控效应必将弱化，也许其对未曾变化的区域市场还能起到一定的调控作用，但对于已经发生显著改变的区域市场则已失去针对性，甚至只能产生消极的、反向的作用。

要减少政策时滞性影响，使房地产调控效应最大化，应做到以下几点：一是应不断提高行政决策效率，加强各行政部门的沟通、协调与配合，减少内部政策时滞；二是应建构对房地产市场信息的收集、整理、分析机制和预警体系，加强对房地产市场的长期、全面监控，为政府决策提供及时、准确的市场信息依据；三是要提高政策的权威性和强制性，通过监管和考核约束地方政府行为，提升政策执行力，进而缩小外部时滞，降低政策摩擦成本，提高房地产市场调控的效率；四是要积极推行"一城一策"的房地产调控策略，注意根据各地、各城的实际情况，因城施策。

（五）政策失真导致房地产调控失效

政策失真是在政策传达、实施、反馈过程中所出现的与政策本意不一致的一种现象。政策失真往往是政策失效的重要原因之一。在我国房地产市场调控中，大量的调控政策往往在由上到下的传递过程中以及在实施和结果反馈环节出现失真。之所以会出现政策失真，既有客观原因，也有主观原因。

首先，正如前文所述，我国房地产调控政策无论在政策内容还是在政策实施路径上都存在着一定的问题，特别是政策本身的不确定性、模糊性、不合理性会导致政策执行者对政策的误读，致使政策实施出现偏差。其次，政策传递途径过多、传递渠道过长导致调控政策失真。在我国，可以制定房地产调控政策的部门很多，除了中共中央、国务院之外，还有各个部委、各级省市地方政府。政出多门，不同部门所制定的政策的传递线路各不相同，政策传递路径较多，传递过程中政策主客体链接沟通障碍较大。同时，我国的行政层级较多，房地产政策从中央到地方要经历较多层级的传递，所以，很容易导致政策失真。最后，政策制定者与政策执行者存在利益冲突。在我国，房地产调控政策主要出自中央政府，政策实施主要由地方政府、各商业银行等主体负责；但事实上，中央政府、地方政府、金融机构在房地产市场中的利益愿望和行为立场是不完全相同的，甚至存在着较大的利益冲突，这就必然导致作为政策执行者的地方政府、商业银行等金融机构对中央政策的曲解甚至是有意抵触，进而使房地产调控政策失真、失效。如2005年地方政府对待廉租房的政策就是很好的例证。廉租房是政府以租金补贴或实物配租的方式向城镇居民低收入家庭提供的保障性住房，廉租房制度是国家对低收入家庭实施的一种住房保障制度。2005年中央九部委发布《关于做好稳定住房价格工作的意见》，也被业内称为"新国八条"。该意见明确提出，所有城市必须在2005年底前建立廉租房制度，并在年底前开工建设一部分廉租房。然而，据建设部年底统计，全国有70多个城市并没有对中央精神予以应有的重视，廉租房制度并没有完全建立，楼市调控政策并没有达到预期的效果[1]。又比如在同一年，中央为改善住房供给结构，要求各地应主要

---

[1] 刘菁，王研. 廉租房步履缓慢，原因在政府态度不坚决［N］. 第一财经日报，2006－08－04（3）.

修建70~90平方米的小户型住房，少批大面积住房，但由于规划审批权掌握在地方政府手中，许多地方在住房建筑审批时直接突破上级政策要求，导致调控政策失效。

（六）独特的房地产市场属性导致调控政策失灵

我国房地产市场特别是住宅市场是一个特殊的市场，这种独特的市场特征往往导致宏观调控失灵：

第一，刚性需求与弹性需求并存。在城镇化的推动下，在相当长的时间内我国城市住房需求都处于刚性状态。近些年来，随着房地产市场形势的变化和保障性住房制度的大力推行，许多家庭特别是低收入家庭住房问题得到逐步解决，整个房地产市场格局开始分化，出现了需求刚性与需求弹性并存的局面。一方面，城镇化还没有结束，城镇人口在继续增长，城镇无房家庭、居住条件差的家庭还大量存在，刚性需求还未消失；另一方面，在居民收入不断增长、家庭财富保值增值压力下，以投资、保值等为目标的弹性需求快速增加。

刚性需求对房价不够敏感，价格缺乏弹性，以调控房价为主要目标的楼市调控政策对于刚性需求往往不能起到较好的作用；同时，因为有刚性需求的支撑，投资、投机等弹性需求也容易刚性化。所以，房地产需求市场这种刚性需求与弹性需求并存的特点常常导致楼市调控政策不佳甚至失灵，房价屡控屡涨、炒房者越控越多即是明证。

第二，房地产市场有效供给不足。市场有效供给是指总供给与总需求相适应、相平衡的供给。长期以来，由于我国人口众多、城镇化加速推进、财富保值增值压力逐渐加大，房地产市场基本处于需求旺盛而有效供给不足的状态，尤其是土地市场，土地一级市场的政府高度垄断，土地供给严重不足，导致土地价格和房价飞涨。房地产市场有效供给不足主要是基于以下原因：一是房地产产品（包括住房用地）供给量增长赶不上市场需求增长；二是房价长期居于高位，而消费者收入增长赶不上房价上涨，出现商品房价格与消费者收入错位；三是房地产产品类型不完全符合消费者需求，出现产品功能与顾客消费价值错位，如许多定位为中低端的楼盘，开发了大量的车库、车位，由于与消费者的功能性需求不一致，导致大量车库空置。有效供给不足，市场供给不能满足旺盛的市场需求，产生严重的供需矛盾，即使采用严厉的逆向调控政策，但也难以达到抑制房价和遏制炒房的预期效果。

第三，房地产市场具有无效市场的特征。无效市场是指在市场主体有限而认知不完整的影响下，不完全受市场内在价值规律作用影响的非经济理性的市场。无效市场理论是索罗斯在本杰明·格雷厄姆的哲学研究基础之上进一步补充强化而形成的。这种理论认为，作为市场主体的人的认知能力是有限的，基于这种认知局限甚至缺陷的市场行为会与市场内在价值规律相互作用，影响市场需求和产品价格，使市场变得不够理性，这样的市场就是无效市场。这一理论与传统经济学中的有效市场理论是不相容的。有效市场理论秉持的观点是，市场主体能充分地掌握市场信息并立刻将之反映到市场价格之中，使市场能自然按照价值规律等自身逻辑理性运转，因而变得有效。有效市场出现的基本前提是：其一，人们能够在任何时间完美地掌握市场信息；其二，市场价格能反映所有有效的信息。

房地产市场本身具有信息不透明、不对称的特点，市场参与者对市场的认知往往不完全也不深入，甚至出现认知茫然和认识错误，不具有有效市场出现的市场主体对市场信息完美掌握并在市场价格中得到充分反映的前提条件，相反，在很多时候，市场更容易受到人的非理性认识支配和影响，所以，在一定程度上房地产市场具有无效市场的特征。

无效市场不完全按市场内在逻辑规律运转，基于市场手段的房地产调控就容易失灵。要对这种无效市场进行有效干预和调控，必须借助信息引导、舆论导向等综合调控方式进行。

第五章

房地产市场主体利益调节

利益是社会经济领域中最容易引起普遍关注的问题，特别是在市场经济领域，各个市场主体最主要的目标就是要获得自己相应的利益，使自身利益最大化，因而，在市场利益一定的前提下，利益冲突就在所难免。在房地产市场中，存在着较多的市场利益主体，特别是在高利润的吸引下，各种市场主体都纷纷进入房地产市场，尤其是参与炒房的市场主体越来越多，各利益主体相互之间展开了较为激烈的利益角逐。

由于我国房地产市场化的时间并不长，从总体上判断，我国房地产市场周期也经历了或者说正在经历着从引入期到成长期，再到成熟期和衰退期的渐进演变过程。也就是说，从目前的市场形势来判断，我国房地产市场经济周期已经历了从成长期到引入期的演变阶段，开始进入从成熟期到衰退期的渐进阶段。在房地产市场快速成长的过程中，我国房地产市场竞争并不激烈，市场主体之间的利益冲突也往往被快速增长的市场利润所掩盖，市场主体之间，包括炒房者之间、炒房者与房地产市场其他主体之间的博弈都不十分激烈。

房地产市场主体不一定都会参与炒房，但由于其自身的角色定位决定了其特定的目标追求，因而在房地产市场博弈中，往往会相互作用，进而对炒房者的行为和炒房结果产生影响。

随着改革开放的深入推进，我国房地产市场不断发展，相关政策和管理制度也越来越完善、规范；同时，随着房地产业的发展，房地产市场主体也越来越多，市场进入主体多元化时代。

参与房地产市场博弈的主体很多，根据参与者的角色定位，可以分为以下几种类型。

一、房地产市场的利益主体

（一）房地产产品生产、供应者

房地产产品的生产和市场供给者主要是指房地产开发商。但如果相对于房地产的终端消费者来说，还包括房地产投资者和炒房参与者。从严格意义上看，他们之间往往形成利益一致关系。

1. 房地产开发商

房地产开发商就是从事房地产投资、开发与经营、管理活动的企业，是以自主经营、独立核算、追求经济利益为目标的经济组织。根据 2019 年 3 月 24 日第三次修订的《城市房地产开发经营管理条例》，房地产开发经营是指由房地产开发企业在城市规划区国有土地上进行基础设施建设、房屋建设，并转让房地产开发项目或者销售、出租商品房的行为。房地产开发从业务内容上看，主要包括房地产开发、房地产经营、房地产管理、房地产服务等。从产业属性上看，房地产开发经营活动主要属于第三次产业的范畴。因此，房地产开发商与承担房地产建设任务的建筑商是有较大区别的（根据国民经济产业分类，房地产开发建设属于第二次产业的范畴）。

根据《城市房地产开发经营管理条例》与相关法规，房地产开发企业的设置必须符合相应的法律、法规规定，并具备相应的资金、技术人员等条件。房地产开发企业按照注册资金、技术人员数量、开发经历等条件的不同可分为四个不同资质等级。

开发商是以追求利润最大化为主要目标的，当然，根据国务院 1998 年颁布并经多次修订的《城市房地产开发经营管理条例》的规定，房地产开发经营企业在追求经济效益的同时，应当兼顾社会效益和环境效益，坚持三种效益相统一的原则。开发商为了追求经济效益的最大化，往往会充分利用市场环境和条件，不断推出多种营销策略，也就是通过特定的营销手段制造市场价格不断上涨的预期，以诱导消费者，进而引领、左右市场走向。

在特定的政策规定下，房地产开发商可以利用负债经营的模式获得更高收益。所谓负债经营就是房地产开发商根据相关规定通过一定量的自有资本金先购买土地，然后用土地及地上不动产作为抵押物向金融机构贷款，再完成后续房地产项目开发，从而获得更高经济收益的一种经营方式。根据《城市房地产开发经营管理条例》与相关法规，开发企业应当建立资本金制度，资本金不能低于项目投资总额的20%。同时据相关研究可以看到，我国房地产企业的自有资本金一般为1/4左右。[①] 也就是说，只要房价上升1个百分点，开发商的自有资金回报率就远远超过1%。所以，开发商有强烈的主观动因去推动房价上涨。在内地从事房地产开发的房地产开发商除了内地企业外，还有来自香港等地区的开发商。

不同的开发商采取的开发策略是不完全相同的。一般来说，没有经历过较长期资本原始积累的内地开发商喜欢采用快速开发模式，而来自中国香港地区的开发商则大多偏爱慢速开发模式。这两种开发模式产生的原因和背景是不相同的，来自香港地区的房地产开发商如长实地产、九龙仓、新世界、新鸿基、瑞安房产、嘉里建设等因为其成长于香港这个特定的房地产市场区域，市场容量、市场规模相对较小，因而喜欢采用慢速开发的策略；而在内地成长起来的房地产开发商则面对的是容量更大的内地房地产市场，所以常常采用快速开发策略。一般来说，两种策略必须依赖特定条件才能有效施行，这种条件包括企业内部和外部两个方面。

推行慢速开发策略需要的条件主要包括以下方面：第一个条件是市场条件，即房价上涨可以预期，因为慢速开发主要是通过拖延开发时间的方式等待市场时机成熟后再开发。在等待的过程中，如果房价不能上涨的话，不但会增大企业的资金成本，甚至也会带来销售困境，进而导致项目失败。因此，慢速开发成功最重要的因素就是地价、房价都能够上涨，房地产市场形势不会走低向下，且市场向上走高趋势可以预期。第二个条件是从开发企业内部来看的，房地产开发商应当具有相应的实力，尤其是资金实力。如果没有足够的实力，开发商就很难采用捂地、捂盘等慢速开发策略。因为只有实力足够强大的企业才有能力承担相应的资金成本和开发建设所需的资金压力。

而推行快速开发策略一般也需要具有相应的内外部条件，具体来说，包括以下几个方面：一是市场条件，即市场容量足够大，包括现实需求和潜在需求都较大。因为快速开发预示着产品生产规模更大，市场总供给量更大，

---

① 冯科. 2008 年房价能否软着陆 [J]. 经济展望，2008 (5)：135 - 136.

因而必须要以足够大的市场容量、足够大的市场需求为基础。二是快速的拿地能力。土地是房地产开发最重要的资源，要推行快速开发策略，必须要有比采用慢速开发策略更强的拿地能力。这也是许多开发商随着实力的增强而不断囤地的重要原因。三是企业内部应积累形成较好的、可复制的、便于多项目推广的良好的管理经验，以及较标准化的产品方案、突出的开发资源集结渠道和能力等。四是企业资金充足，能支撑快速开发、项目高速周转对资金的高要求，或者具有较稳定的资金来源渠道。在相当长的一段时间内，由于金融政策的宽松，内地房地产企业都能比较容易获得银行等金融机构的贷款支持，这种良好的金融环境为内地房地产开发企业采用快速开发策略提供了十分重要的条件。只要细心观察就会发现，几乎每家房地产开发商背后都有一家或多家关系良好且稳定的银行机构。

慢速开发策略与快速开发策略的区别较大，除了前提条件和操作方式上的不同之外，结合开发企业所处市场环境的不同，其推行过程和实施的结果也是不完全相同的：一是从盈利方面看，快速开发策略能在我国内地取得较好的效果。因为在我国内地房地产市场高速发展的背景下，房价快速上涨，特别是在城市化和消费者购买力不断增长的推动下，市场需求不断扩大，为实施快速开发策略提供了极佳的市场条件。快速开发策略下，房地产企业生产规模更大，总开发量和销售量必然随之增长，因而获得的总收益也会不断上涨，甚至在房价不断走高的情况下，快速开发策略往往比慢速开发策略所获得的收益更高。在内地和香港两地发展、以地产和基建为主业的、船王包玉刚旗下的九龙仓的高层管理者周安桥在 2012 年对九龙仓集团和深圳万科集团的地产发展情况进行比较后得出结论：2012 年上半年九龙仓在内地的房地产销售额为 66 亿元，仅有同期深圳万科集团销售额的 1/9；此外，如果把时间线放得更长，纵观九龙仓在内地发展 18 年，与深圳万科集团相比，后者规模涨了上千倍，而九龙仓只涨了不足 20 倍。可见，从盈利效果看，快速开发策略比慢速开发策略可能更好。可以说，内地的很多房地产企业正是这种策略的受益者。二是从风险程度方面看，二者也存在着较大差异。在策略实施的过程中，慢速开发策略和快速开发策略所遇到的风险情况是不完全相同的。可以说，慢速开发策略可能遇到的风险更大。一般来说，慢速开发可能会遇到如下风险：首先是市场风险，因为慢速开发策略会使项目开发时间变长。项目开发时间越长，市场变化的风险可能也就越大。其次，慢速开发的风险主要在于政策性方面，也就是政策性风险。因为，为了防止土地闲置浪费和防范土地炒作，国家制定了《城市房地产开发经营管理条例》。此条例第十五条做出了这样的规定："房地产开发企业应当按照土地使用权出让合同约定的土地用途、动工开发期限进行项目开发建设。出让合同约定的动工开发期限满 1 年未动工开发的，可以征收相当于土地使用权出让金20% 以下的土地闲置费；满 2 年未动工开发的，可以无偿收回土地使用权。"① 政策方面的制度性约束给慢速开发带来了巨大的政策性风险，甚至可以说，很多实施慢速开发策略的房地产开发企业都是打政策的"擦边球"，总是想尽办法突破政策的限制。比如，在项目开工准备环节，故意造成项目申报手续不全，或者突破建设规划限制等，进而增加"申报—审批"次数，有意拖延申报审批进度，尽可能延迟项目开工时间；在项目建设阶段，通过实施滚动分期开发的方式，故意减少投资额，减缓投资进度。表面上看，项目始终处于在建状态，实际上，可能投资还不足总投资额的 1%。济南曾经有个房地产项目，开发商用这种方法捂地长达 20 多年，接近 1/4个世纪。三是在现金流方面，快速开发策略由于项目开发总周期较短，对单一项目来说，现金流从负值转化为正值更快，资金回收期更短，可以为下一个项目开发提供更好的资金支持，对上市房地产开发企业来说也容易实现企业利润的平滑，有利于在证券市场融资。

一般来说，香港地区的房地产开发商比较偏好慢速开发，原因如下：一方面，香港地区的开发商的成长背景与内地房地产开发商不同，他们大多经历过较长期的资本原始积累，具有进行慢速开发的实力；另一方面，他们发展于市场容量相对较小的区域性市场，土地供应量有限，同时房地产需求量也无法和内地市场相比。正是这两大根本性原因，使香港地区的房地产开发商习惯于采用慢速开发策略，而内地房地产开发商则比较偏爱快速开发策略。内地开发商之所以偏好快速开发策略，一方面是因为内地房地产市场容量足够大，且在诸多因素的影响下，市场潜在需求也很大，市场需求预期明确，这为内地房地产开发商实施快速开发策略提供了很好的外部条件；另一方面，内地房地产企业一般是伴随着我国房地产市场化的进程而发展起来

---

① 城市房地产开发经营管理条例 [EB/OL]. http：//www. gov. cn/zhengce/2020 – 12/26/content_5574296. htm.

的，大多没有经历过较长时间的原始积累，企业资金实力相对有限，不具备采用慢速开发策略的内部条件，因为"捂地""捂盘"都需要大量的资金，为此付出的资金成本较高，这都是内地开发企业在初期所不具备的。

采用慢速开发策略的房地产企业一般都是采用"捂地""捂盘"的方式进行。"捂地"就是购买开发用地后不忙于开发，慢慢等该地块周边交通、通信等各种配套设施逐渐完备，土地得以增值之后再进行开发的模式。"捂地"策略更多地用于房地产新区开发中。

"捂地"非常重要的基础是该地块在周边配套逐渐完备后具有增值潜力。这是开发商采用"捂地"策略最重要的经济动因，开发商正是基于这样的经济逻辑采用"捂地"策略的。

政府为了防止土地使用者购地后不及时进行开发，造成土地闲置、浪费，专门制定了相应的政策措施对此行为进行约束和控制。由于"捂地"需要面对政策的限制，所以开发商就要想方设法地突破政府的政策限制。具体来说，开发商实施"捂地"策略，需要进行强力公关，打政策"擦边球"，利用"因不可抗力或者政府、政府有关部门的行为或者动工开发必需的前期工作造成动工迟延的除外"[1] 的政策空隙，逃过政府处罚，进而达到故意延迟土地开发的目的。

此外，为了规避政策限制，除了以上方式之外，许多开发商还常常采用施工的方式来"捂地"，也就是虽然项目在政策规划时期内开工，但开发商常常以各种理由拖延施工进程，要么不按时开工，要么不按时完工。施工又有几种常见的方式：一是分期开发。也就是把该地块分为几期开发，不同时全面动工。这种分期开发方式，资金投入量是分批次的，特别是前期投入量很小，以此实现拖延工期的目的，达到"捂地"的效果。二是缓慢开发，也就是开发进度十分缓慢，每次主管部门检查时都好像是处于开工状态，但实际上进度十分缓慢，开发量十分有限。比如有的房地产项目前期投入量只占总投资额的1%，而且长期如此。三是通过修改规划达到施工的目的。也就是开发商故意在开发方案申报时不按照规定申报制作，导致所申报方案不能被主管部门通过。不能通过的方案都得返回重新修改后再申报。开发商往

---

① 城市房地产开发经营管理条例［EB/OL］. http：//www. gov. cn/zhengce/2020 – 12/26/content_5574296. htm.

往通过这样的方式反复修改，再反复申报，在开工之前耽误很长的时间，进而达到拖延开工、"捂地"的目的。开发商通过拖工的方式"捂地"，往往能有效地规避政府的政策限制，是开发商"捂地"的主要手段。

与"捂地"策略相一致的策略是"捂盘"，也就是捂盘惜售，即在房地产项目建成之后故意拖延销售进度。常见的"捂盘"招数主要有：一是房地产项目建设到一定程度后，到了可以领取预售许可证时不领证，等待该地块成熟之后再去领取预售许可证，从而达到捂盘惜售的目的，等到楼盘周边配套逐渐完善、房价涨起来之后再进行市场销售。为了延迟领取预售许可证，有的开发商会故意在申报领证材料中做手脚，以达到延期领证的目的。二是使用饥饿营销手段，刚开盘销售即马上宣称已到尾盘。这种方式不仅可以达到捂盘惜售的目的，而且也可以给消费者造成房地产紧俏、价格将不断上涨的假象。三是在领到预售许可证之后，将楼盘拿去抵押，等到时机成熟后才从银行赎回销售。这样不仅可以规避"拿到预售许可证十日之内必须销售"的政策限制，还可以通过抵押获得银行贷款。四是改变经营策略，即变出售形式为出租形式。也就是为了实现利润最大化的目标，先把建成后的楼盘用于出租，而不进行出售，静待市场价格上涨，房价达到预期目标之后再变租为售。可以说，这种"捂盘"形式的风险较小，往往能得到一些开发商的青睐。五是利用高价策略"捂盘"，也就是故意把楼盘价格定得很高，超出周边楼盘价格，吓退消费者，进而达到"捂盘"的目的。这种策略需要建立在未来市场向好的基础之上，也就是对价格持上涨预期且价格上涨能够兑现。因此，开发商秉持这种策略必须谨慎、适度，也就是说对市场产品价格上涨预期要准确，对此策略运用要恰如其分，否则可能适得其反，真正让市场消费者"望而却步"，进而使楼盘滞销，得不偿失。

房地产市场包含土地市场和商品房市场这两个亚市场，房地产开发商既是土地市场的主体，也是商品房市场的主体，故而具有多重的市场角色，既是土地市场的需求方，又是商品房市场的供给方。因此，作为一种较为特殊的市场主体，房地产开发商在土地和商品房这两个亚分市场中会采取不同的策略进行博弈，以此来实现利益的最大化。

开发商在土地市场主要是以需求方的角色与土地供给者进行博弈。除此之外，开发商作为土地市场的需求方，与众多的土地需求者之间也构成博弈关系。这种博弈格局，往往在许多时候都突破了"囚徒困境"的博弈格局。

1950 年由美国兰德公司的梅里尔·弗勒德（Merrill Flood）和梅尔文·德雷希尔（Melvin Dresher）提出并经艾伯特·塔克（Albert Tucker）进行阐释而命名的"囚徒困境"博弈模型指出：两个共谋犯罪的囚徒被关入监狱，在不能互相沟通的情况下，如果两个人都不揭发对方，则由于证据不确定，每个人可能都只被判一年监禁；但如果一个人揭发另一个人，而另一个人保持沉默，则揭发者因为立功而被立即获释，另一囚犯因不知晓另一囚犯的行为和信息，采取沉默的态度，不与警方合作、不承认犯罪事实而入狱十年；但如果两人互相揭发，则因为都承认犯罪事实，犯罪证据被确认，最终两人分别入狱八年。在大多数情况下，由于囚徒之间无法彼此信任，对彼此行为的信息不了解，因此，各个囚徒在博弈时最可能选择的对策是相互揭发，而不是同守沉默。可见，"囚徒困境"博弈模型的产生一般是基于博弈参与者在博弈决策时不了解对方的行为和决策信息，也就是因为博弈各方存在信息差异导致了博弈者做出不利于各方的决策。

在房地产市场中，作为地位相同、博弈目标一致的市场主体，房地产开发商之间的博弈策略可能会突破这种"囚徒困境"博弈模式下的策略选择，也就是会放弃相互竞争策略，而采用对大家都有利的策略（比如提价策略）。这也是我国房地产价格在大多数时候都呈现上涨趋势的原因之一。在这场博弈中，开发商之所以会选择对大家都有利的策略，原因如下：一是与开发商与消费者之间存在的信息不对称相比，开发商之间存在的信息不对称要轻微很多，不会造成开发商的决策误判。因此，开发商在博弈中，基本上能明了对方的策略与决策意图，能采取对于博弈各方都比较有利的博弈策略。二是除了开发商熟悉彼此的决策习惯之外，政府行为也会对开发商之间的博弈决策产生重要影响。政府行为是开发商制定决策的重要依据，如政策指向往往对开发商的行为产生直接的影响。由于开发商掌握了比较充分、关键的市场信息（如土地资源紧缺、市场需求不断上涨等）和作为土地供给方及市场博弈规则制定者——政府的行为意图（如政府将房地产业作为我国国民经济的基础性、先导性、支柱性产业而给予大力扶持），因而他们在博弈中都不会采用有损于博弈各方的降价竞争的博弈策略。三是除了信息因素的影响之外，由于我国房地产价格持续上涨，开发商在博弈中也不会轻易采用降价竞争策略。价格竞争的杀伤力很大，产品供给企业一般不会轻易采用这种竞争方式。价格竞争通常出现在产业市场生命周期的下降阶段，而我国房地产市场在很长一段时间内都处于引入期和成长期。这不是说我国房地产开发商之间不存在竞争，而是由于房地产市场在相当长的一段时间内都处于上升期，房地产企业的市场份额和利润空间也随之不断扩大，不必进行你死我活的竞争。

2. 房地产投资者

由于住宅是耐用消费品，价值量大、使用年限长，是个人和家庭的重要财富，也是企事业单位和其他社会组织的重要资产，具有保值增值的经济属性，是相对良好的投资品，与其他投资渠道相比，房地产产品是较为安全的投资品。因而，在我国，不仅居住性住宅市场（即购房目的主要是用来居住）很发达，而且投资性购房市场（即购房的目的是投资）也长盛不衰。

在市场经济条件下，房价不断上涨，房地产投资因回报率高受到投资者的追捧，吸引了众多的市场主体参与炒房。随着社会经济的发展和人们收入水平的提高，社会闲散资金越来越多，这部分逐步累积的资金必然要寻求出路，寻找保值的避风港和增值的投资领域，作为优良投资品的房地产品自然就成为投资者的理想选择。投资购房的目的不是为了自住，而是为了获取利润，因而，房地产投资者一般都会将房地产品再次出售给其他终端消费者，所以，房地产投资者一般都不是房地产产品的最终购买者。

房地产投资者和炒房者虽然都是以盈利为目标，从事房地产中间交易，赚取交易差价，但二者之间也是有区别的。首先，从持有房地产品的时间上看，投资者可能比炒房者持有时间更长。其次，从利润实现方式上看，投资主要以赚取利差来获利，但炒房则可能具有多元的方式（见后文）。最后，从对房地产市场的影响结果看，炒房更可能造成房地产价格的剧烈波动和房地产市场的不稳定，致使房地产市场的可持续健康发展受到影响。

3. 炒房者

炒房是市场经济的产物，是伴随着房地产业的蓬勃发展，并随着房价的不断上涨而兴起的一种利用房地产价格差盈利的投机行为。炒房的认定相对困难，较难用现行法律予以界定，也难以用已有法律、经济等手段予以识别。

炒房投机的目的在于获得高额利润，因此投机需求一旦出现，就迅速转化成市场供给，导致市场上供给迅速增加，而紧接着更多的"跟风"需求不断跟进，更造成总需求的虚高。投机者利用大量游资对房地产进行短期套利而进行的投机行为，无非是让消费者跟着购买，促使房价持续走高，然后转手卖出赚取差价而已。炒房投机者炒房惯用的手段很多，比如囤积房屋，造成住房紧缺的假象，并同房地产开发商一起四处宣传房价必涨、供给紧张等信息，为房价上涨造势。这种炒作越成功，投机者的获益就越大，房价也就越容易持续上涨。

在过去相当长的一段时间内，由于我国房地产市场一直高速发展，房价长期处于快速上升的通道中，为炒房牟利提供了极佳的机会，因此，炒房行为十分盛行，吸引参与炒房的人越来越多。参与炒房的群体中，既有自然人，也有企事业单位等社会法人组织；既有偶尔参与炒房的，也有职业炒家；既有零散的个体炒房者，也有有组织的炒房团体。而炒房团体中，既有因地缘、亲情、熟人关系而结成的炒房团，如在 20 世纪非常出名的"温州炒房团"和"太太炒房团"，也有通过现代社交平台和现代通信方式链接起来的炒房团体。

炒房资金额都比较大，因此，在许多时候，炒房者都是采取抱团方式进行，目的是更容易集结资金和获取更大的利益。投机资金之所以容易集结，主要原因如下：一是我国是一个高储蓄率国家。由于受到社会保障因素和传统习惯等多重因素的影响，人们都喜欢储蓄，居民储蓄率较高。随着经济的发展，居民手中的现金越来越多。而这些闲置资金大都被存入银行。二是一部分收入较高的高净值人士手中握有较多的闲置资金，这些人为了实现资金的保值增值，也不得不寻找相应的路径。于是，这些人到处买房甚至炒房。他们不仅买得起房，而且可以买很多；不仅可以在本地买，而且可以异地置业。三是我国资金投资渠道狭窄，在低利率甚至负利率时期，传统的以通过银行存款方式来实现财富保值增值的路径基本被否定，而在其他投资领域，资金也无法顺利实现升值，甚至无法保值。比如，股票债券市场由于其自身存在的一些问题致使其波动很大，盈利风险极高，相较而言，只有房地产市场给投机客提供了较好的机会。

炒房者购房目的不是用于自己居住，而是通过房地产价格上涨获取价差而赚取利润。一般来说，炒房者预期房地产价格会上升时会购房，当房价上涨到预期位置时会脱手。炒房客既不参与房地产生产也不参与房地产最终消费，买就是为了卖，卖就是为了买，他们从买卖中获利。适量的投机活动是必要的，它不同于赌博，投机能够产生财富，对社会是有利的，所以世界各国政府都开放投机市场。房地产市场也一样。如果没有房地产的投机市场，所有的房子统统都已经在使用中，百姓要换房都没有周转房。而且房地产的投机市场能够预示房地产价格的走向，引导资源更合理的配置。在理想状态下，投机市场由少数投机专家组成，他们有能力估计将来的价格走向。但是，从总体上看，炒房投机行为往往会扰乱房地产市场：一是由于在炒房的过程中，炒房者必须依赖房地产价格上升来获利，如果房价本身一直处于上升通道，那么炒房者可以顺势而为；如果房价不处于上升通道中，那么炒房者就需要通过自己的策略和手段来推动房价上涨。所以，为了快速推高房价，炒房客一般都会利用多种手段如与开发商勾连或利用新闻媒介，故意抬高房价，造成房地产品紧俏、房价快速上涨的假象，进而推动房地产价格快速上涨。二是由于炒房巨大的利润诱惑，往往使许多普通人被赚钱吸引，盲目地参与投机，导致社会资源不断向房地产领域聚集，进而造成其他领域资源的相对减少，对整个国民经济产业的发展带来不利影响。三是炒房更容易获取高额利润，很容易导致社会勤劳致富的劳动价值观被扭曲。

（二）政府与非政府组织

政府在房地产市场中扮演着十分重要的角色，既是房地产市场的管理者、监督者，甚至是博弈规则的制定者，主要扮演着裁判员的角色，有时又在房地产市场中，要参与房地产市场的利益分配，扮演着运动员的角色。中央政府和地方政府在房地产市场中扮演的角色和秉持的立场有时候也是不完全相同的。

1. 政府

（1）中央政府。中央政府是代表全体人民利益的组织，主要承担房地产市场监督和管理的职能，对房地产市场的规范发展起着关键作用。"可以说，引领房地产经济持续健康繁荣、维护房地产市场平稳有序发展、保障'居者有其屋'是中央政府参与房地产市场的三大基本目标。"[①] 中央政府除

---

① 刘丁豪. 房地产价格平抑与利益调节机制研究 ［M］. 成都：西南交通大学出版社，2013：125.

了通过制定房地产市场规则，对房地产市场进行宏观调控，以及通过房地产税收调节房地产市场和获取税收收益之外，一般不应是房地产市场的利益博弈者，不应参与房地产市场的利益追逐。但由于中央政府在一定程度上有着多重的、多元的目标定位，因而其市场角色地位也变得较为模糊。比如，中央政府既要实现政治性和社会性的目标，也需要实现一些特定的经济目标。就前者来看，中央政府要通过获取房地产业税收，来支撑和保持国民经济的发展、维系民生福祉，以及通过房地产业来创造更多的就业机会；就后者来看，中央政府又是土地市场的供给者，承担着制定土地和房地产市场规则的管理职责，同时还要解决地方政府的发展问题。因此，如何在一定程度上保证土地收益的增长、实现必要的经济目标也是中央政府不得不思考的问题。

中央政府所追求的目标既有经济性的，也有政治性的、社会性的，比如获取税收和保持国民经济的整体发展属于经济目标，开辟更多的就业机会属于社会目标，保持社会稳定属于政治目标。中央政府在房地产市场上的多元目标定位也就导致了其市场角色定位的多元性，使其在进行市场监管和调控中经常陷入左右摇摆、举棋不定的状态，在市场博弈中容易出现一定程度的偏颇。

（2）地方政府。地方政府是房地产市场的协调者和服务机构，是执行中央政府有关政策的机构，既是中央政府政策的执行者，也是地方政策的制定者，对房地产市场来说，既是房地产市场政策与制度的制定者，也是政策和制度的执行者和监督者，承担着多种市场角色，甚至为了实现特定的经济目标，还在房地产市场中扮演"逐利者"的角色，因为对地方政府来说，房地产业是其主要的财税来源之一，特别是对工商业不太发达的内地政府来说尤其如此。很多地方政府面对城市建设和各种基础设施建设的资金压力，不得不把房地产业作为聚集资金的重要抓手，特别是对于第二产业和第三产业（房地产业除外）欠发达的地区来说，土地出让收益成为地方政府最主要的财政收入，很多地方都把土地出让收益当作"第二财政"来源。

在房地产市场博弈中，地方政府本应担负"裁判员"的角色，与中央政府保持一致，但由于各个地区的经济情况差异和追求地区经济目标的驱使，地方政府又扮演着"运动员"的角色，甚至有时与中央政府的步调也存在差异。这也是导致我国房地产市场调控乏力的重要因素之一。

2. 非政府组织

非政府组织这一概念最早出现于 1945 年的《联合国宪章》，主要是指具有非政治性、非政府性、非宗教性的能够为社会或特定市场提供公共产品或公共服务的，带有一定公益性、自治性的社会组织。其往往对市场和社会提供咨询、信息服务，进行市场监督和自我约束，影响政府决策，协助政府组织进行协调、沟通和管理市场主体等。在我国房地产市场中，各地的房地产业协会大致就属于此范畴。

在房地产市场中，非政府组织除了影响政府职能部门做出对房地产市场有积极意义的决策之外，还应当起到以下作用：

一是为房地产市场主体提供准确的市场信息。房地产市场是一个信息不透明的市场，各种市场主体都难以获取所需的所有信息，因而必须借助各种平台和途径获取信息。无疑，自治的房地产非政府组织应当积极发挥自身与政府联系密切、对市场把握较为全面等优势，为市场主体提供更多的有用信息，包括为房地产市场的卖方、买方等市场主体提供各种信息和咨询服务。

二是对房地产市场进行积极引导。非政府组织在为房地产市场提供各种信息的时候，要加强对市场主体的积极引导，要尽量减少市场负面消息的渲染、尽力避免容易造成市场恐慌的信息和情绪的散播，要对正面典型进行宣扬，弘扬市场正能量，要多对市场政策等信号进行解读，进而为促进房地产市场的可持续发展做出贡献。

三是对市场主体，尤其是房地产开发商进行监督。一些开发商可能会因为特定的原因、为了自身的利益而做出有损于房地产行业发展、不利于市场整体利益的行为。对于这些行为，非政府组织作为行业自发建立的自治组织，应当积极发挥作用，对行业内和市场中相应组织的行为进行监督，通过组织内部平台向全行业公开违规典型，甚至向政府相应机构（如政府房地产职能机构、商业银行等）提供信息。政府组织以及行业其他组织要积极利用这些信息对违规市场主体进行限制。

四是约束房地产开发商等市场主体的非正规行为，并对其行为进行惩戒。对房地产开发商那些有损于市场良性发展的行为，非政府组织要积极作为，不能姑息，要和政府组织一道，制定相应的惩戒措施。比如，对于勾结炒房者进行投机、炒作房地产及故意抬高房价的行为，不仅要通过官方或非官方渠道予以公开警示，还应当在诸如贷款、项目审批等方面予以限制；同时，还应当通过行业非政府组织予以公示，进而在行业内对这种不良行为形成压制氛围，使房地产市场主体都能做到自律。

总之，房地产市场的非政府组织在房地产市场中往往能扮演十分重要的角色，应当充分发挥其自身的特定优势，积极发挥市场持续维护者的作用，政府相关机构也应当积极引导和规范房地产市场非政府组织的职能，让其在房地产市场中发挥辅助作用，进而达到抑制投机炒房的目标。

（三）房屋终端消费者

相对于房地产品的生产者——开发商以及房地产市场中间供给者——房地产投资者和炒房者来说，普通购房者和租房者则是房地产市场的终端消费者。

在中国传统文化中，住宅不仅是一种物理意义上的居住空间，还意味着它是某种物质和精神上可以继承的财产、财富，这种"属我"的权属财产能给人以安全感、稳定感、认同感及归属感，这是租房寄居永远也代替不了的[①]。因而，中国大多数人都将购房作为人生大事之一对待，加之房地产市场人为的垄断、诱导和舆论操控，很容易使生活在信息不对称条件下的购房者产生购房欲望，而不管购房条件是否成熟、自身条件是否满足、偿贷能力是否符合要求。这是一种典型的羊群心理。在房价高企的环境中，率先购买可以使心理趋稳，获得一种实在回归。因此，房地产消费者很容易被市场以及炒房者的市场渲染所迷惑，被炒房者利用。

伴随着城市化浪潮，城市中涌入越来越多的人口，现有城市不断扩大，城市拆迁、改造和外来人口的加入，使城市的住房需求被推到一个前所未有的高度，同时也把房价一步步推到了"可望而不可即"的高度，这一部分刚性需求呈快速上涨趋势，然而面对"涨升"一片的房价，一些普通中低收入者只能望洋兴叹。改革开放以来，我国居民收入普遍得以提高，但同时也造成了贫富差距拉大的社会现实。高收入群体可以通过商品房市场解决住房问题，而大部分低收入家庭需要在政府住房优惠政策或制度安排的支持下解决住房问题，也就是说，低收入家庭包括一些中等收入者仍无法依靠自身

---

① 本刊编者. 房地产市场缺陷消费主义 [J]. 中国地产市场，2006（6）：27.

能力解决住房问题。因为土地、空间、利润等因素的限制，房地产资源本身就具有稀缺性，当主动性需求与被动性需求都面临能否得到满足的问题时，对有限房地产资源的争夺无形中就开始了，需求方会无暇顾及未来房价的走势，而提前在市场上进行"抢购"，"抢购"行为又会进一步刺激住房价格的上涨，进而引发对房地产品的新一轮争夺。许多国人以为房子是永久的家庭财产（其实住房土地使用权最多只有 70 年），于是不惜预支家庭未来收益购房，实际上这就等于把几年甚至几十年之后的需求提前释放。现阶段真正有购房需求的消费者主要集中在中低消费群体中，本无力购房的消费者成了住房消费市场的主力军。这一"刚性"需求的提前释放，也成为我国房地产市场上购房者非理性购房行为的一个突出表现。

房地产投资者与炒房者其实也可以算作房地产消费者，但是，由于他们都不是以房地产消费为最终目标，只能算作房地产市场的中间消费者，而不是终端消费者。

（四）其他市场主体

房地产市场的利益相关者很多，除了上述类型之外，还包括为房地产经济活动提供资金或其他服务并从中获取收益的市场主体，主要包括以下一些。

1. 金融机构

金融贷款是房地产开发商建设资金和消费者购房资金的主要渠道和重要来源。为房地产市场提供服务的金融机构数量众多，大致上可以归为以下几类：一大类是商业银行等金融机构。按是否专营房地产业务可以进一步分为两类：一是房地产金融专营机构，如经国务院、中国人民银行总行批准的区域性住房储蓄银行；二是房地产金融兼营机构，如各大商业银行的房地产信贷部门。另一大类是非银行型房地产金融机构。非银行型房地产金融机构是指除银行外的开展房地产金融业务的组织机构。根据其经营的业务范围划分，又可以分为专门从事房地产融资的机构和非专业性房地产融资机构。前者包括住房合作社、住房公积金管理中心、房地产金融公司等；后者包括信托投资公司、保险公司等。

房地产产品是大宗商品，是具有耐久性、不可移动的特殊商品。房地产的大宗商品属性不仅决定了房地产的单宗售价较高，而且也决定了房地产开发和房地产消费都需要大额资金，因此，无论是开发商投资开发房地产产品还是消费者购买消费房地产产品都需要向金融机构贷取大量的资金，也就是说，大多数开发商所需的房地产项目投资资金和消费者所需的购房资金都需要向金融机构贷款。与此同时，房地产品的耐久性、不可移动性又使房地产产品成为极佳的抵押品，为向金融机构贷款提供了可能，无论是房地产开发贷款还是房地产消费贷款。一般来说，作为一种良好的抵押品，应当在经济上具有良好的保值增值性，在物质特性上具有耐久性。可以说房地产正是因为具有这种经济上的保值增值性和物质上的耐久性、不可移动性，具有作为良好抵押品的绝大多数优点，因而成为金融机构十分看好的抵押品。

金融机构对房地产业来说具有十分重要的作用，可以毫不夸张地说，没有金融机构的参与和支持，房地产开发就很难正常进行，房地产供给市场就会受到影响，而购房交易所需要的巨额资金也找不到来源，房地产需求市场同样也会受到掣肘。在房地产开发、经营、生产、消费过程中金融机构以资金的最主要提供者身份参与其中，这既是房地产业的内在要求，也是金融业实现自身发展的客观需要。

从表5-1和图5-1可以看到，从2006年开始，房地产开发企业国内贷款的绝对值呈现出逐年增长的趋势，只是因为近几年房地产市场整体的下滑，房地产价格和销量都呈现出显著的下降趋势，投资出现明显减弱趋势（见表5-2），所以，房地产开发企业贷款总额及其在金融机构中的贷款占比才随之呈现出较为明显的降低。可以明显看到，近些年的房地产开发资金的变化是与房地产投资增长和房地产市场发展相一致的。与此同时，近些年消费者个人贷款也是与房价的上涨与房地产销售规模的变化一致。消费者个人购房除了自有资金之外，相当一部分资金也是来自金融机构贷款，从表5-3和图5-2可以看到，房地产个人按揭贷款在房地产销售总额中的占比很高，且2006～2021年不仅个人按揭贷款总额的绝对值呈逐年增长的态势，而且个人按揭贷款在商品房销售总额中的占比也一直保持在较高的位置。

表 5 - 1   2006 ~ 2022 年房地产开发企业国内贷款占金融机构贷款总额的比例

年份	金融机构资金运用各项贷款（亿元）	房地产开发企业国内贷款（亿元）	房地产企业国内贷款占金融机构贷款总额的比例（%）
2006	225347.20	5356.98	2.38
2007	261690.88	7015.64	2.68
2008	303394.64	7605.69	2.51
2009	399684.82	11364.51	2.84
2010	479195.55	12563.70	2.62
2011	547946.69	13056.80	2.38
2012	629909.64	14778.39	2.35
2013	718961.46	19672.66	2.74
2014	816770.01	21242.61	2.60
2015	939540.16	20214.38	2.15
2016	1066040.06	21512.40	2.02
2017	1201320.99	25241.76	2.10
2018	1362967.00	24132.14	1.77
2019	1531123.20	25228.77	1.65
2020	1727452.07	26675.94	1.54
2021	1926902.81	23295.79	1.21

资料来源：根据国家统计局公布的数据整理。

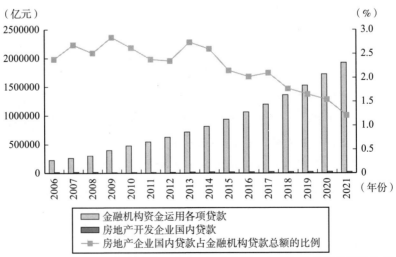

图 5 - 1   2006 ~ 2021 年房地产开发企业国内贷款占金融机构贷款总额的比例

资料来源：根据国家统计局公布的数据整理。

表5-2　　2006~2021年房地产开发企业个人贷款占商品房销售总额的比例

年份	商品房销售额 （亿元）	房地产开发企业个人 按揭贷款（亿元）	个人贷款占商品房 销售总额的比例（%）
2006	20825.96	2588.38	12.43
2007	29889.12	5080.43	17.00
2008	25068.18	3886.04	15.50
2009	44355.17	8561.65	19.30
2010	52721.24	9523.77	18.06
2011	58588.86	8678.37	14.81
2012	64455.79	10523.78	16.33
2013	81428.28	14033.26	17.23
2014	76292.41	13665.45	17.91
2015	87280.84	16661.65	19.09
2016	117627.05	24402.94	20.75
2017	133701.31	23906.31	17.88
2018	149614.42	23643.06	15.80
2019	159725.12	27281.03	17.08
2020	173612.66	29975.81	17.27
2021	181929.95	32388.19	17.80

资料来源：根据国家统计局公布的数据整理。

表5-3　　2013~2021年房地产开发企业计划总投资额和本年完成投资额

年份	房地产开发企业计划总投资额（亿元）	房地产开发企业本年完成投资额（亿元）
2013	430922.15	86013.38
2014	493066.50	95035.61
2015	536853.75	95978.85
2016	587857.24	102580.61
2017	656617.38	109798.53
2018	740022.33	120164.75
2019	839869.50	132194.26

续表

年份	房地产开发企业计划总投资额（亿元）	房地产开发企业本年完成投资额（亿元）
2020	948886.63	141442.95
2021	1033431.00	147602.08

资料来源：根据国家统计局公布的数据整理。

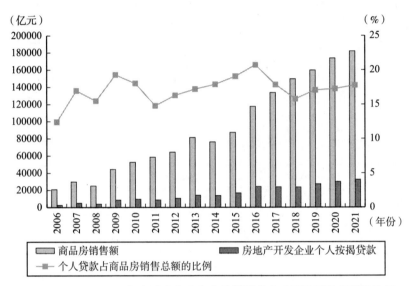

图 5-2　2006～2021 年房地产企业个人按揭贷款占商品房销售总额的比例

资料来源：根据国家统计局公布的数据整理。

　　总之，无论是从房地产市场供给的角度还是从房地产市场需求的角度看，金融机构对房地产市场的发展都起着十分重要的作用，因而，商业银行等金融机构在房地产市场中的博弈决策就显得尤其重要。

　　在房地产市场，金融机构不仅对房地产供给产生巨大影响，也对房地产需求产生巨大影响。虽然国有商业金融机构代表着政府意志，具有调节房地产市场的工具属性，但对于每一个商业金融机构来说，由于其兼具企业属性，具有经济人理性，因而也把追逐经济利润作为重要的目标。因此，这就决定了金融机构在房地产市场博弈中的角色定位，其博弈决策及对博弈各方的影响也被其职能属性和博弈目标所左右。

　　因此，金融机构在房地产市场中应当处理好自身的角色定位，特别是要肩负起国有商业银行的责任，要努力履行好政府调控和规范房地产市场、抑制炒房投机的职能。

2. 媒体

媒体一般是指新闻媒体，即传播文字、音视频、图像等信息的新闻媒体，包括电视、广播等传统媒体，也包括借助现代网络和通信技术传播的自媒体、新兴媒体等。因为媒体在向大众传播各种信息时具有广泛性和及时性等特点，所以很受房地产市场主体青睐，成为房地产市场进行营销的重要方式和途径。

无论是公营还是私营，新闻媒体往往都具有企业属性，也需要生存发展，因而需要盈利，它们与房地产开发商合作，通过成为房地产产品营销的渠道来获取利润。房地产广告收益是新闻媒体的重要利润来源。因此，新闻媒体与房地产开发商容易形成利益链。房地产开发商要推动房价上涨就要多打广告，多举办活动，需要与新闻媒体合作。所以，很多新闻媒体出于实际利益的需要，把最好的版面及位置留给房地产开发商，迎合房地产开发商的需求。可以说，在房价上涨过程中，新闻媒介在一定程度上起了推波助澜的作用。

由此，要抑制炒房，就有必要规范媒体的行为。

3. 房地产中介机构

房地产中介主要是指在房地产投资、开发建设、经营销售过程中参与其中，为其提供服务的个人或者组织。提供的服务包括房地产咨询服务、房地产价格评估、其他房地产经纪服务活动等。提供服务的机构和个人如房地产咨询机构、房地产律师（法律事务所）、会计师（事务所）、房地产经纪人，以及各种房地产捐客等。

在我国，随着房地产业的蓬勃发展，房地产中介服务也得到了迅猛发展，与房地产开发、经营、消费相关的各种中介组织（个人）如雨后春笋般地建立和发展起来。房地产中介组织种类繁多，除了提供金融服务的中介机构外，还包括房地产咨询、评估、经纪等。房地产中介机构是房地产市场不可或缺的重要部分，对于提高房地产开发、经营效率，活跃房地产市场，促进房地产业的健康发展具有一定的积极意义。

房地产中介组织往往都是以经济人角色参与市场的，追逐经济效益是其最主要的行为目标。因而其在市场博弈中往往会以经济的目标作为出发点。这就很容易导致中介机构（个人）与开发商勾连在一起，采取损害消费者利益的行为，也容易为炒房投机行为提供机会。因此，要抑制炒房，也需要对房地产市场中介进行规范和约束。

二、房地产市场主体利益博弈关系

博弈是指多个参与者（两个或者两个以上的主体）在规则一致的对局中，根据自身利益目标和对手的策略变换来决定自己的策略，进而获取博弈胜利的具有竞争性的活动。博弈类似游戏活动和体育比赛，需要在一定规则之下展开策略较量。

根据不同的标准，可以将博弈划分为很多种类型。如果根据博弈的方式来划分，可以将博弈分为合作博弈和非合作博弈。合作博弈就是博弈各方通过合作来实现共赢；非合作博弈则是指博弈各方不进行合作，只进行竞争。从博弈所依赖的条件来看，它们的区别在于相互发生作用的当事人之间有没有一个具有约束力的协议，如果有，就是合作博弈，如果没有，就是非合作博弈。从博弈的结果看，可以分为零和博弈和非零和博弈，即博弈的结果要么等于零，要么大于或者小于零。前者即为零和博弈，后者即为非零和博弈。

一般来说，房地产市场主体之间往往会为了自身的利益进行博弈，但由于其自身的角色不同、博弈的目标不同，在博弈中所采取的策略就会有较大的差异。再加上房地产市场本身是一个信息不透明、市场主体（市场博弈参与者）之间相互不了解对方的行动策略和相关信息的市场，也就是说，房地产市场具有市场不透明、市场主体对市场信息了解程度不完全一致进而导致市场信息不对称的特性。因此，在这场市场博弈中，各主体很难根据对手的情况进行策略部署，往往主要是根据自己的角色地位和利益目标来进行策略选择和安排，博弈的结果也完全不同。

同时，由于房地产市场主体很多，房地产开发商之间、房地产消费者之间、房地产中介机构之间、以上各主体之间可以分别进行博弈，也可以进行组合博弈，所以，房地产市场的博弈类型很多，各主体之间展开博弈的策略也很复杂，既有两两参与的博弈，也有多主体参与的博弈。因而，由于参与的主体不同，各主体博弈的定位和追求的目标不一样，其所构筑的博弈的类型就很多。如果依据各方参与博弈方式的分类型来判定，房地产市场主体之间的博弈，特别是开发商与炒房者之间的博弈大多属于合作博弈，开发商、炒房者与房地产终端消费者之间的博弈往往表现为非合作博弈。如果从博弈的结果上来看，这些博弈可能是零和博弈，也可能是非零和博弈。一般来讲，非合作博弈的结果为零和博弈的概率较大。

我国房地产市场利润空间较大，因而吸引了众多的市场主体参与角逐。在鱼龙混杂的房地产市场，虽然各个市场主体的价值诉求不完全相同，但是有一点是可以肯定的，那就是追逐最大利益。由于市场机制作用的弱化，这些利益主体所追逐的经济利益的叠加，直接导致了高房价的出现。

我国房地产市场是一个各个利益相关者相互作用、相互影响的复杂集合体，在这个既对立又统一的矛盾复合体中，形成了几对重要的博弈、矛盾关系，即政府与开发商、开发商与消费者、开发商与被拆迁者、房地产商与金融机构之间的博弈关系等。这些博弈关系错综复杂，博弈双方或多方既对立又统一，既相互掣肘又相互促进，在不同的时空条件下，各对博弈关系也可能发生变化。

（一）开发商与政府之间的博弈关系

政府和开发商之间的博弈关系，是一种既矛盾对立又协调统一的关系。一般来讲，开发商不和中央政府发生直接关系。开发商和中央政府是通过政策法律、财政税收、货币金融手段等发生联系，同时，这中间往往又是通过地方政府、金融机构等中间组织来连接的，所以，开发商与政府的博弈关系，主要表现为开发商与地方政府的博弈。

开发商与地方政府的博弈是一种比较复杂的博弈，往往可能表现为以下几种博弈类型：一是大于零的非零和博弈；二是小于零的非零和博弈；三是等于零的零和博弈。

1. 大于零的非零和博弈

博弈理论认为，大于零的非零和博弈是指博弈的结果是"双赢的"，博弈双方的结果都是正收益。由于某些利益的一致性，房地产开发商与地方政府在房地产市场的博弈中，往往出现大于零的博弈结果。

地方政府和房地产开发商利益的一致性主要表现在，地方政府希望通过房地产发展本地经济，获得土地收入、税收收入以及 GDP 等经济指标的增长，以及城市面貌的改善、社会就业岗位的增加等，而这一切的前提是保持房地产市场的发展与繁荣。地方政府的这种愿望就和开发商的主观愿望不谋而合。所以，基于同样的期许，在房地产市场中，双方博弈的关系就不是对立的关系而是合作的关系，博弈的结果是双方共赢。

在这种以合作为基础的博弈范式中，房地产开发商和地方政府特别是代表地方政府履行政府职能的官员必然达成一种利益默契，进而可能导致房地产市场的某些混乱，甚至出现权力寻租的严重后果。我国房地产市场常常出现这样的情况：第一，在土地出让环节，地方政府通过行政手段低价招商，减免或返还土地出让金，让利给开发商。表面上看这与地方政府追求土地财政收益最大化的目标相违背，但其实并非如此。地方政府通过低价方式出让土地往往是为了获得另外的替代性利益补偿：税收和地方官员的灰色收入，实现官员的权力寻租。第二，地方政府通过减免税费，提供融资贷款优惠，运用行政资源为房地产开发商创造良好发展环境，甚至在一定程度上容忍房地产开发商的一些违法行为。第三，刺激和扩大商品住宅的消费，包括限制单位（企业）为职工自建住房，引进外地炒房团以弥补本地有效需求不足，运用行政资源给外来购房者提供各种优惠（如户口迁移、子女上学、保险就业等方面），减少或控制经济适用房、廉租房的供应，发布有利于房地产开发商的公共信息，承诺或威胁紧缩土地供给以形成价格上涨预期等①。通过这些措施，地方政府保证了房地产开发商利益的实现；反过来，通过房地产的发展，地方政府也获得巨大的经济收益和政绩效应，也包括地方官员的个人灰色收益。

2. 小于零的非零和博弈

正如前文所述，在房地产市场主体的博弈中，比如开发商与政府的合作博弈中，往往在短期内或者局部范围内可以实现大于零的博弈结果，但从更长远和更宽广的范围看，由于这种博弈往往是建立在损害整体利益和长远利

---

① 杨梓. 浅析房地产利益博弈中政府非理性策略行为及成因 ［J］. 现代商业，2008（30）：102－103.

益之上的，所以，这种博弈从结果上看又属于小于零的非零和博弈。

同时，在房地产土地一级市场中，房地产开发商与地方政府之间是买方和卖方的关系。房地产开发商作为土地的直接需求者，为了降低土地成本，必然希望政府以最低的价格出让土地，这就必然会和地方政府在追求土地财政收入的利益诉求上发生分歧；同时，地方政府的公共管理职能要求房地产商规范行为、支出更多的公共设施建设成本，这也会与房地产开发商追求利润最大化的目标之间产生矛盾；此外，地方政府作为中央政府的隶属机构，要履行中央调控房价的政策措施。所以，由于以上的原因，地方政府和开发商就不可避免地构成竞争关系、会发生矛盾。在中央政策的约束下，双方博弈的结果就会出现小于零的结果。

3. 等于零的零和博弈

一般来说，在这种博弈类型中，地方政府往往是博弈的胜家，主要是因为：第一，地方政府是稀缺性资源——土地的供应者，住宅、写字楼、商业等各类用地完全控制在地方政府手中。虽然有土地利用总体规划控制，但是地方政府仍然控制着土地的供应量、供应节奏、供应类型及土地出让价格等。第二，地方政府是市场的调控者。为了履行公共管理职能，地方政府需要稳定经济、防范金融风险、保障社会公平、解决民生问题，因此，地方政府在一定程度上会设法抑制高扬的房地产市场价格、抑制房地产开发投机行为。也就是说，地方政府对开发商来说，不仅拥有经济的制约手段，也拥有政策、行政的控制手段。

在这种条件下，双方的博弈结果就常常等于零。

（二）地方政府与金融机构的博弈关系

地方政府与金融机构之间的博弈往往会因为其利益诉求的不同而产生不同的博弈关系。二者之间博弈关系是一种对立统一的关系，即二者之间的利益诉求既存在一致性，也存在差异性。

1. 地方政府与金融企业利益追求的一致性

地方政府用于投资建设的资金主要来自两个方面：一是地方财政，即与土地出让收益相关的收入。国土资源部门的调查数据显示：2007 年全国土地收入所得近 13000 亿元；2008 年由于金融危机的影响，房地产行业受挫，土地出让收入也达 9600 亿元；2009 年为 15000 亿元。据业内专家计算，除去征地、拆迁、补偿、税费等成本外，地方政府土地出让的净收益在 40% 以上，也就是说地方政府仅仅这三年的土地出让年收益即在 5000 亿元以上①。而这笔巨额资金背后的来源主要还是金融企业，即房地产企业通过向金融机构贷款来支付。二是金融企业的贷款。城市公共建设需要大量资金的支持，而税制改革后，地方政府的税收来源被大大削弱，财政资金远远不能满足其投资需求。而地方政府在追求政绩的驱使下，只能通过向金融机构借贷来完成其资金需求，据财政部统计，截至 2010 年 2 月底，我国地方政府投融资平台负债超过 6 万亿元，约相当于 GDP 的 16.5%，全国各级地方政府投融资平台的负债主要是金融企业提供的商业贷款。当然金融企业也乐意给地方政府提供贷款，因为地方政府每年都有源源不断的土地收入和税收作为支撑。对于金融企业来讲，这一部分资产风险相对较小，而且随着土地财政在地方财政比重中的逐年增加，金融企业的趋利本性使得它会主动向地方政府放贷。所以，从这两方面看，地方政府与金融企业在利益追求下取得了一致。

2. 地方政府与金融企业的矛盾

两者产生矛盾主要是基于以下原因：

首先，地方政府对房地产市场的鼓励与金融企业的资金安全性考量存在分歧。在特定的金融市场环境下，住房贷款作为一项金融产品，对金融企业而言存在着一定的风险，而且从特定意义上讲，金融企业开展房贷在某种程度上面临的潜在风险甚至高于其他贷款类型。因为一旦房地产市场发生崩盘，大量的抵押资产将很难在短期内以合理的价格变现，而且处分房地产抵押物本身也具有很高的成本，此时金融企业就不得不面对抵押物资不抵债所带来的风险。但地方政府所获得的财政收入远远满足不了其所需建设资金。为了发展经济，抑或为了政绩，地方政府会不遗余力地促使房地产市场发展甚至是泡沫式发展，但是这种发展模式背后以什么样的牺牲为代价却不是地方政府所能预料的。目前，我国金融企业在房地产业中投入的贷款已经达到

---

① 叶檀. 中国房地产战争［M］. 西安：陕西人民出版社，2009.

几十万亿元，在这种情况下，即使因内外部环境的变化而导致房地产资产安全性出现问题，金融企业仍然是不敢轻易紧缩信贷政策的。因为一旦紧缩信贷政策，可能会导致房地产价格迅速下跌，金融企业存量房贷将面临巨大风险，进一步加剧房地产资产安全性风险，所以，地方政府一味突出政绩的愿望与金融企业对资金安全性的考量就会产生矛盾。

其次，地方政府维护地方经济发展大局的行为与金融企业追求企业经济利益最大化存在矛盾。地方政府作为地区的公共管理者，首要目标是实现社会及政治稳定，提供公共产品、为人民服务，以人民满意、社会安宁以及人的全面发展为最终价值追求。所以，地方政府从保证政治稳定角度出发，要为民众提供包括充足房源在内的公共产品，为房地产市场创造良好发展环境，为购房者提供合理价位的住房，以满足民众高质量生活的要求。而金融企业的趋利本性使它容易与房地产开发商甚至炒房者紧密合作，一方面房地产开发商、炒房者哄抬房价来增加利润，另一方面金融企业则通过贷款给房地产开发商和炒房者来共享利润，不断推高房价，实现自身利益的最大化。毫无疑问，开发商、炒房者和金融机构的利益叠加导致房价飞涨，而房价的飞涨却造成中低收入者没有足够的支付能力来购房，长此以往，必然会造成社会的不稳定，进而影响到政治的稳定性，对地方政府的公共管理带来不利的影响。这也就构成了地方政府与金融机构之间的利益冲突。

（三）房地产开发商与金融企业的博弈关系

房地产开发商与金融企业之间的博弈关系也是一种对立统一的关系，即二者之间的利益诉求既存在一致性，也存在冲突性。

1. 房地产开发商的资金需求与金融企业的趋利性实现了二者利益的统一性

金融企业为房地产开发商提供资金。从各国房地产市场的发展情况来看，房产市场的繁荣、房价的上升都与金融企业的推动有着紧密联系。金融企业为争夺市场份额，会让大量的信贷资金流入房地产市场，推动房价快速上升，房价的上升又会提高金融企业的资产规模，这样金融企业又必将进一步扩大房地产信贷规模，如此循环，房地产市场价格攀升速度越来越快。金融机构之所以愿意将资金大量地放贷到房地产行业，一方面是因为房地产行业所提供的具有特殊性的房地产产品使信贷资金安全有较高保障，另一方面是房地产业是金融企业重要的利润来源。房价的上涨、房地产开发投资获得的高额回报会吸引更多的房地产开发商进入房地产业，导致金融企业对房地产开发贷款增多。一般来说，房地产开发企业很容易成为金融机构的优质客户（无论是从存款看还是从贷款的角度来说），由于房价快速上涨，房地产开发企业能够获得相对较高的利润额，因此，金融机构都会视房地产开发企业为优质的存款客户和贷款客户。另外，对于购房者而言，高房价会带来对市场继续走高的良好预期，于是他们也会继续以抵押贷款方式购房。所以，无论是房地产开发市场还是消费市场，都可以为金融企业带来较大规模的贷款收益。因此，在共同的利益追求下，房地产开发商与金融企业实现了利益共享与利益勾连。

2. 房地产开发商与金融企业的矛盾

房地产企业和金融企业之间的矛盾分歧主要体现在以下几个方面。

首先，从长远来看，金融企业在房地产行业贷款比重的增加，会在一定程度上累积风险，因而造成与房地产企业的分歧。2007 年美国次贷危机已经证明了这一点。

其次，房地产企业对自身利益的维护会影响金融企业的经营判断和利益获取。在房地产市场存在严重信息不对称、市场缺乏严格规范管理的情况下，房地产开发商的开发与销售行为就会逾矩，恶意欺诈金融企业的行为屡屡发生。一是向金融企业提供虚假资料来骗取较高信用等级，以获得项目的开发贷款；二是房地产开发商利用"假按揭"套取金融企业资金。房地产开发商在资金周转困难或经营出问题时，通过"假按揭"套取贷款，以期在短时间内弥补资金缺口。在"假按揭"中，还款资金来源于房地产开发商，一旦资金周转出现问题，房地产开发商无力或不愿偿还，金融企业将面临相当大的利益损失；另外，办理产权登记的实际购房人与登记购房人不一致，常导致产权纠纷。这一结果，对于房地产市场与金融信贷市场都会造成极大混乱，且使金融企业面临巨大的潜在风险。这种行为实际上是一种欺诈行为，对金融企业资产安全性造成较大的威胁。

此外，房地产开发商与金融企业的矛盾还体现在金融企业的金融产品较为单一上。金融企业在对房地产开发商提供的金融产品集中在担保抵押的房地产贷款项目上，品种过于单一。当然这是金融企业规避风险的必要方式，但是当单一的供给无法满足多样性需求的时候，风险反而会增大。目前，房地产开发商从金融企业获得资金支持的渠道主要是项目开发贷款和金融企业提供给个人的住房抵押贷款。对于这两种贷款方式，金融企业都设定了较高的贷款门槛。如对第一种方式，金融企业要求房地产开发商提供"四证"，并要提供抵押物或担保人。但实际上房地产开发商资金需求最多的阶段是项目开发的前期阶段（如征地、拆迁阶段），而此阶段房地产开发商尚未取得土地证，所以无法获得金融企业的贷款，房地产开发商只能依靠自有资金或发行"信托"、拆借资金等方式完成前期开发工作。一般情况下，房地产开发商自有资金较少，而且信托发行的渠道不畅，拆借资金成本较高，因此，房地产开发商非常希望能在项目开发前期阶段获得金融企业的资金支持，而当项目达到"熟地"条件后，房地产开发商的资金需求量会因为可以收取预付款而大大减少。当然，金融企业从资金安全性角度考虑也是无可厚非的，但是金融企业利润的实现也有赖于房地产开发项目的顺利完成，因此，金融企业提供过于单一的金融产品在一定程度上满足不了房地产开发商多样性的资金需求，这也可能会在一定程度上引发双方的利益冲突。

（四）房地产开发商与购房者的博弈关系

当前我国房地产市场一方面存在着开发投资过热、供给结构不合理的状况，另一方面也存在着房价持续上扬、商品房空置率高居不下，居民消费中的有效需求得不到满足的矛盾现实。在房地产交易市场中，房地产开发商与购房者之间的矛盾，即供给方与需求方的矛盾也是形成房地产价格不断变化的主要因素之一。作为房地产市场中一对重要的关系，双方之间是房地产产品的供给者和终端需求者的关系，既存在统一性，也存在矛盾性。

1. 房地产开发商与购房者之间的一致性

房地产开发商作为中国房地产市场的利益主体之一，其经济行为直接影响着购房者的物质生活乃至精神生活，因此在房地产投资中，住宅的开发建设占有很重要的地位。而且由于我国人口多，刚性需求大，住宅的需求相当大。房地产市场的繁荣是以有效的需求为基础的，如果离开了消费者，开发商有再大的能耐也不可能赚到利润，所以，从这一个层面上看，开发商是不可能一味地追求高房价的，而必须在房价（有效供给）与消费者的有效需求之间构建平衡点，这样，开发商与消费者之间便形成了一致性。

2. 房地产开发商与购房者之间的矛盾性

房地产开发商与购房者之间也存在着相反的利益追逐，这是双方矛盾博弈的主要节点，而房地产市场严重的信息不对称性和市场地位的不对称性又加剧了这种矛盾。一是由于政府制定和实施的规则明显有利于房地产开发商，使房地产开发商在与购房者博弈中运用这些规则，使自己处于强势地位。二是房地产开发商具有更多的关于房产设计、技术结构、工艺、材料供应、工程造价、产品质量与功能、费用成本、利润等信息的优势，而购房者却对这些市场信息知之较少，极大地影响了其在价格谈判中的讨价还价能力，更多的时候他们是处于被动接受的地位①。三是房地产开发商强大的竞争实力、丰富的市场经验、专业的营销队伍、花样翻新的促销手段，是购房者无法相比的。在房地产开发商强大的营销攻势面前，购房者常常失去理性的选择。四是房地产开发商从地方政府手中获得土地后，善于把地方政府的土地垄断供给转化为自身的垄断供给。因为在一定区域内，住宅本身具有产品的唯一性和供给者的唯一性，购房者更受其支付能力和住房偏好的制约，购房选择具有有限性甚至唯一性，极易形成房地产开发商的垄断地位，使其通过垄断价格获取高额利润②。五是在房地产市场博弈中，房地产开发商可能利用政策法规的漏洞，犯规作弊，欺骗购房者，损害购房者利益，还有可能与个别政府官员串通密谋，采用不正当手段，控制博弈过程，左右博弈结果，使博弈完全失去公平竞争的基础。六是相对于购房者，房地产开发商之间较易形成协同博弈优势，如联手造势、集体捂盘、共同提价等。购房者由于人数众多，且过于分散，偏好多样，无法形成针对房地产开发商的竞争合力。因此，购房者在房地产市场上常常处于劣势地位。

三、房地产市场主体的利益调节

由于房地产市场主体众多，在市场博弈中的角色定位不同和利益追求不

---

①② 杨梓．我国房地产利益博弈探究［J］．消费导刊，2008（9）：20－21．

一致，必然导致各主体之间产生利益分歧和冲突，进而为炒房者提供机会。在房地产市场中，由于市场主体的利益叠加，造成房地产价格高企，而且，随着各利益主体贪婪欲望的上升，房价也在不断攀升。房价的不断攀升，使房价上涨的市场预期越来越严重，这就为炒房提供了机会。因此，要抑制炒房投机，作为房地产市场的管理者——政府就应当对房地产市场利益主体进行利益调节。

（一）房地产市场利益协调的原则

1. 效益优先、兼顾公平原则

房地产市场利益协调机制的建立必须本着效益优先的原则来进行。

在经济学中，如果一项经济活动所达到的结果在不会使其他人境况变坏的前提下，不再有可能增进任何人的经济福利，则该项经济活动就被认为是有效率的。也就是说，在一项经济活动中，使用的资源越少，取得的效益越大，那么这项活动就越有效益。效益的类型是多方面的，既包括经济的效益，也包括社会的效益。在房地产市场活动中，市场主体利益的调节必须以效益最大为前提。否则，无法遏制的垄断，或混乱无序的竞争，或没有制衡的政府干预等因素都会影响房地产市场资源的最优配置，影响整体效率的实现，进而损害各个市场主体的切身利益。

与此同时，房地产市场利益协调还必须兼顾社会公平。有时候，追求效益和效率，会和兼顾公平相矛盾，因为在特定条件下，房地产市场资源是有限的，尤其是土地资源是稀缺的。面对相对稀缺的资源，在提高资源配置和利用效率的约束下，社会公平常常被忽视。因此，这就需要把效益优先和兼顾公平结合起来，也就是既要促使房地产市场得到可持续发展，使房地产业创造更多社会经济价值，又要兼顾民生，控制房价，让全体人民获得更多的房地产业发展带来的益处，进而实现社会公平。

2. 多方利益兼顾原则

多方利益兼顾原则就是要对房地产市场各个主体的利益予以兼顾，其核心是让利。房地产市场利益调节的主要目标之一是抑制房价，控制房地产投机炒作，而房价的高昂正是各个市场主体利益叠加的结果。只有利益各方本

111

着既实现自身利益又相互让利的原则，即开发商让利、中央减税、地方减费，房价调控、抑制炒房的根本目标才可能真正实现。

在我国，房地产开发项目的收益率很高，对于房地产开发企业来说是存在让利空间的，对于中央和地方政府来说也是存在着较大的减税降费余地的，特别是对于大量的乱收费项目来说，更有减免的必要。

利益兼顾原则要求具体处理好以下几种房地产市场利益关系：

（1）兼顾中央与地方利益。地方政府作为我国房地产市场重要的一方，是有着自身的利益需求的。分税制改革之后，地方政府的税源大减，维持地方政府运作的必要财政资金大多不能自我满足，在住房制度市场化改革后，房地产业作为地方政府的重要税收来源对于地方政府城市建设的资金满足有着重要作用，因此，地方政府出于自身利益和政绩的考虑，是不愿意限制当地房地产发展的，更不愿意让土地收益降低影响地方财政。但作为更高一级的中央政府，也有着更高的使命，那就是实现"居者有其屋"的社会目标。房地产市场畸形发展，房地产财富的累计效益造成了严重的贫富分化，房价的高企引起了很大的社会问题。从长远看，房地产市场的进一步调整和改革势在必行。因此，对房地产市场利益调节起主导作用的中央政府在制定、实行事关民生的政策时，还要考虑作为供地方的地方政府的实际情况，以实现二者利益的有机结合，共同促进民生事业的发展。

（2）兼顾盈利与非盈利。在房地产市场中，除了普通购房者和投资者外，各个利益主体实际上均处于盈利状态（即使在新的调控政策压力面前有些房地产开发商声称处于资金短缺、亏损状态），而且他们中的一些利益主体盈利能力很高。我国是社会主义国家，国家的一切政策根本目的都是为了满足广大人民的利益需求，也应以人民的满意度作为衡量政府、企业等组织社会效益好坏的标准。政府应该充分认识到房地产的公共物品性，把非营利的目标放在非常重要的位置，尤其是在满足低收入群体住房需求和推进保障性住房的过程中，更要处理好营利与非营利的关系，只有处理好营利与非营利的关系，房价才可能得到抑制，房地产市场才可能更加健康地发展。

3. 法治化原则

法治化是我国建设社会主义国家的基本要求，也是房地产市场利益调节必须遵循的原则。法治化原则要求所有的市场行为必须按法律的规范进行，特别是对于房地产市场中所存在的暗箱操作行为、违规行为、腐败行为，一定要严肃法纪，切断市场主体的灰色利益链条。只有这种灰色利益链条被彻底阻断，法治真正发挥作用，房地产市场相关主体的非正常利益格局被彻底打破，房地产市场利益协调机制才可能真正建立并发挥作用。

法制完善是市场机制得以有效运行的关键。因此，进一步制定和完善我国房地产市场的法律法规也是十分必要的。

总之，我们应秉持追求效益、兼顾公平、多方让利、统筹兼顾和法治化的原则，不断促进我国房地产市场的健康合理发展。

（二）房地产市场主体利益协调

房地产市场主体利益的协调是一个系统工程，需要方方面面的共同努力，多管齐下，因此，必须建立起多种相互补充、相互协作的市场主体利益协调机制。

1. 发挥中央政府的主导作用，建立和完善约束机制

不断上涨的房价、房地产市场结构的失衡、市场秩序的紊乱等，已经远远超出了市场自身的调节范围，所以我国的房地产市场需要也必须由政府特别是中央政府主导，充分利用政治权威和制定市场规则的角色地位承担起利益调节的重任。

为了更好地调节市场利益关系，应在政府的主导下，建立起对政府职能部门的约束机制。

首先，建立地方职能部门的约束机制就是要创新政绩考核机制。地方职能部门是地方政府的下属机构，地方政府，特别是地方长官的政策、政绩倾向会在很大程度上影响甚至左右下属地方部门的行政行为。一般来说，地方政府担负着本地区的经济发展、城市建设、社会保障的职责和维护社会秩序、提供公共服务等重要任务，然而，地方政府在自身利益的引导下，特别是在传统政绩观的影响下，地方主要行政负责人在房地产市场中有时会扮演错误的角色，甚至出现严重的越位与缺位现象，即在房地产开发过程中，本不该由地方政府管的事情地方政府插手管[①]，本应由地方政府调控、服务的

---

① 李东升. 地方政府与开发商在房价调控中的合作博弈分析 [J]. 中国物价，2007 (11)：36–39.

事情地方政府没有管或者管理不到位。出现这种情况的重要原因就在于地方长官传统政绩观的影响。传统政绩观主要是以 GDP 等经济指标作为主要的政绩衡量标准，在新的时代下，必须加强领导干部的党性修养和政治自觉，发扬党的优良传统和作风，以习近平新时代中国特色社会主义思想为指引，树立科学的政绩观。上级部门对地方政府的考核标准应予以适时调整，从原来单纯追求经济数量上的增长，转变为重视经济结构的改善和优化，既注重经济发展又注重生态环境的保护，既注重量的增长又注重质的增长，使地区经济增长方式从粗放型向集约型转变，摆脱对 GDP 增长指标的单一衡量，而将社会福利、民生条件、生态环境保护等作为政绩考核的重要参考因素。同时，在官员的任免提拔方面，应充分考虑地方民众的意见与建议，就民生方面来说，把是否重视解决城市中低收入家庭住房困难的问题和当地中低收入水平的居民住房增长量、保障性住房的实施力度和实施效果等作为参考依据。

其次，应建立市民监督机制。市民监督就是让市民参与多方职能部门对房地产市场的监督，对政府职能部门的不作为或者乱作为现象予以约束，从而对规范地方政府职能部门的行为起到监督和促进的效果。

此外，应建立房地产市场信息披露机制。建立市场信息披露机制是为了有效地管理和引导房地产市场。房地产市场的信息不公开、不对称特性决定了我国房地产市场最大症结的存在——开发商和消费者在利益博弈上处于不对等状态。因此，要使处于信息资源相对弱势地位的消费者掌握较为充分的市场信息，政府就应当建立起有效的房地产市场信息披露机制，以使消费者有机会掌握较为充分的市场信息，进而在购房决策和市场谈判中居于较主动的位置。消费者掌握的信息越充分，议价能力越高，越有能力影响和制约卖方的定价力，从而起到调整市场主体利益格局、抑制房价的作用。

要建立房地产市场信息披露制度，首先需要政府主导，特别是中央政府要从法律法规的层面予以强制。其次是要通过各种信息平台定期发布房地产市场相关信息。如各地分年度或者季度发布当地的房价指数，以及当地的房地产市场分析报告；建立官方的或第三方机构主办的房地产信息网和数据库，定期公布当地市场信息，特别是市政信息、土地出让信息、房源信息、房地产网签信息、房地产空置信息等；由主流媒体定期发布重要的政府规划信息。最后，减少信息传递中间环节，注意更有效地发挥政策效力，缩短信息传递链条，提高信息传递的有效性和真实性。

2. 建立市场机制为主、计划调控为辅的房地产市场发展模式

我国住房市场的市场化和商品化改革，重点是培育房地产市场，促进房地产业的形成，逐步建立市场主导型的房地产业发展模式，这一模式的特点是房地产从生产、流通、供应、分配、使用以及维修的全过程，都主要是通过市场自由交换进行，政府对房地产市场的干预主要体现在宏观调控上。但由于过于突出市场的作用，导致政府对房地产市场的干预职能弱化，一定程度上出现了房地产市场发展的盲目性和波动性，以及市场无序发展而导致的社会两极分化现象，背离了中央政府实现"居者有其屋"的目标。因此，当前在注重发挥市场机制在房地产资源配置中基础作用的同时，更要以解决居住的公平性为重要任务，建立市场机制为主导、计划调控为辅助的房地产业发展模式。

（1）构建以"廉租房、公共租赁房"为主的住宅保障体系。由于社会贫富分化日益严重，社会财富分布不平衡加剧，导致低收入群体购房更加困难，同时，由于工作调动等因素的影响和引进人才的需要，保障性住房体系建设显得越来越迫切。因此，需要构建起"廉租房、公共租赁房"为主的住房保障体系。其中，应在区分不同的收入阶层的基础上，引导高收入者购买商品房，低收入者转向购买或租住地方政府建设的经济适用房、廉租房、公共租赁房。保障性住房制度应当由政府起主导作用，将其作为政府调控房地产市场的重要手段。目前，我国廉租房数量较少，能享受这种福利的人群也较小。地方政府如果能够加大建设力度，不断扩大廉租房、公共租赁住房的供应量，并严格其准入制度，既可以扩大该福利的享受范围，又可以缩小社会整体的生活水平差距，对于社会稳定具有重大意义。此外，加大廉租房、公共租赁房建设力度，还可以有力地消除暂时缺乏购房能力的中低收入家庭的心理恐慌[1]。同时，还可以满足因为人才引进和工作调动而产生的临时过渡性住房需求。

（2）建立分类型、分层次的土地供给方式。市场还存在着一些问题，这就要求地方政府应根据市场需求以及城镇居民的收入水平，制定更为严格完善的土地政策和管理法规，建立多类型、多层次的城镇国有土地供给制

---

[1] 刘琳. 浅谈房地产价格问题［J］. 会计之友（下旬刊），2008（12）：69-69.

度，这样既能发挥市场在土地配置中的作用，又能充分发挥地方政府计划调控的功能。

由于社会经济发展的情况不同，且市场主体众多，市场主体对土地的需求不尽相同，有的是土地需求主体不同，有的是土地使用方式存在差异，因此，这就需要建立分类型、分层次的土地供给方式。建立分类分层次的土地供给方式可以根据市场情况有针对性地满足不同的市场需要，缓解市场供需矛盾。建立分类、分层次的土地供给方式，应当从以下几个方面入手，既保证土地供给有针对性地分类、分层供给，满足不同的市场需求，又避免国有土地的流失与浪费：第一，对于经营性土地，要继续发挥市场机制的作用，优化配置土地资源、集约化利用土地。第二，对于保障性住房的土地，要加强政府计划调控能力，优先满足保障性住房供地。在有些地方，迫于财政收入的需要，优先考虑的是商业住房土地，而不是保障性建设用地。有鉴于此，各级政府应根据实际情况制定中长期的保障性住房建设规划，逐步增加保障性住房用地供应总量，落实保障性住房建设任务。政府有关部门应加大跟踪督查力度，实行行政问责制度，将住房保障体系建设列入地方政府的政绩考核范畴，凡是落实不力的要予以问责，充分调动地方政府加快保障性住房建设积极性，扭转保障性住房建设进度慢的态势；要禁止借保障性安居工程之名以划拨方式取得土地后改变用途用于商品住房等进行商业开发的行为。第三，要严格限制地方政府以城市重大投资和招商引资项目等非经营性土地为名，进行协议出让土地使用权。同时，应加强协议出让土地后的监管力度，防止变相改变土地用途以及变相进行商业性开发。第四，严格限制行政划拨用地的范围。也就是要严格限制行政划拨用地的范围、规模，防止出现利用行政划拨用地变相进行商业性开发的情况；对以行政划拨方式取得土地使用权的用地，应严格审查，以防止土地交易流转中的舞弊行为。对出现如企业改制、政府搬迁、土地使用权转让或者改变土地用途等不再符合国家有关规定的出让土地，应当依法收回。

（3）建立完善的房地产市场金融支持体系。房地产业是一个资金密集型行业，与金融行业密切相关，可以说房地产业的投融资情况直接决定着房地产市场的发展。在目前的房地产投融资体系下，房地产融资渠道单一，对金融企业信贷依赖程度过高，政策性住房金融发展滞后，使房地产的金融风险完全由购房者和金融企业承担。目前，我国房地产金融服务重任都是交给商业银行等市场主体来完成的。正如前文所述，商业银行等金融机构都具有经济人理性，在房地产市场中以追逐利润为博弈目标，这就不可避免地会出现一些问题。因此，要保证房地产市场健康持续发展，需要对当前中国现行的房地产金融政策进行适当调整与改革，以建立起一套更加符合中国国情的住房金融支持体系。建立住房金融支持体系，是政府职能发挥的重要体现，是政府调控和干预房地产市场的重要举措，对于弥补市场机制的缺失有积极意义。

建立住房金融支持体系，应从以下方面着手：第一，建立起商业性与政策性并行的住房投融资体系，在继续完善商业贷款的基础上，尽快发展我国的政策性住房金融产品，对中低收入居民等特定人群提供政策性住房金融支持。第二，建立起多层次的房地产金融市场，利用不同的金融市场、不同的融资方式、不同的金融产品，来满足多样化的住房融资需求。对于房地产开发融资可以依据住房的不同性质采取差异化的金融政策，通过这种差异化的金融政策鼓励房地产开发商进入保障性等政策性住房建设领域，鼓励房地产开发商围绕着房地产市场发展目标进行产品结构的调整。这样不仅能使房地产开发商完成各级政府指定的房地产市场发展目标，而且可以使房地产业实现产品结构调整和产业结构升级。采取差异性的金融政策，还可以形成针对不同年龄、不同收入水平的贷款人需要的住房按揭产品系列，帮助一些特定低收入居民进入相应的房地产市场。第三，鼓励建立互助性质的房地产金融机构。目前，我国房地产金融服务基本上都是商业银行等市场主体完成的。房地产投融资供给的单一容易形成政策性垄断，会引发一些有损市场发展的弊端。因此，应当积极学习先进的国际经验，由政府引导，鼓励房地产市场主体，尤其是房地产消费者参与房地产投融资支持体系建设，成立如英国的房地产互助协会的机构，以解决房地产投融资供给单一化、资金供给不足等问题。

总之，只有随着城镇住房制度改革的逐渐深化、土地市场交易及管理的逐步规范，以及房地产金融体系的逐渐完善，才能最终建成一个以市场为主导的、健全的房地产业发展模式。

3. 切实发挥地方政府职能，完善土地储备制度

土地储备制度是指地方政府通过土地收购、土地储备、土地整理和土地供应等一系列行为，并根据市场变化通过适时收购或供给土地来平抑土地价格的一项制度。从土地储备制度的概念可以看到，土地储备制度的主要作用

就是平抑土地价格，进而达到平抑房价、抑制炒房的目的。政府通过土地储备制度可以有效地调控土地市场需求、控制土地供应规模，平抑土地价格，防止土地价格畸形，促进城市土地有序开发①。我国现阶段高位运行的土地价格，引发了地方政府、房地产开发商、炒房者、购房者及金融企业等利益主体行为扭曲，导致土地储备制度的作用难以正常发挥。可以说，价格对土地储备制度的反作用远远强于土地储备制度对价格的调控作用，土地储备制度难以有效发挥作用。因此，地方政府应充分利用好土地储备制度的积极作用，实现对土地市场的调控。第一，对土地用途的调控。地方政府一般在土地出让前已经对土地的用途以及土地使用程度如地块的性质、建筑密度、容积率等都有所规定，但规划好了并不等于能发挥预计的效用，因为很多房地产开发商在拿到土地后都会变相地对这些条件进行更改，以获得更多的收益，因此地方政府必须对违规开发进行大力监控和管理。而另一个重要方面就是要保障廉租房、公共租赁住房有地可建，保证廉租房、公共租赁住房的建设量在全部商品房建设量中的比例不下降，并稳步提升，逐步实现中低收入人群有房可买、有房可租。第二，对土地投机所产生的高地价进行调控。土地投机是导致土地价格非正常上涨的重要因素之一。一般土地投机者会在拿到土地后一定时间内进行转手，对获得的可开发土地进行很少的投资或者不投资。针对这种情况，中央政府及相关部委明确规定，对于闲置两年不开发的土地，政府部门可以无偿收回，这条措施有力打击了土地投机的获利空间；另外，通过征收土地交易税，可以增加土地投机的成本，影响土地投机的利润预期，控制土地投机的盛行。通过控制土地投机，一方面可以消除投机行为给购房者带来的经济负担，稳定房地产市场，促进和谐社会的建设；另一方面也有助于市场健康发展，控制金融风险和房地产泡沫②。第三，对土地单宗出让面积的调控。土地出让时，单宗土地的面积可能有大有小，小宗土地的总售价相对较低，而大宗土地的出让总价可能就很高，不是一般的实力不济的开发商可以购买的。目前，我国各地都曾出现过"圈地"风潮，地方政府出让土地的手笔越来越大，动辄几十公顷、上百公顷，虽然给地方政府带来了大量的土地收益，但也在无意间造成了某些房地产开发商对土地

---

① 张金华．高地价对中国土地储备制度的冲击［J］中国土地科学，2003（6）：35－37，46.

② 赖茂宇，李长花．土地市场调控博弈分析的思考［J］．合肥学院学报，2007（17）：31－34.

的垄断。相对于小幅地块的出让而言，大面积地块的"招拍挂"要求购买者有很强的资金实力，那些资金实力不强的中小开发企业很难参与这种土地交易。虽然平均地价也许不高，但是由于地块面积巨大，这些大面积的土地就被某些房地产开发商轻易地收入囊中，结果是某些房地产开发商拥有的土地储备可供开发多年，而一些中小房地产企业无地可用，不得不退出市场，市场定价权进一步被某些房地产开发商垄断①。通过对单宗土地出让面积的调控，不仅能降低土地市场的进入壁垒，提高市场竞争程度，降低房价，还可以降低房地产开发商合谋的概率，避免土地垄断，使更多企业能涉足房地产开发市场，进而促进房地产市场繁荣和房地产市场的可持续发展。

对房地产开发企业的囤地问题应给予重视。随着房地产企业的原始积累，企业实力不断增强，对土地的囤积也越来越多。汇丰行地产营销统计的2017年我国58家房地产开发企业囤积储备的土地总量显示，"总土地储备面积为18.63亿平方米"②。近年来，由于房地产市场的景气度下滑，房地产价格走低，房地产开发企业土地囤积储备涨幅有所下降，但仍然有许多房地产开发企业热衷于土地囤积（见表5-4）。根据国家统计局公布的数据，2022年房地产开发企业购置的土地就达到10041.73万平方米，待开发的土地面积达到49827.72平方米。对于房地产开发企业来说，进行必要的土地储备是为后期开发奠定基础，没有必要的土地储备，后续开发就会受到极大影响，因此，开发商都热衷于储备囤积土地。

表5-4　　　　2019~2022年全国房地产开发企业待开发土地面积

年份	待开发土地面积（万平方米）
2019	48976.94
2020	43514.51
2021	47490.09
2022	49827.72

资料来源：根据国家统计局公布的数据整理。

---

① 赖芰宇，李长花. 土地市场调控博弈分析的思考 [J]. 合肥学院学报，2007 (17)：31-34.
② 恒大、万科、碧桂园等58家房企土地储备全景图 [EB/OL]. https://www.sohu.com/a/274421269_99901260.

然而，房地产开发企业土地囤积、储备规模的增加会在很大程度上影响政府的土地储备机制调控供需水平和结构、平抑土地价格和房地产价格的效果。因为，当房地产开发商拥有越来越多土地时，就可以超越政府的土地调控影响，进而左右市场土地供应数量、种类和房地产价格。特别是，那些实力强劲的房地产企业，囤积、储备的土地数量越来越多①，其对市场产品价格的定价话语权也就越来越大。同时，这也是近年来政府通过土地供应规模、土地供给结构对房地产市场进行调控而效果不佳的原因所在。

4. 发挥房地产行业协会作用，建立行业自律机制

目前房地产开发项目的利润率已经达到了一个相当高的程度，远远超过社会的平均利润率，虽然在市场经济条件下，企业拥有对产品的自由定价权，但依据价值规律，过低或过高的价格都是不利于市场健康发展的。在实际操作中，一些房地产开发商利用"虚拟成本""虚假需求""预期价值""设计概念"等为其高房价自圆其说，如黄金地段、国外理念、绿色家园、环保装修、教育地产等，通过炒作概念不断放大价格信号，最终的销售价格大大偏离真实成本，进而获取高额利润。对于虚增的高额利润，目前缺乏有效的约束与监控是一个方面，房地产业缺乏自律意识又是另一个重要原因②。因此，要加强房地产行业的自律意识，充分发挥房地产行业协会和第三方组织的作用、通过公开房地产开发建设成本、发布市场信息、披露开发商违纪违规手段等方式，建立起以行业协会为主体、第三方机构辅助、房地产开发商参与的行业自律机制。在这一过程中，政府职能部门应充分发挥应有作用，比如，对于房地产企业尤其是开发企业自愿加入行业协会等自律协会的要积极引导，对于自愿参与行业自律协会的市场主体以及在行业组织中市场信誉度、美誉度等较高的房地产企业要由官方媒体予以表扬和报道，进而让行业自律组织能更好地发挥作用，起到加强房地产行业自律、自控的作用。

---

① 恒大、万科、碧桂园等 58 家房企土地储备全景图 [EB/OL]. https：//www. sohu. com/a/274421269_99901260.

② 徐俊武，肖晓勇. 房地产宏观调控中政府与房地产开发商行为的博弈分析 [J]. 重庆工学院学报，2007（8）：34 - 36.

5. 建立为普通购房者服务的辅导、咨询机制，引导住房理性需求

大多数购房者对购房过程中的诸多问题，包括对政策的理解、对市场信息的了解、对开发商所作所为的认知，都不是很清晰，这就很容易导致不合理的、非理性的市场需求，助推房价上涨。因此，为了让消费者更清醒地认知市场，进行理性购房消费，应该由政府主导，通过社区和政府指定的中介组织定期或不定期地对广大市民进行包括房地政策、购房须知、金融服务、装饰装修、物业管理等在内的知识的宣传和讲解，从而建立起一种有效的购房辅导、使用咨询的机制。

在我国，房地产中介机构大多以资产评估、前期策划和销售代理为主，这些机构大多数都是为房地产开发商服务，而面向普通购房者、能够对房地产市场和各个开发项目做出完整和公正评价的中介机构非常缺乏。因此，建立一种能以其丰富的专业知识和完整、准确的信息为普通购房者提供咨询服务的服务体系，以减少购房者的信息劣势、弱化信息的非对称性，合理地引导住房需求，进而减少或避免非理性购房行为，就显得尤为必要和迫切。

目前房地产开发商一方面用包括报纸、电视和网络等在内的各种传媒，发布产品广告和诱导性信息，如房市走向、居住潮流，从而达到炒作的目的；另一方面，在我国房地产市场上销售的大多是期房，消费者在进行购买时看到的仅仅是渲染图、三维模型或样板房，而不是现房本身，因此代理方可以利用电脑特技等手段制作出不存在的景观和设施，粉饰房地产项目建成后的优美居住环境，甚至可以使样板房大于或优于真实的户型。这些有诱惑力的信息会明显影响购房者的立场和决策，给购房者以错觉并诱使他们偏离自己的真实需求。因此，需要通过建立面向购房者的信息咨询机构，为购房者提供各个开发项目客观公正的决策信号；同时，培育和发展能约束欺骗行为的社会力量，以避免房地产开发商恶意增加自己的信息优势，减少和避免消费者非理性购房行为。

第六章

地产市场趋势分析

　　一般来说，对房地产市场中的炒作投机行为进行抑制，既可以通过政策行政之手进行，如宏观调控和微观管理，也可以借助市场手段进行，如借助市场供需变化、价值规律进行自发调节；既可以通过强制的手段进行干预，也可以通过市场的周期性自然变化进行抑制。

　　我国房地产的市场化起步虽然较晚，市场化时间并不长，并没有形成西方成熟房地产市场那样的清晰的周期性，但随着我国房地产市场环境的变化，也出现过几次规模和幅度较大的波动。从目前的情况看，我国未来的房地产市场出现较大幅度波动并呈下跌走弱的概率大增。

一、房价上涨的原因

　　我国房地产市场在很长的时间内都具有刚性的特征，房地产市场需求十分强劲，推动了房地产市场的快速发展和房价的快速上涨。我国房地产市场之所以能够得到快速发展、房价不断上涨，原因是多方面的，其中最主要的因素在于房地产市场需求的强劲，而房地产市场需求旺盛的原因如下。

（一）人口总量大

　　我国是一个人口大国，第七次全国人口普查的数据显示，我国人口总数已经从 1949 年的超过 5.4 亿人增加到超过 14 亿人。人口基数庞大是造成房地产需求旺盛的基本原因。

（二）城市化进程的稳步推进

新中国成立以来，我国城市化进程不断加快，地级及以上城市数量从新中国成立初的 132 个增加到 297 个[①]。同时，我国城市化水平也逐年提高，从 1949 年的 7.3% 提高到 2022 年的 65.22%（见表 6-1）。随着城市化水平的提高，大量的农村人口进入城市，为城市房地产的发展提供了巨大的需求动能。可以毫不夸张地说，正是因为城市化的推动和城市人口的快速增加，才导致了房地产业的飞速发展。

表 6-1　　　　　2000~2022 年我国城乡人口与城市化率变化情况

年份	年末人口 （亿人）	城镇人口 （亿人）	乡村人口 （亿人）	城镇人口占 总人口比重（%）
2000	12.6743	4.5906	8.0837	36.2
2001	12.7627	4.8064	7.9563	37.7
2002	12.8453	5.0212	7.8241	39.1
2003	12.9227	5.2376	7.6851	40.5
2004	12.9988	5.4283	7.5705	41.8
2005	13.0756	5.6212	7.4544	43.0
2006	13.1448	5.8288	7.3160	44.3
2007	13.2129	6.0633	7.1496	45.9
2008	13.2802	6.2403	7.0399	47.0
2009	13.3450	6.4512	6.8938	48.3
2010	13.4091	6.6978	6.7113	49.9
2011	13.4916	6.9927	6.4989	51.8
2012	13.5922	7.2175	6.3747	53.1
2013	13.6726	7.4502	6.2224	54.5
2014	13.7646	7.6738	6.0908	55.8
2015	13.8326	7.9302	5.9024	57.3
2016	13.9232	8.1924	5.7308	58.8

---

①　系列报告之十：城市社会经济发展日新月异［EB/OL］. https：//www.stats.gov.cn/zt_18555/ztfx/qzxzgcl60zn/202303/t20230301_1920389.html.

年份	年末人口 （亿人）	城镇人口 （亿人）	乡村人口 （亿人）	城镇人口占 总人口比重（%）
2017	14.0011	8.4343	5.5668	60.2
2018	14.0541	8.6433	5.4108	61.5
2019	14.1008	8.8426	5.2582	62.7
2020	14.1212	9.0220	5.0992	63.9
2021	14.1260	9.1425	4.9835	64.7
2022	14.1175	9.2071	4.9104	65.2

资料来源：根据各年度《中国统计年鉴》整理。

（三）国民收入水平的提高

随着改革开放的推进，我国无论是经济总量还是人均 GDP 都有了显著的提升（见表 6-2 和图 6-1）。同时，人均可支配收入也有了显著增长，正如党的二十大报告中指出的那样，从 2012 年以来到党的二十大召开，我国居民人均可支配收入从 16500 元增加到 35100 元。国民收入的提升极大地提高了居民对房地产等耐用品的购买力，而居民购买力的增强则为维持房地产市场的刚性特征和推动房地产市场的发展起了重要作用。

表 6-2　　　2013~2022 年我国国民总收入和国内生产总值变动情况

年份	国民总收入 （亿元）	国民收入年 增长率（%）	国内生产 总值（亿元）	国内生产总值 年增长率（%）
2013	588141.2		592963.2	
2014	644380.2	8.73	643563.1	8.53
2015	685571.2	6.01	688858.2	7.04
2016	742694.1	7.69	746395.1	8.35
2017	830945.7	10.62	832035.9	11.47
2018	915243.5	9.21	919281.1	10.49
2019	983751.2	6.96	986515.2	7.31
2020	1005451.0	2.16	1013567.0	2.74
2021	1141231.0	11.90	1149237.0	13.39
2022	1197250.0	4.68	1210207.0	5.31

资料来源：根据国家统计局公布的数据整理。

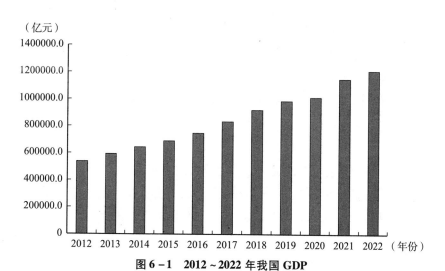

（亿元）

图 6 – 1　2012 ~ 2022 年我国 GDP

资料来源：根据国家统计局官网公布数据整理。

（四）投资性购房需求的增加

房地产的特殊性使其成为极佳的投资标的物，在负利率时代，在其他投资渠道受阻之后，房地产投资成为人们最容易参与的投资渠道，因此，大量的投资需求涌入房地产领域，推动了房价的上涨和房地产市场的繁荣（参见本书第五章）。

二、房地产市场的未来趋势

（一）未来房地产市场趋势预测

总体来看，从 20 世纪 90 年代住房制度改革开始，我国房地产市场经历了一个较长时期的上升阶段。按照产业经济周期理论，这个上升期主要包括市场引入期、成长期和繁荣期。由于国情的差异性，各个国家或地区每个经济周期阶段的时间长度可能不同。我国房地产业经济周期的上升阶段较长，这主要得益于我国经济较长时期的增长和房地产市场的特殊内外部环境。

一般来讲，我国房地产业（市场）的引入期大致是从 20 世纪 90 年代以取消福利分房为主要标志的住房制度改革开始的，一直持续到 2004 年左右全国房价的快速上涨。在这一阶段，取消福利分房之后，市场需求得到充分释放，大量的原先由单位负担住房的职工被释放到房地产商品市场，变为现实的或潜在的房地产需求客户，致使房地产销售额逐年迅猛增长。这一时期，可以被称为我国房地产市场的市场化初期，如果按照产业经济生命周期理论的理解，也可以算作产业引入期。从 2004 年开始到 2018 年，我国房价快速上涨，推动房地产投资极速增加，销售增长也迅速加快。这一阶段可以叫作房地产市场的成长期和成熟期。在这一阶段，由于市场需求的增长、房价的上涨，以及收益水平的提高，炒房投机已经变得非常盛行，甚至十分猖獗。因此，在 2016 年底，中央经济工作会议上明确提出了"房子是用来住的，不是用来炒的"，对住房属性进行了基本定位。到党的十九大召开之时，中央已经充分认识到高房价和炒房投机给国民经济带来的不利影响，因此，这次大会明确地提出了"坚持房子是用来住的、不是用来炒的定位，加快建立多主体供给、多渠道保障、租购并举的住房制度，让全体人民住有所居"。直至 2018 年之后，我国房地产市场的销售增长率开始走入下降通道，已然呈现出下降倾向。

（二）房地产市场趋势走低的原因

虽然前些年我国房地产市场在快速城市化、市场需求旺盛和房地产市场刚性加持下得到了快速的发展，但是从长远来看，我国房地产市场也必然会如其他市场一样，经历从繁荣到衰退、从上升到下降的周期性变化。其原因如下。

1. 人口增长乏力

第七次人口普查数据显示，我国人口总数虽然达到了 14 亿，处于世界前茅，但人口增长率却并不很高。在国家两次调整人口生育政策之后，人口增长率仍然没有太明显的提升，反而呈逐年走低态势（见表 6-3）。

表 6-3　2013~2022 年我国人口出生率、死亡率、自然增长率变化情况　单位：‰

年份	人口出生率	人口死亡率	人口自然增长率
2013	13.03	7.13	5.9

续表

年份	人口出生率	人口死亡率	人口自然增长率
2014	13.83	7.12	6.71
2015	11.99	7.07	4.93
2016	13.57	7.04	6.53
2017	12.64	7.06	5.58
2018	10.86	7.08	3.78
2019	10.41	7.09	3.32
2020	8.52	7.07	1.45
2021	7.52	7.18	0.34
2022	6.77	7.37	-0.60

注：2000年、2010年、2020年数据为当年人口普查数据推算数，其余年份数据为年度人口抽样调查推算数据。

资料来源：根据国家统计局公布的数据整理。

　　一方面，因为教育成本和住房成本增加，致使小孩抚养成本不断增加；另一方面，在新的时代背景下，人们的生活方式发生了翻天覆地的变化，以及社会福利制度逐步发展和健全，小孩作为老年生活保障的属性被大大削弱。孙浩认为："参加养老保险会削弱人们的养孩防老观念，免除人们老年时期的后顾之忧，生育子女的动机减弱，从而变相削弱人们的生育意愿。"[①]；同时，由于独生子女政策的长期推行，许多人都在观念上接受了少孩现实，也能满足于少孩现状，甚至无孩的事实，结婚意愿和生育意愿都不很强烈。国家统计局公布的数据显示，近些年我国15岁以上人口增长率和结婚率的对比可以发现，随着时间的推移，15岁以上人口的未婚率逐年超过15岁以上人口增长率（见表6-4）。

表6-4　　　2013~2022年我国15岁以上人口增长率和未婚率比较

年份	15岁及以上人口数（人口抽样调查）（人）	15岁及以上人口年增长率（％）	15岁及以上未婚人口数（人口抽样调查）	15岁及以上未婚人口年增长率（％）
2013	934935	—	188708	

①　孙浩. 社会养老保险对生育意愿的影响研究［D］. 济南：山东财经大学，2023：36.

年份	15 岁及以上人口数（人口抽样调查）（人）	15 岁及以上人口年增长率（%）	15 岁及以上未婚人口数（人口抽样调查）（人）	15 岁及以上未婚人口年增长率（%）
2014	938993	0.43	184889	− 2.02
2015	17790430	1794.63	3495613	1790.65
2016	965321	− 94.57	182568	− 94.78
2017	952893	− 1.29	177158	− 2.96
2018	951685	− 0.13	172875	− 2.42
2019	908609	− 4.53	163714	− 5.30
2021	1232677	35.67	238753	45.84
2022	1199109	− 2.72	236783	− 0.83

注：2015 年为 1% 人口抽样调查样本数据，其他年份为 1‰ 人口变动调查样本数据，所以 2015 年数据为特例。

资料来源：根据国家统计局公布的数据整理。

人口自然增长率的降低和适婚年龄人口结婚率的下降，必然导致房地产需求的减弱。

2. 城市化进程逐渐放缓

近年来，随着我国出生率的降低和前些年城市化的快速推进，人口城市化的增长有所放缓。通过 2000～2022 年城市化率的年增长率就能看出，随着时间的推移，我国城市化增长率逐年走低的趋势十分明显（见表 6 - 5）。西方发达国家城市化水平大多数保持在 70%～80%。因为任何国家都不可能完全离开第一产业，都要为第一产业的发展布局劳动力人口，不可能把所有的人都布局在城镇。我国的城市化率已经接近 70% 的水平，作为一个人口大国，发展农业是根本；建成现代化强国，实现民族振兴，发展农业、实现乡村振兴是必然之举。可以说，在这样的背景下，我国城市化的速度或许会放慢。城市化速度降低还有一个重要原因是农村人口已经较难继续城市化了。城市化过程其实就是一个农村人口向城市迁移的过程，这一过程需要以有能力在城市生存为前提，因此，迁移到城市的主要是有能力的劳动力。

表 6 – 5　　　　　　　　**2000～2022 年我国城市化率与城市化增长率**　　　　　单位：%

年份	城市化率	城市化率年增长率
2000	36.2	—
2001	37.7	4.14
2002	39.1	3.71
2003	40.5	3.58
2004	41.8	3.21
2005	43.0	2.87
2006	44.3	3.02
2007	45.9	3.61
2008	47.0	2.40
2009	48.3	2.77
2010	49.9	3.31
2011	51.8	3.81
2012	53.1	2.51
2013	54.5	2.64
2014	55.8	2.39
2015	57.3	2.69
2016	58.8	2.62
2017	60.2	2.38
2018	61.5	2.16
2019	62.7	1.95
2020	63.9	1.91
2021	64.7	1.25
2022	65.22	0.80

资料来源：根据国家统计局公布的数据整理。

　　城市化是推动房地产市场繁荣的重要因素。城市化放缓，农村人口不再大量地迁往城镇，那么，房地产市场的需求定会受到巨大影响，原有的高景气度必然不复存在。

3. 刚性需求降低

在过去相当长的一段时间内，我国房地产市场与其他国家和地区的房地产市场相比较，弹性市场特征并不明显，反而是刚性特征更加显著。然而，随着多年的高速扩张，房地产市场的内外部环境已在悄然和必然地发生了变化。这种变化之一就是房地产刚性需求逐步减弱。房地产市场刚性需求减弱，主要是受以下因素的影响。

一是城市化和人口增长乏力。正如前文所述，近些年来，我国城市化增长率已经呈逐年走低态势，2001～2022年，城市化年增长率已经从4.14%降低到0.8%（见表6-5），城市化已达到较高水平。同时，虽然已经开始实行三孩政策，但人口增长仍然乏力。在城市化乏力和人口增长不足的双重压力下，房地产市场尤其是需求市场必将受到冲击。

二是未来住房消费被提前释放。在过去一段时间内，我国房地产市场之所以能高速发展，主要是受益于透支未来需求。许多家庭往往是集中全家人的所有财力，不惜将以前几代人的积累和未来许多年的收入都集中起来购房，透支了未来需求和未来购买力。同时，按揭购房又为使用未来收益购房提供了可能。房地产未来消费需求和购买力的透支，维持了我国房地产市场多年的旺盛需求和高景气度。但随着时间的推移，市场的现实需求和未来的潜在需求都被释放之后，住房市场基本饱和，房地产市场的高景气度将难以维持，最近几年的房价下跌已经说明了这一点。

房地产市场需求的饱和情况可以从我国房地产近些年的销售数据中得到印证。根据国家统计局公布的数据，仅仅在2005年到2022年的十几年间，房地产开发企业共销售商品住宅174051493套（不包括写字楼、商业用房、工业用房等）（见表6-6），按照2022年国家统计局公布全国的人口数据计算，人均达到0.123套；如果按同期家庭户数计算，平均每户家庭①达到0.34套。据估算，如果再加上别墅、公寓，以及以前开发商开发销售的住宅和单位集资房，户均住宅应当是大于1的。如果户均住宅大于1，说明房地产市场的需求明显饱和。

---

① 全国总户数是按照2022年全国人口总数除以同期户均人数推算得来。

表 6－6　　　　　　　**2005～2022 年我国房地产销售商品住宅套数**　　　　单位：套

年份	房地产开发企业住宅销售量
2005	4235372
2006	5049094
2007	6251263
2008	5565827
2009	8040470
2010	8757840
2011	9053368
2012	9334017
2013	10855462
2014	9911037
2015	10340955
2016	12419487
2017	12901534
2018	12811223
2019	12734356
2020	13036452
2021	13156175
2022	9597561
合计	174051493

资料来源：根据国家统计局公布的数据整理。

总之，房地产市场的饱和、对房地产市场未来需求和购买力的透支必将使房地产市场未来发展前景蒙上阴影，影响房地产市场的未来发展，房地产市场未来出现向下的周期性拐点也是必然的。

三是家庭财富代际传递使未来需求减少。家庭财富代际传递也叫家庭财富代际流动，是指家庭财富从父代向子代转移，也就是家庭财富从父代通过赠与、继承等方式过渡到子代手中。我国是一个十分重视姻亲血缘关系的国家，家庭财富代际传递在这种传统观念的影响下更加凸显。房地产作为我国家庭的重要资产和财富，一般都会通过这种代际传递从父代转移到子代手中。据笔者调研发现，有 18.5% 的城市家庭拥有两套及以上的住房。此阶段又是独生子女组建新家庭的高峰期（可以说，这类家庭成为当前我国的主要家庭类型），即使他们的父母只有一套住房，这批独生子女结婚成家，再加上他们的父辈离世，那么他们一个家庭将拥有两套或两套以上的住房，如果双方父母拥有两套以上住房，他们则会拥有四套住房。因此，从这个角度看，住房作为中国家庭的主要财富通过代际传承给子代，必然会使子代对住房的需求降低。其反映在未来的市场需求上，必然致使未来的房地产市场需求不足，房地产市场出现周期性下探也就是理所当然之事了。

4. 投资性需求逐渐被抑制

房地产在经济上具有的保值增值特性，在物质上具有的不可移动、耐久等特点，在使用功能上具有的为生活提供居住、为生产活动提供劳动空间的作用，在适用范围上具有的广泛性（房地产产品是一种大众消费品），使其成为优良的投资品，受到投资者的青睐，这种投资品不仅被专业投资人士所喜爱，而且也会吸引普通人的关注。可以说，房地产的这些特性，不仅极大地吸引了专业投资人士或组织的参与，更是吸引了房地产投资领域之外的投资者的参与，使房地产市场成为投资聚集地。当投资活动集聚到房地产领域并与投机炒房叠加之后，房地产需求就变得十分旺盛。但是，面对与房地产投资相伴而生的炒房行为，国家不断出台相应的政策措施予以抑制。2010年之后，甚至更早一些，国家的宏观调控措施中就不乏对炒房行为的干预。当然，因为房地产投资和投机很难分开，在对投机炒房加以抑制的同时，也对房地产投资活动进行了规范和控制。

另外，国家在对房地产投资活动进行抑制的同时，也在不断建设和完善证券市场等其他投融资渠道，以分散房地产市场的投资压力（投资活动、投资资源高度集中在一个领域将给国民经济产业结构带来极大风险）。

因此，从长远看，房地产市场的投资性需求也会逐渐转弱，进而对房地产市场带来不利的影响。

总之，以上因素的集中兑现，对房地产市场的需求造成直接冲击，势必使房地产业出现向下的走势，而且这种趋势已经出现，近几年的房地产市场状况已经充分地说明了这一点。

三、房地产市场的下跌走势对炒房的抑制

通过以上的分析不难发现，我国房地产业必将经历从上升到下跌、从繁荣到衰退的过程，进入下跌周期。

产业经济周期理论认为，产业周期变化的判断可以根据市场年销售增长率的变化来进行。一般认为，当市场年销售增长率处于 0～10% 的区间时，产业处于成熟期；当市场年销售增长率小于 0 也就是为负增长时，市场处于衰退期。我国的房地产市场，经历 20 世纪 90 年代到 21 世纪前 10 年的快速发展，房地产产品的年销售增长率已经从正增长变成负增长。从国家统计局公布的我国房地产企业的住宅年销售增长率来看，从有数据统计的 2005 年开始到 2017 年，除了 2008 年因为汶川大地震和美国次贷危机引发的全球性金融危机的双重影响导致该年年销售增长率下降、2014 年国家限购和"银根紧缩"等严厉的房地产宏观政策调控导致年销售额增长率有所下降之外，其余年份基本上都处于正增长状态。但是，从 2018 年开始，由于房地产市场经过多年的高速发展，供给增大，市场需求逐渐饱和，再加上从 2020 年开始的新冠疫情的影响，我国房地产市场就开始进入下降通道了，虽然后来各地不断松绑房地产政策以促进房地产业的发展，并使房地产市场在 2020 年和 2021 年出现了短暂的反弹，年销售增长率略有回升，但这也只是短暂的反弹，而且反弹并不强劲，也不持久，最后在 2022 年出现了更大的跌幅（见表 6－7）。

表 6－7　2005～2022 年我国房地产开发企业住宅年竣工套数、销售套数及同比增长率

年份	竣工		销售	
	套数（套）	同比增长率（%）	套数（套）	同比增长率（%）
2005	3682523	—	4235372	—
2006	4005305	8.77	5049094	19.21
2007	4401203	9.88	6251263	23.81
2008	4939189	12.22	5565827	-10.96
2009	5548897	12.34	8040470	44.46
2010	6019767	8.49	8757840	8.92

年份	竣工		销售	
	套数（套）	同比增长率（%）	套数（套）	同比增长率（%）
2011	7219163	19.92	9053368	3.37
2012	7642379	5.86	9334017	3.10
2013	7493133	-1.95	10855462	16.30
2014	7659418	2.22	9911037	-8.70
2015	7050109	-7.96	10340955	4.34
2016	7455409	5.75	12419487	20.10
2017	6770598	-9.19	12901534	3.88
2018	6229216	-8.00	12811223	-0.70
2019	6452838	3.59	12734356	-0.60
2020	5976595	-7.38	13036452	2.37
2021	6468266	8.23	13156175	0.92
2022	6502402	0.53	9597561	-27.05

资料来源：根据国家统计局公布的数据整理。

　　很早就有学界专家和实业界人士对我国房地产市场的价格泡沫问题表示担忧。从我国房地产市场的实际来看，价格泡沫其实是长期存在的。衡量房地产价格中是否存在泡沫一般可以通过这样几个指标来进行。

　　一是房价收入比，也就是用房价与居民月收入进行比较，国际经验数据一般是 2～6:1，也就是说，房价合理的范围应当是居民年收入的 2～6 倍，相当于居民工作 2～6 年基本上可以购房，如果超过这个区间，说明房价过高，存在价格泡沫。我国的房价收入比远远高于此参考区间，反映出我国房地产市场中的价格泡沫的存在。从表 6-8 中可以看到，2018 年全国 59 座大中城市中，即使是房价收入比排在最后面的长沙，也达到 6.8，高出于国际通行范围，而排名第一位的深圳更是高达 34.2，排名前 6 位的城市都超过 20。即使是在房价开始走低的 2022 年，GDP 过万亿元的城市中，排在末尾的济南房价收入比也达到了 7.7，高于国际通行范围，最高的上海（26.3）和排名第二的北京（22.9），都达到 20 以上（见表 6-8、表 6-9）。

表6－8　　　　　　　　2018年50城房价收入比排行

排名	城市	房价收入比	排名	城市	房价收入比
1	深圳	34.2	26	芜湖	11.6
2	三亚	29.8	27	大连	11.6
3	上海	26.1	28	济南	11.1
4	北京	25.4	29	南通	11.1
5	厦门	22.5	30	南昌	11.0
6	福州	20.4	31	重庆	10.8
7	杭州	18.1	32	西安	10.6
8	广州	17.5	33	青岛	10.6
9	珠海	16.9	34	徐州	10.5
10	石家庄	16.6	35	成都	10.3
11	东莞	14.8	36	日照	10.3
12	南京	15.6	37	金华	10.2
13	太原	14.6	38	宜昌	9.9
14	海口	14.6	39	昆明	9.8
15	天津	14.5	40	哈尔滨	9.7
16	合肥	13.8	41	无锡	9.5
17	郑州	13.5	42	兰州	9.4
18	苏州	13.4	43	惠州	9.1
19	南宁	12.3	44	贵阳	8.7
20	武汉	12.2	45	洛阳	8.3
21	宁波	12.1	46	沈阳	8.0
22	温州	12.1	47	韶关	7.7
23	扬州	12.0	48	烟台	7.5
24	佛山	11.9	49	乌鲁木齐	7.4
25	莆田	11.9	50	长沙	6.8

资料来源：CRIC. 刚刚！全国房价收入比排名出炉！你的城市排第几？［EB/OL］. https：//www.163.com/dy/article/ECBNJG2S0525E48J_pdya11y.html.

表 6 - 9　2021～2022 年万亿元 GDP 城市居民可支配收入及房价收入比变化

城市	2022 年		2021 年	
	人均可支配收入（元）	房价收入比	人均可支配收入（元）	房价收入比
上海	84034	26.3	82429	26.8
北京	84023	22.9	81518	23.3
杭州	77043	16.1	74700	16.4
广州	76849	14.4	74416	14.5
南京	76643	13.0	73593	13.4
天津	53003	11.8	51486	12.1
福州	56145	11.6	53421	12.1
宁波	76690	11.5	73869	11.6
重庆	45509	10.6	43502	10.9
西安	48418	10.2	46931	10.0
南通	59605	10.2	57289	10.5
合肥	56177	9.8	53208	10.2
郑州	46287	9.5	45246	9.7
成都	54897	9.3	52633	9.4
武汉	58449	9.2	55297	9.7
苏州	79537	8.8	76888	8.9
青岛	62584	8.6	60239	8.8
无锡	73332	7.6	70483	7.7
济南	59459	7.5	57449	7.7

资料来源：李莎等. 2022 年万亿 GDP 城市整体房价收入比下降，长沙、泉州等地购房压力相对小 [N/OL]. https：//www. 21jingji. com/article/20230224/herald/c6c447a699e9f773b59fa4f24377b631. html.

　　二是房地产租售比，也就是用房屋月租金与房屋销售价格进行比较，可以用每平方米建筑面积售价与每平方米建筑面积的月租金进行比较，也可以用房屋总价与房屋月租金总值进行比较。房屋租售比反映的是用购买的房屋进行出租所获得的收益水平。国际通行的参考值为 1∶200～300。也就是说，购买房屋用来出租的话，大致 300 个月能够收回成本。如果小于这个值，就代表购房成本的回收需要更长时间，说明房价存在着泡沫。租售比值越小，离开国际通行参考值越远，说明价格泡沫越严重。在我国，房地产租售比很小，远远偏离国际通行参考值，尤其是在上海、深圳等一线城市，这说明我国的房地产市场中存在着较为严重的价格泡沫现象。都市时报全媒体记者徐琳惠曾根据诸葛找房数据研究中心发布的《2019年上半年全国大中城市房屋租售比》报告算了一笔账，"假如在昆明有一套100平方米的房子，购买时房价为14000元/平方米，房屋总价为140万元，月租金为2600元/月，那么这套房子的租售比约为1∶538，即把房子出租，大约需要538个月才能收回购房成本，折算成年即约45年"①。"诸葛研究院发布《2022上半年重点50城租售比调查研究报告》指出，2022上半年我国重点50城的租金回报率为1.95%，与2021年持平。收回成本约需51.4年，较2021年增加了0.1年。"② 根据社科院相关报告，2020年2月以来，由于受疫情冲击等因素的影响，核心城市住房租金连续多月下跌。"我国大部分城市都偏离了这个区间（国际通行的1∶200～300）。报告显示，50个大中城市平均租售比为1∶611。租售比最低的10个城市集中分布于环渤海、长三角、珠三角经济圈的二线和三线、四线城市，其中厦门以1∶975成为租售比最低城市，其次为三亚和苏州，租售比分别为1∶864和1∶786。其余依次为青岛（1∶773）、深圳（1∶757）、石家庄（1∶757）、淄博（1∶755）、福州（1∶747）、宁波（1∶728）、东莞（1∶714）。"③ 从以上数据可以看到，我国房屋租售比很低，想通过出租的方式尽快收回成本是很困难的。这充分反映了房价中充斥着较为严重的泡沫成分。

除此之外，衡量房地产泡沫的指标还有房屋空置率、房价增长率与GDP增长率的比值等指标。

总之，通过这些指标对我国房地产市场进行考察，可以发现，我国房地产市场确实存在着较为严重的泡沫问题。价格泡沫的存在预示着房地产市场风险的存在。当这种风险与房地产市场需求下跌等因素叠加的时候，房地产或将进入衰退下降期。

---

① 徐琳惠．"全国50城房屋租售比"报告发布　在昆明买套房要43年才回本［EB/OL］. https：//km. focus. cn/zixun/ebc5576b32ccd847. html.

② 全国大中城市租售比远偏离国际标准 2022上半年偏离度进一步扩大［EB/OL］. http：// news. 10jqka. com. cn/20220825/c641398811. shtml.

③ 全国50城租售比大比拼［EB/OL］. https：//zhuanlan. zhihu. com/p/340366662.

　　一般来说，炒房行为是借助了市场繁荣、房价不断上涨的趋势，其主要发生在上升期和繁荣阶段，而在房地产市场下降期，炒房行为会因为市场环境的变化和利润减少而逐渐减弱，也就是说，房地产市场的这种变化对炒房行为可以达到自然抑制的效果。

第七章

抑制炒房的基本方式

炒房对房地产市场的可持续发展和整个国民经济以及整个社会都带来严重的不利影响，因此，必须对炒房行为予以抑制。要抑制炒房，既要借助市场趋势顺势而为，也要发挥政府宏观调控职能，运用好经济、市场、行政、法律等手段对市场进行干预。如果说因循房地产市场自身规律、基于房地产市场所处的周期性阶段、利用市场手段对炒房进行抑制是软抑制的话，那么，发挥政府的宏观调控职能，利用行政、法律等手段抑制炒房就是硬抑制。要发挥政府宏观调控功能抑制炒房，需要从炒房的特征和炒房产生的根源入手，尤其是要通过识别炒房的行为特征去辨别什么是炒房、谁在炒房、炒什么房、在哪里炒房、怎么炒房；不仅要通过炒房的行为特征去识别炒房，还要通过分析、研究炒房产生的原因去抑制炒房。

抑制炒房是一个系统工程，要多路径并重，多管齐下，多方法、全方位齐头并进。

对炒房的抑制不是要根除、消灭所有的炒房现象，而是要尽可能地消弭炒房带来的各种负面效应，尤其是要通过对炒房的抑制消除炒房导致的房价过高、过快上涨。

根据炒房的行为特征和炒房产生的原因来抑制炒房不等于对造成房价上涨的所有因素都进行抑制，比如，城市化的推进导致城市房地产需求增长，给炒房提供了一定的机会；然而，城市化已是不可逆的趋势，城市化是工业化的空间表现形式，对于工业化和社会、经济的发展都有积极的作用，不能为了抑制炒房而阻扰城市化的步伐。经济的发展趋势也不可逆，经济的发展为房地产市场的发展提供了基本动力，经济的发展使人们的购买力提高，在一定程度上助推了房价上涨，这也是有利于炒房的，显然也不能因为要抑制炒房而对经济发展进行抑制。又比如，房地产产品的不可移动性、耐久性、不可替代性等特性会导致区域性房地产市场的垄断，也会在一定程度上有利于炒房，但却不能为了抑制炒房而改变房地产的这些属性。

一、炒房的识别

要抑制炒房，首先需要对炒房进行识别。炒房与房地产投资是很难区分的，识别炒房也是没有固定标准的。一般来讲，识别炒房可以遵循以下思路来进行。

（一）利用大数据平台，掌控炒房的基本动向

炒房往往都是以抱团的方式进行操作的，因此其会利用网络、电话等现代技术平台和手段进行联络、沟通以及进行信息交换，其间必然会留下痕迹。这就需要主管部门加强作为，对房地产交易设置专门的交易技术通道或平台，实现对房地产交易的全方位、全视角监管；同时，房地产管理部门要加强与网络监察等其他部门的协作，以便对众多的房地产市场交易信息进行梳理，通过大数据平台强化对炒房的识别。

（二）根据炒房的行为特征进行辨识

第一章的分析表明，炒房具有快进快出、抱团炒作、与开发商等其他市场主体共谋等行为特征，因此，可以通过这些行为特征对炒房进行识别。

快进快出预示着炒房者的交易频率较高，因此，可以通过房地产市场交易频率来对房地产市场上的炒房主体和炒房行为进行判别；抱团炒作也是炒房惯用的方式，所以，对于交易资金量明显异常放大的房地产交易项目应当加强关注；炒房者与开发商共谋的结果是达成利益协调，利益协调的重要表现就是以较低价格批量团购交易房地产，因此，可以通过对房地产品交易量、购买主体身份（比如同一人同时在一个开发商手中购买多套房屋）、网签信息等进行识别。当然，很多炒房者与开发商共谋之后不一定进行网签，不会在网络信息平台留下信息，但只要监管部门加强对每个楼盘的销售情况的经常性实地检查也是可以发现交易异常端倪的。

（三）根据炒房的偏好进行判断

炒房的行为偏好和消费偏好都是我们判断和识别炒房的重要依据。炒房者既要追求利润，也要规避风险。所以，炒房者一般喜好在沿海经济发达区域、区域中心城市、大城市等房地产市场热点区域炒房，同时也喜欢选择市场需求量大、价格增长预期明显的住宅进行炒作。因此，可以依据炒房者的这些偏好重点在房地产热点区域和住宅类房地产领域进行甄别，也就是主管部门应重点在这些区域和领域加强对炒房的识别和监管。

二、抑制炒房的基本路径

（一）关注重点区域，加强对重点区域炒房的抑制

根据以上所述，炒房者为了规避风险，保证盈利最大化，往往会选择大城市尤其是沿海经济发达区域和区域中心城市作为炒房的目标市场，因此，在这些区域，当地政府更应当关注炒房问题，更应当积极作为，制定有效的抑制炒房的对策。

（二）关注重点领域，加大对住宅炒作的抑制

基于同样的道理，要抑制炒房，地方政府应当重点关注住宅房地产领域，在住宅房地产领域中注重对炒房行为的抑制。

（三）加大对房地产行业之外的企业的约束和规范

在房地产市场高额利润的诱惑下，许多自然人、社会组织都纷纷参与炒房投机。在炒房群体中，不乏房地产行业之外的实体企业，有的企业甚至不惜调整甚至放弃主业参与炒房，极大地影响了企业经营行为。炒房并不能生产社会物质财富，如果这种现象不能有效控制，可能会对整个实体经济带来非常严重的负面影响。如果更多的实体企业参与投机炒房，势必造成国民经济产业"脱实向虚"，阻碍国民经济的整体发展；同时，如果实体经济受到影响，则会严重损害就业。因此，对于房地产行业之外的企业的炒房行为要进行约束，对其兼营业务要予以引导和规范。

对房地产行业之外的企业进行炒房约束，需要从以下几个方面着手：一是要加强宣传教育和引导，让其他企业产生不愿炒房的自觉意识。二是要加强对炒房行为的惩处，要通过重税让炒房变得无利可图，或者无大利可图，让其他企业不能参与炒房。三是要对其他企业参与炒房的行为进行惩戒，尤其是要对其收益来源进行税收稽查，并在此基础上对其炒房行为进行处罚，让其他企业不敢参与炒房。

（四）强化对房地产市场主体的管理

房地产市场主体很多，包括炒房者、开发商、消费者、金融机构、政府部门等。要抑制炒房，需要强化对房地产市场主体的管理。

1. 加大对开发商的管理和约束

炒房成功与否多与炒房者和开发商共谋程度密不可分。因此，要抑制炒房，就需要强化对开发商的约束，防止开发商与炒房者结成利益同盟。故此，应设置房地产企业黑名单，对于参与炒房的房地产企业在拿地、项目申报、贷款等方面进行限制，以此强化房地产企业的自律，达到阻止开发企业与炒房者配合炒房的目的。

2. 要减少政府对土地财政的依赖

土地财政现象在许多地方都存在，土地出让金和其他来自房地产业的收入有时候占据了一些地方政府财政收入的半壁江山。一些地方政府有时候有意无意地成为推动房价上涨的推手之一。从另一个侧面说，房价的上涨给炒房创造了机会。因此，要从根本上解决房价问题，需要从地方政府的土地财政入手，减少地方政府对土地收益的依赖，需要加强顶层设计，使地方政府从土地财政中解放出来。

3. 加强对消费者的教育

我国的房地产市场化时间较短，还没有形成真正意义上的明智的房地产市场消费者。从总体上讲，我国的房地产消费者与国外的消费者相比较，往往在购房行为上显得不够成熟：一是购房行为不够理智，常常出现非理性跟风购房的情况。二是许多房地产消费者都是由乡村居民转化而来。在城市化的推动下，大量的农村居民进入城市购房，他们缺乏足够的交易谈判的知识储备和经验累积，再加上房地产市场信息的不透明、不对称，在购房中往往表现得"不挑剔"。在房地产市场交易中，买卖双方处于不对等状态，一般是购房者处于劣势地位，卖方处于优势地位。据调查，占比超过98%的来自乡村的购房者都是跟着别的消费者或者房地产卖方的出价达成交易的，这种比例比普通城镇居民高出16.3%。房地产消费者的这种"不挑剔"行为往往使开发商、炒房者在价格谈判中处于强势地位，在定价权上房地产卖方相对于买方来说几乎具有垄断的话语权，这为炒房获利奠定了重要基础。因此，要扭转这种局面应做到以下几点：一是要加强房地产市场信息公开化平台建设；二是要加强对购房者的教育和对房地产相关知识与政策的解读，让房地产消费者真正认识房地产，理解国家有关的房地产政策的含义，尤其是国家关于房地产宏观调控政策的意图，让房地产消费者回归理性，实现理性购房。

（五）加强对房地产市场的监督与管理

要抑制炒房，政府必须起主导作用。政府对房地产的主导最基本的方式就是加强对房地产市场的监督和管理。

1. 强化对房地产税收的征收，降低炒房者的经济动机

获取高额利润是炒房的主要经济动机。炒房利润主要是由市场交易利差、资金利息差和土地增值收益组成的。因此，要减弱炒房者投机炒房的经济动机，就应当设法降低炒房的利润，尽力阻断其利润来源。只有这样，才能从根本上抑制炒房行为的产生和炒房规模的扩大，才能让更多的市场主体远离或者退出炒房投机行列。要做到这一点，应根据房地产市场的实际，采取以下措施：一是应在土地出让环节制定土地出让底价时，更加科学、合理、准确地测量土地地租收益，通过对地租量的科学测定，合理确定土地出让金。二是政府部门应当强化对土地增值税的征收，不要让土地增值收益流失到开发商和炒房者手中。三是应当加强房地产交易环节的税收征收。提高炒房交易成本。四是在房地产经营的各个环节适当提高税率，压缩炒房的利润空间。

2. 加大对炒房者资金供应的管控

炒房者的资金除了自有资金之外，有很大一部分来自金融机构的贷款。

因此，要抑制炒房，就必须制定适当的金融政策，加大对炒房贷款资金的限制，从资金链上阻断炒房资金的来源。

3. 加大对与炒房者勾连的开发商的处罚

炒房成功往往是炒房者与开发商勾连配合的结果。因此，要抑制炒房，应对与炒房者勾连的开发商加大惩处力度，要通过建立开发商黑名单制度，加强对开发商的监督和管控。对于与炒房者勾连的开发商直接移入黑名单，对其在拿地、贷款、审批等方面进行限制，以达到惩戒的目的。

4. 建设房地产市场综合信息平台

为了进一步规范房地产市场秩序，抑制炒房，需要政府打造建设功能更全、覆盖面更广的房地产市场综合信息平台。房地产市场信息不透明、不对称，致使市场交易主体不能处于平等的位置进行价格谈判，消费者始终处于弱势的不利地位，使炒房者有机可乘，因此，需要建立相应的信息平台以供消费者购房参考，也作为职能部门对房地产市场进行监督和管理的工具。此平台（不仅仅是房地产产权登记平台）在内容上至少应覆盖房地产市场交易信息（由此实现对炒房信息的监控）、开发商信息（由此实现对开发商行为动向的掌控）、房地产市场其他主体的相关信息、房地产市场供给与需求信息、资金变动信息等；在功能上不仅应实现全国联网，使区域性房地产市场融入全国统一市场，而且信息平台应覆盖多方面、全方位的市场信息，重点应突出防控炒房和信息公开的作用，使市场信息更加透明，使消费者和政府都能通过这个平台的建设受益。

（六）畅通社会投资渠道

改革开放以来，我国经济建设取得了巨大成就，国民收入不断增长，国家、企业、家庭和个人财富也不断增长，财富保值增值问题日益严峻地摆在了国人面前。如何让财富保值增值，已然成许多家庭和个人首先需要思考的大问题，如果这个问题不解决，则有可能导致一家人辛苦积累的财富严重贬值。在负利率的影响下，银行储蓄的传统保值增值方式受到极大冲击。但是，我国的投资渠道较为狭窄，可供老百姓参与的能实现财富保值增值的渠道较少。与此同时，金融衍生工具较少，可为大众理财服务的市场也不规范、不完善，相关的理财投资中介良莠不齐，不仅不能帮助大众理财，反而可能给投资人带来损害。因此，加强股票证券市场建设，鼓励直接融资，拓宽、畅通投资理财渠道，开拓更多可行的金融投资产品与衍生投资产品等，对于降低财富保值增值压力具有十分重要的意义，进而对于缓解把房地产市场作为投资性市场的压力、抑制炒房都有积极的意义。

（七）限制房地产交易频率

任何投资都具有风险，炒房者虽然善于利用风险，但也需要防范风险。炒房者对风险的防控方式之一就是快进快出，即快速买入快速卖出。所以，炒房的交易频率往往比房地产投资的交易频率更高，也就是对于房地产产品的持有时间更短。对于炒房者来说，房地产产品在手中持有的时间越长，不仅会带来更大的风险，而且也会增加直接成本和机会成本。在一般情况下，炒房者总是通过各种方式，包括与开发商、媒介等的共谋，营造楼盘畅销的销售氛围，尽早地将手中持有的房地产产品高价销售出去。因此，要有效抑制炒房，就要通过业已在各地实施的限售政策，特别是通过对房屋再次销售时间的限制，来达到抑制炒房的目的。

（八）设置炒房者黑名单

炒房者黑名单就是通过对房地产市场信息的甄别，将炒房客列入专有名录进行管控的制度。利用这一制度，对炒房者买卖房地产进行控制，比如将在全国各地多次购买或者卖出多套房屋、具有明显炒房倾向的人，纳入黑名单，限制其再次交易，同时在贷款购房上予以限制，等等。

第八章

从供给侧抑制炒房

炒房的根本动机是获取高额利润，而高额利润则是基于房地产市场持续的供小于求的市场结构。虽然不能完全把房价的上涨归咎于炒房，但至少可以反过来说炒房利用了房地产市场的供需矛盾和房地产需求增长导致房价上涨的这一有利形势。要抑制炒房，必须降低房地产行业的利润率，也就是要从供给侧和需求侧下功夫，缓解房地产市场供需矛盾，设法控制炒房利润，以达到抑制炒房的目的。因此，从房地产市场供给侧和需求侧想办法乃是抑制炒房的重要路径。

在负利率时代，无论是个人、家庭，还是企业、国家，都面临着财富保值增值的困境和压力。在财富保值增值的压力下，社会资本源源不断地涌入房地产市场，使房地产需求市场不断扩大，助推房地产价格快速上涨，同时也使市场投机与投资并存。

房地产市场之所以成为投机炒作的温床，不仅因为财富保值增值的压力，也因为房地产市场长期存在的垄断属性以及与此密切相连的高收益特性。炒房缘起于高收益，高收益源于供给垄断，要抑制投机炒房，主要途径之一就是要从供给侧寻找突破方向，打破房地产供给垄断。

房地产垄断的产生至少来自下列几个方面：一是土地供给垄断；二是房地产生产环节的垄断；三是房地产销售环节的垄断；四是产品属性形成的自然垄断。

房地产价格的上涨，与供给不足有很大关系。在很长的时间内，为了抑制房价和炒房，政策调控的重点都放在需求侧，结果效果并不明显，甚至出现了屡控屡涨的局面。党的十八大以来，随着供给侧结构性改革战略的提出，房地产调控和抑制房价的重点也开始转向供给侧。

房地产供给侧结构性改革的基本目标就是要抑制房价、遏制投机炒房，实现作为国民经济支柱产业的房地产业的健康发展。房地产供给侧结构性改革的基本思路和着力点应是通过建构土地、房屋多主体供给渠道，突破垄断壁垒，提升土地利用效率，增加有效供给。

一、突破土地供给渠道垄断，实现土地多主体供给

我国土地供给的基本设计是政府垄断土地一级市场，放开土地二级、三级市场，这种国有土地有偿使用和由政府集中统一出让土地的政策是在房地产改革进程中逐步建立发展起来的。在改革开放前的计划经济时代，土地基本上都是有计划按需免费使用。改革开放以后，土地使用逐步有偿化、市场化。1979 年国家开始向中外合资企业收取场地使用费，1982 年深圳特区开征城市土地使用费，1987 年我国第一块国有土地使用权以市场化方式出让在深圳市完成，标志着我国土地有偿使用市场由此开锣。随后，上海、杭州从 1996 年开始试点，建立以市场机制为基础的土地管理模式和交易模式；2001 年 4 月，为堵住划拨土地通过各种渠道非法入市、纠正混乱的土地交易定价机制、避免国有土地资产流失，国务院发出《关于加强国有土地资产管理的通知》，加强对土地的集中管理、审批，严控土地供应总量；2002 年 5 月国土资源部发布《招标拍卖挂牌出让国有土地使用权规定》，规定国有土地出让必须通过招拍挂方式，要求在 2003 年 8 月 31 日之前全面停止协议出让土地。至此，以市场机制为主导，通过公开方式出让，政府统一收储、出让国有土地使用权的新的土地供应制度开始建立[①]。

21 世纪之前，我国土地供给渠道曾是多元的，握有国有土地的各类企业、各级政府机关都可以向房地产商出让土地。但 2002 年之后，土地供应制度发生了巨大变化，土地收储整理、出让交易开始统一纳入政府的集中管理之下。可以说，随着政府垄断土地供应一级市场，房地产市场土地供应量也开始发生变化，2003 年之前，我国土地出让面积一直保持较高速度的增长（年均在 40% 左右），但其后，随着土地供给渠道单一化，土地供给增速

---

① 杨璐璐. 中国土地供给制度演进轨迹：文献综述及其引申 [J]. 改革，2012（1）：24 - 32.

也随之大幅下降，至 2005 年增速几乎降为零①。土地供给渠道的变化导致土地供给数量降低，最终带来土地价格和房价快速上涨（见图 8-1）。

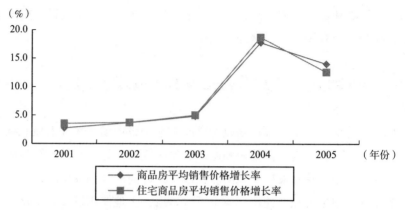

图 8-1 2001~2005 年商品房销售价格增长率变化情况
资料来源：根据国家统计局公布的数据整理。

从经济学意义上说，供给主体的增加就是供给渠道的增加。在党的十九大报告中，党中央明确提出了"加快建立多主体供给、多渠道保障、租购并举的住房制度，让全体人民住有所居"的战略任务，其目的就是要在一定程度上突破传统的土地供给渠道垄断。根据《中华人民共和国宪法》和相关土地法律的规定，我国实施的是城市土地国有、农村土地集体所有的土地公有"双轨制"。长期以来，作为房地产开发最重要资源的土地都是来自政府高度控制的土地一级市场，城市政府成为唯一的土地供给方。土地供给渠道的单一性不仅造成极高的房地产垄断价格和高额利润，也导致了地方政府对土地财政的严重依赖。

我们所倡导的多主体供给不仅是单纯的供给主体数量上的增加，更应是不同类型、不同性质的供给主体类别的增加。增加房地产开发土地的供给主体，不能再局限于政府把控的土地一级市场，而应在土地一级市场之外开辟新的土地供给市场，包括建立符合政府规制而不必再次归并到土地一级市场的城市存量土地开发市场、农地不进行强制征用直接入市而形成的土地产权

---

① 丁芊，聂琦波. 宏观调控下对我国房价持续上涨的思考［J］. 商场现代化，2008（5）：272 - 273.

交易市场等。突破土地供给渠道垄断，实现土地多主体供给，就是要在畅通政府供地主渠道的同时，培育不同性质的土地供给主体，建立多元的、差异化的土地供给辅助渠道。

（一）完善土地一级市场机制，畅通政府供地主渠道

在多主体、多渠道供地机制中，政府有计划地科学供地仍是关键的核心渠道。这种由政府统一规划和实施的土地供给模式能够更好地发挥规模经济效益，实现土地资源的优化配置，尤其适合于满足公共需要的集中连片区域的土地开发和基础设施建设，特别是那些关乎国计民生的产业发展和保障性住房建设用地仍需要通过政府统一规制的供地渠道来实现，政府统一供地永远都是主渠道。

但是，在充分利用政府主渠道供地的同时，也需要对政府供地机制进行进一步补充和完善，尤其是要改变原有机制可能导致的抬高地价的不合理状况。在 20 世纪 90 年代中期取消福利分房之后，特别是 2004 年新的土地管理政策出台之后，我国房地产价格不断上扬并长期处于高位，这与土地价格的上涨密不可分，甚至可以说主要是由土地价格上涨所推动，而土地价格的上涨则与供地机制不够完善有着重要联系。首先，土地供给主体单一导致土地供给渠道垄断。在我国，土地属于国有，所有房地产开发用地包括住宅用地都必须通过政府出让，即使是农村集体所有的土地也需由政府征用之后再出让，形成了具有高度垄断特性的土地一级市场。其次，土地出让的具体方式在一定程度上不利于抑制地价。许多地方的商业用地出让采取的都是招拍挂的方式，虽然这在很大程度上避免了土地出让过程中的寻租行为，保证了土地出让的公开、公平和公正，较好地实现了土地资源的优化配置，提高了政府财政收入，但这种以价格作为中标依据的出让方式则在一定程度上助推了土地价格的上涨。最后，缺乏竞争性和约束性的地方政府的供地策略也是不利于抑制地价的。在现有商品房供地机制下，地方政府牢牢把控着土地的供应，不仅可以通过供给渠道的单一性来左右土地价格，也可以通过土地出让的数量、质量与出让速度、节奏等策略层面的途径实现对土地价格的控制，进而造成高地价。

因此，畅通政府供地渠道，完善供地机制，不仅要改变单一渠道的土地供应格局，还要对政府土地出让过程中的定价方式进行调整，结合土地分级

分类推行综合地价确定方式。如最近几年，上海市开始尝试使用的"招挂"复合方式出让土地就是一种很好的实践创新。从上海市推出的几宗土地复合出让信息可以看出，其政策亮点和积极作用在于：一是依据有效申请人的数量确定土地出让方式。有效申请人超过特定人数时，采用招标方式出让，有效申请人没有达到相应人数时，采用挂牌方式出让。复合出让土地的方式可以使土地竞买者回归经济理性，不会报出如拍卖那样的非理性价格。上海市公布的有关资料显示，在采取招挂复合方式的土地出让中，土地溢价率明显低于其他地块①。二是对入围竞标的人数做出限制，当有效投标文件达到一定份数时，按排名顺序取名次靠前的部分投标人为入围竞标人。对入围竞标者的限制，可以确保拿地房企具有足够的综合实力，防止购地市场的"野蛮人"入侵，避免了不良企业参与报价扰乱地价的行为。三是采用综合评分制确定中标人，也就是根据土地竞买人的经济实力（32%）、技术资质（17%）、项目经验（41%）、受让管理（45%）等方面进行综合评分，得分最高者中标。这种土地出让评标方式改变了简单地以出价高低作为中标依据的传统做法，有效地避免了土地价格的非理性上涨。四是对近期内已拿地的开发企业再次参与买地在综合评分时做减分处理，这样就保证了更多的开发企业能够获得土地开发权，实现了供地公平，更主要的是通过这种变相限制，确保了土地不会落入少数开发企业手中，起到了防止开发用地的再次垄断和抑制房价的作用。目前，这种招挂复合出让方式已越来越受到上海市政府的肯定，在越来越多的土地出让中都被采用。

同时，各地政府还应当加强商品房用地供应管理。一方面，制定并定期向社会披露土地综合利用规划，调节市场预期，缓解市场对用地紧缺的担忧。如2017年4月，住建部和国土资源部联合发文要求，各地政府要编制近期（3年）、中期（5年）供地计划，并向全社会公布。另一方面，要因地制宜建立科学有序、合理可行的土地储备制度，要借鉴重庆经验，根据土地市场供需情况，及时调节土地供应，平抑土地价格。重庆市正是通过这种土地供给制度，使土地价格在一个较长时期内保持了稳定，其土地费用在房地产价格中的占比基本保持在1/3左右，进而保证了房价的持续稳定。

---

① 林婧君. "限价"下的上海房地产市场［J］. 上海房地，2017（8）：27-29.

（二）盘活城市存量用地，丰富供地主体和范围

在土地资源有限和城市快速发展的当下，土地供需矛盾日益突出，仅仅依靠政府管控的一级土地市场向市场供地是远远不够的，还必须充分挖掘现有土地资源，盘活城市存量土地，增加供地主体，拓宽供地范围。如果说政府主导的供地渠道主要是针对新入市的土地和集中连片土地的开发的话，那么，盘活城市存量土地关注的重点则是地块分布相对分散、土地来源渠道不同、权属主体复杂、用于关键领域的建设用地。可以说，国家提出的拓展多主体供地可供突破的重要空间范围就在于此。

我国城镇化十分迅捷，在短短的几十年时间完成了西方发达国家上百年才完成的城市化进程。城市化的快速推进使城市规模快速扩张，对土地的占用非常大。因为新增城市用地的产权关系较为单一，土地上的附着物较少，开发、使用成本相对较低，所以无论是开发商还是政府都愿意从事新区开发，这也为城市旧区存量土地利用不足埋下了伏笔。旧城改造虽然也是房地产开发的重要领域，但是由于旧城区产权关系更为复杂，土地分布也较为分散，地上附着物较多，拆迁还房、安置补偿、规划限制多会造成征用成本和开发建设成本较高、阻力较大等问题，因而一些城市出现了数量不少的闲置和利用率不高的存量土地。这些城市存量土地不仅数量庞大，而且类型较多，如有各类企业组织、事业单位闲置土地，政府部门、社区组织、村社机构等利用不足的存量土地，以及其他企业经过商业途径囤积的土地等。对于这些数量庞大的存量土地，应当通过多种途径使之进入市场，以缓解城市供地紧张的形势。

盘活城市存量土地，增加土地供给主体，基本的思路应是允许已取得土地使用权、符合政府规制的城市存量土地由原土地拥有者直接开发，不进行土地强制征用而再次归并到土地一级市场，也就是打破必须先腾退土地（或征地），再交由政府收储、出让的传统做法，在权属不变、符合规划的前提下，允许非房地产企业依法取得使用权的土地可以作为住宅用地进行开发并投向市场。

第一，盘活城市存量土地就是丰富土地供给渠道。

我国土地市场分为两类：第一类是让渡土地所有权为内容的市场，如征用农村集体所有土地；第二类是让渡土地使用权为内容的市场。一般来说，

开发建设用地特别是商业开发建设用地都是来自这类市场。在这类市场中，商业用地主要是通过出让方式供给，而党政机关、公益事业、能源水利、军事等公共建设所使用的土地则是通过行政划拨的方式供给。正是因为如此，我国城市存量土地中很大一部分都来自第二类市场。由于土地来源方式的多样性和土地使用主体的多元性，城市存量土地具有明显的多样性特征。为此，对存量土地的盘活与利用可以通过多产权主体合作模式实现，即在政府规划和统筹协调下，遵循市场机制运作，拥有土地且符合条件的"企事业单位、社区股份合作公司和原村民，以及住房租赁经营机构、人才住房专营机构、社会组织等均可成为供地主体"①。

通过开展多产权主体合作利用土地模式，盘活城市存量土地，不仅有利于增加土地供应主体，丰富主要依赖政府供地的土地供应渠道，而且将城市存量土地直接转化为房地产建设用地，减少了土地交易环节，有利于降低城市土地价格。

第二，盘活存量土地应当对土地使用方式进行合理定位，也就是说，对于这些存量土地可以依据土地使用主体和土地本身的性质的不同，实施差异化使用。多主体供地的根本目的是要保障民生，化解居住用地紧张的问题，所以，对城市存量土地的利用，应当主要定位于住宅用途，特别是将其作为租赁性住房建设用地和满足政策性住房用地需求。如对于本身即属于商业性质的土地，则可以直接开发住宅商品房；而对于通过划拨方式取得土地使用权的一些国有企业、事业单位的闲置土地，特别是那些经营困难、易地搬迁的企业空置土地，则应当以租赁性房地产开发为主，也可以考虑将企事业单位的闲置或利用不充分的土地按一定面积比例进行人才公寓开发，专门用于人才安居或特殊职住之用。深圳市允许企事业单位等符合规定的自有用地用于建设人才住房、安居型商品房和公共租赁住房，北京市鼓励企业和产业园区利用自有土地建设职工集体宿舍，就是盘活城市存量土地的很好尝试。

第三，盘活存量土地需要创新产权模式。创新产权模式是房地产供给主体、供给渠道创新的关键之所在。没有产权模式的创新，就很难实现土地、住宅供给主体和供给渠道的多元化，也就很难突破土地供给垄断导致的土地价格高昂的藩篱。因此，在盘活利用城市存量土地的时候，要不断创新产权

_____

① 陈思. 多主体供地的实践探索及思考 ［J］. 团结，2019（1）：31－34.

模式，特别是产权交易模式。如已在上海、淮安等 6 地试行的共享产权模式，即是采用"先租后售"的一种产权交易创新。

第四，盘活存量土地应当优化城市用地结构。在城市存量土地的利用过程中，不仅要考虑供给主体多样性的问题，也要考虑供地数量的问题，还要考虑供地结构的问题，要大力拓展城市生活空间，不断优化城市用地结构。当然，城市生活空间不仅指住房用地空间，还包括与城市居民日常生活直接相关的空间。从目前的情况看，我国许多城市第三产业和工业用地偏多，而居住用地总体占比较低，由此，要通过增加居住用地供给，以满足伴随人民群众对美好生活追求而来的对城市土地的需求。随着产业结构的调整、城市工业的升级改造，以及商业业态的变化，可以适度地"将工业或商业等用地转变为居住用地，向低效产业用地要居住空间"①，引导"僵尸企业"和产能过剩行业用地退出。例如，可以将位于城市中心区域的老工业棚户区、废弃铁路等用地转变用途，用作居住用地。

第五，坚持科学规范、统筹协调原则，有序推进城市存量土地的利用与土地供给侧结构性改革。存量土地的利用和多主体土地供给改革涉及的内容多、利益主体多，不可能一蹴而就，需要始终沿着实现"民有所居"、满足民生需求的目标，坚守"权属不变、符合规划"的基本原则，通过政府统筹协调、科学规划等手段，经过一定时期的试验和探索有序推进。

（三）积极稳妥推进农地入市，拓展土地供给渠道

简单地说，农地入市就是把农村集体土地即用宅基地置换后腾空出来的土地，经过严格的要求和审批程序变为工业用地和商业用地，投入建设用地市场。农地入市的法律基础是 2019 年 8 月 26 日通过的新的《土地管理法》，此法取消了农村集体建设用地不能直接进入市场流转的限制，从法律上为农地入市扫清了障碍。在修订《土地管理法》同时，我国也在北京、上海、成都等 13 个城市展开了农村集体土地入市试点，为农地入市进行试验和探索。农地入市的现实依据是我国农村土地利用率不高，如在最先开始试点的浙江嘉兴，农业用地占比达到 86%，而农业产值则仅占当地经济总量的 6%。

农村集体所有土地入市的积极意义是毋庸置疑的：一是可以有效增加土

---

① 陈思 . 多主体供地的实践探索及思考［J］. 团结，2019（1）：31－34.

地供给渠道；二是可以较好缓解土地供应紧张局面，甚至还可以在一定程度上增加村社集体和农民的经济收入。此外，城市化过程中，大量农村人口迁往城市，但农村土地特别是居住土地并没有一并迁往城市，城市人口的增加使城市土地资源进一步紧张，人均土地面积减少。因此，从这一角度看，农地入市也具有其合理性。

当然，农村集体建设用地入市也存在着较大的风险。这种风险主要来自对土地资源特别是耕地的可能侵害和因为管理疏漏导致的公共利益受损。

要加快农村集体建设用地入市需要有充分的制度准备和实践验证。制度准备的核心是要制定合理的土地利用规划，建立有效的保障基本农田和耕地红线制度体系。修订后的《土地管理法》也反复强化这一法制准则和要求。

同时，农地入市必须以满足特定土地需求为目标，实施精准供地。土地需求市场很复杂，需求类型很多，不同的需求可以采用差异化的供给渠道来满足。目前，随着户籍制度的调整，人口就业性流动更加频繁，住房租赁需求增长很快，因此，农地入市可以作为租赁住房用地的供给来源，对满足相应条件的农业土地允许进行租赁性房地产开发。

此外，农地入市是我国土地供给制度的重大调整，关系到诸多方面的利益，也可能会遇到许多意想不到的复杂问题，因此，农业集体土地入市不能够贸然实施，还需要经过较为深入的试验和探索。

（四）改革现有财税制度，减低地方政府对土地财政的依赖

在分税制下，地方政府尤其是内地经济欠发达地区的地方政府，对土地财政的依赖性极强，在相当长的时期内，土地出让收入成为地方政府主要的财政来源，其收入往往占到当地财政收入的一半以上。"土地财政"现象之所以出现，主要是因为现行的土地制度。在现有的土地供给机制下，地方政府是唯一的土地供给主体，牢牢把控着土地供给渠道。政府可以通过土地供给数量、质量的调整以及土地供给速度和节奏的变化，实现对土地价格的操控。因此，要从供给侧对土地供给方式进行改革，增加土地供给主体和渠道，必须从根本上改革财税制度，减低地方政府对土地财政的依赖。

对财税体制的改革首先需要从调整中央和地方的财政关系入手，合理划

分并理顺中央和地方政府之间的收入分配格局，建立与此相适应的地方事权和支出责任制度。其次，要进一步深化财税制度改革，优化税收结构，在保持宏观税负相对稳定的前提下提高地方政府的税收水平。最后，应充分发挥财政转移支付功能，加强中央财政转移支付对地方特别是经济落后地区的支持力度。

二、打破房地产生产环节垄断，实现住房多主体供给

房地产市场的垄断，不仅存在于土地供给环节，也存在于生产经营环节，即商品房供给环节。

首先，房地产产品生产主体具有单一性，导致生产经营环节出现一定程度垄断。根据我国房地产管理法和相关法律的规定，从事房地产开发生产的机构必须具有房地产开发资格，也就是说，鉴于房地产开发活动的特殊性，在制度层面已将其他机构和个人都排除在房地产生产主体范畴之外。生产主体的单一性不是指生产者数量的多寡，而是指产品生产渠道以及与此相联系的产品销售渠道单一，这种单一性极容易在行业高壁垒的掩护下形成利益共谋，产生垄断。

其次，房地产产业壁垒高形成垄断。产业壁垒会阻挡行业之外的竞争者，减弱行业竞争性。一般而言，产业壁垒越高，越容易形成市场垄断。著名战略管理学家迈克尔·波特认为，产业壁垒的高低与政策制度、经济规模要求、产品特性、现有企业行为等诸多因素有关。在房地产业中，正是因为房地产许可证制度的强约束性、规模经济的要求高、房地产产品的非标准化带来的用户转换成本高等因素的存在，导致行业壁垒较高，在一定程度上减弱了房地产市场竞争。再加上房地产产品的独特性形成的自然垄断和政策准入限制，生产经营环节的垄断被进一步加大。

最后，从现实情况看，房地产市场集中度越来越高。有很多学者在对我国房地产市场进行实证研究之后都得出了这样的结论，如况伟大（2004）、李宏瑾（2005）、刘俊和邱琬琬（2013）等。一般而言，市场集中度越来越高，预示着生产和销售的垄断性也就越来越强。据统计，2018年，全国约有近10万万家房地产开发企业，在实际开发中，15%的开发商建设开发量占到总开发量的95%，剩下85%的企业建设量只占5%，大多数是"僵尸

企业"或"空壳公司"①。同时，由中国房地产业协会、上海易居房地产研究院中国房地产测评中心共同发布的《2019 中国房地产开发企业 500 强测评研究报告》显示，2018 年我国房地产市场集中度进一步提升。从销售规模看，排名前 50 强的房地产开发企业销售规模超过全国总规模的一半，达到 51.95%；从货值集中度看，51% 的土地被排名前十的房地产企业购得。另据报道，截至 2018 年，千亿级房地产企业达到 30 家；同时，排名前 500 强的房地产开发企业资产和盈利能力也不断提升。开发企业实力的增强，更容易造成对土地资源的囤积，进而加深房地产市场供给的垄断。

显而易见，随着房地产市场形势的不断变化，房地产市场开发环节的垄断程度也不断提高，要打破这种垄断，必须在坚持规范约束和集中统一管理的前提下，适度放开房地产生产经营市场，允许更多符合条件的市场主体涉足房地产生产经营领域，以增强房地产开发市场的竞争性。

（一）推进合作建房

合作建房是指两方或多方进行合作，共同开发房地产的一种形式，其与通常的开发商开发房地产最大的不同是开发方不是单一的，而是多方合作。合作建房与以开发商为主导的合作开发是不同的。合作建设一般是由一方提供合法取得使用权的土地，另一方或多方提供开发资金或者其他开发资源进行房地产开发建设；或者采取"入伙"方式，共同出资、共同筹划、共同选购地块、共同设计房屋、共同建设施工、共同验收入住，进行合作开发。合作建房还有一种主要形式就是房地产需求者合作建设房地产，即房地产开发者与消费者是一体的。本章所主张的合作建房就是住户联合做开发商，共同出资成立房地产开发公司开发自用住房（自己做自己的开发商），并按照正式规范委托建筑商等机构进行设计、施工，完成住房修建。这种合作建房模式与开发商与有地的机构进行联合开发的模式有很大区别，其中最重要的区别在于，与开发商等合作开发的房屋是用来销售并获取收益，而此处的合作建房开发建设的房屋主要是用于自住。合作建房的参与主体主要是以消费者个体为主，也就是个人合作建房。

① 2019 年中国房地产行业发展概况、行业集中度及行业发展趋势分析［EB/OL］. http://www. chyxx. com/industry/201910/799560. html.

合作居住（cohousing）是出现在 20 世纪 70 年代的一种新的居住形式。最初起源于丹麦，80 年代传入美国，因其新颖的居住模式迅速在北美传播并发展，如今已成为欧洲、北美以及大洋洲地区非常流行的一种居住和建房模式。

就目前来说，合作建房其实就是一种集资建房形式，很容易被误解为是非法集资行为，如温州个人合作建房在初期就被当地房管部门质疑为非法集资。其实，个人合作建房与非法集资有着实质性的区别，"非法集资主要目的是为了赚钱，而民间建房的借贷实际上为了排忧解难"①。个人合作建房也与传统意义上的单位集资建房有区别，单位集资建房是利用单位以非商业化方式取得的土地为本单位职工建房，土地性质是划拨土地，而合作建房的土地则是通过市场化方式竞买而来，不存在国有土地资产流失的问题。对于个人合作建房，学界赞同的声音不少，如温州大学房地产研究所所长石海均教授、中国社科院国际投资研究中心学术委员会副主任曹建海教授均对合作建房的积极意义予以认同和肯定。

合作建房的意义在于：第一，有利于促进开发主体的多元化，破除房地产生产环节的垄断。第二，可以将住房生产者与需求者直接连接起来。目前，根据相关法律法规的规定，只有具有相应资质的房地产开发企业才能从事房地产开发活动，产品生产者不是产品需求者。我国是一个在农业经济社会基础上发展起来的社会，具有较为悠久的自给自足传统，即使在当代广大的农村地区，住房需求仍然是通过自给自足的生产、供给方式实现的。因此，从这一层面上看，是可以在城市房地产市场实施"自给自足"式的房地产开发以满足部分住房需求的。这种"自给自足"式的个人住房合作开发方式不仅可以把需求者与生产者联系起来，也能在一定程度上增加房地产市场的竞争性，让开发商提供更好的产品和服务。第三，可以更好地满足消费需求，因为开发者即是需求者，所以开发的住房是按照消费者自己的意愿设计建设的，能直接把特定消费者的需求最大化地体现在产品中，更好地满足消费者的需要；同时也在一定程度上减少了交付后使用环节的建筑改造，节约了装修成本，减少了环境污染。第四，有利于降低成本、抑制房价。合

①　蔡曦蕾. 个人合作建房的困境与出路——以与非法集资的界分为主线［J］. 金融法苑，2010（1）：94–108.

作开发本身是将消费者与生产者直接结合的一种模式，一方面减少了市场信息获取成本，另一方面免去了产品销售成本，同时剥离了开发企业利润，因而在很大程度上可以达到抑制房价的目的。据测算，与购买商品房相比，个人合作建房的成本大致能降低三四成，这对低收入群体有很强的吸引力。第五，有利于拉动内需。目前，国际国内经济形势不确定性增强，特别是2020年新冠疫情的蔓延，给全球经济都带来了极大的影响，经济下行压力增大。有鉴于此，各国都不约而同地祭起了扩大内需撬动经济的大旗。对于我国居民来说，无房、少房（居住条件差）的家庭还较多，通过个人合作建房的方式能降低房价，家庭其他可支配的消费性支出比例得以提高，毫无疑问可以极大地拉动国内消费，促进经济的发展。第六，有利于减轻政府保障性住房建设负担和财政压力。允许民众合作集资建房，是充分发动社会力量参与住房建设的重要途径。在合作建房中，只要能有效地控制住投机客的参与，必然能极大地减轻政府提供保障性住房的压力。第七，降低房地产金融风险。传统的房地产开发资金大多来自银行贷款（无论是开发商的贷款还是开发商通过收取消费者预付款的按揭贷款），给我国金融业带来巨大的风险；而个人合作建房，资金主要来自个人，则可在一定程度上降低房地产金融风险。第八，有利于推动房地产市场的持续健康发展。合作建房的推行带来的益处是多方面的，其最重要的意义在于可以实现房地产供给主体多元化，增加房地产行业的市场竞争，抑制房价，因而从长远来说，有助于推动房地产市场的持续健康发展。

当然，合作建房也存在一定的障碍和风险。如拿地困难、政策障碍大、政府不积极、合作建房监管难度大等。要推进合作建房，必须对其风险进行规避，并消除障碍。

1. 消除制度性障碍

目前，合作建房最大的障碍是无法保证合作建房者购买到所建房屋。按照现有政策规定，所有新开发的商品住房都应当向社会公开销售。公开销售就预示着其他购房者也可以参与竞买，因而就很难保证合作建房者能够成功获得所建房屋的产权证，这成为合作建房之路常常受阻的重要原因。

可见，我国关于合作建房还存在着法律空位，因此，要推进合作建房，必须根据市场情况的变化和形势发展需要，制定和调整现有房地产开发与管理制度，尤其是应制定专门的关于个人合作建房的制度规范，允许合作建房成果归建房者所享。与此同时，政府也必须在政策态度上明确合作建房的法律地位，模糊不清的政府立场常常给合作建房带来较大的不确定性，尤其是给合作建房参与者造成极大的心理担忧而不敢轻易涉足此领域。另外，要避免炒房者利用合作建房进行炒房，政府必须要完善相关配套和细化的管理规定，明确合作建房的保障性属性，制定参与合作建房的准入条件，在相关制度建构中，要把合作建房从投资行为变为自建自住行为，比如规定合作建房只能用于自住，不能用于出售等。从绝大多数住房条件改善较好的欧美发达国家来看，合作建房都获得了相应的合法性，葡萄牙、意大利、西班牙等国家还在宪法中直接声明了保障居民合作建房权利，赋予了合作建房的宪法地位。

2. 提高运作效率

由于合作建房的特殊性，在项目号召、组织、运作以及项目建成后的住房分配、剩余房屋的处置等方面都将面对一系列问题，必须对这些问题予以一一化解。

第一，组织协调较为困难、运行效率较差。目前，在全国各地出现的多起较有影响的合作建房项目都是民间自发号召、通过网络方式组织的，由于参与合作建房的个人相互之间不熟悉，信息沟通不畅，了解不深，同时，建房合作组织也具有临时性，缺乏信任基础，造成项目运作遇到困难。

要提高合作建房的协调度和运行效率，必须秉承自愿原则进行，建立内部规范，在实施过程中要通过契约形式建立起规范高效的运行机制，同时要加强合作者的互认互信，为合作建房打下信任基础。

第二，拿地困难。合作建房最大的难点之一就是拿地困难。个人合作建房之所以拿地难，原因是多方面的，其中最主要的原因是个人合作建房团体缺乏硬实力，难以与其他实力强劲的开发商展开土地竞购，作为组织者和合作建房的代表，在竞买土地时难以决断也影响成功拿地。

要破解拿地困难的瓶颈，应做到以下几点：一是要通过委托方式聘用专业人士和专业机构参与指导；二是要创新合作建房模式，直接与拥有合法土地的个人或机构合作建房，这也是目前许多合作建房常常尝试的一种方式；三是要赢得政府的理解和支持，政府应专门为合作建房提供土地支持。

第三，资金安全存在一定风险。资金问题是个人合作建房参与者最为担心的问题之一。要有效规避资金安全风险，可以委托第三方资管，也可以借助上海模式，成立基金管理公司，将合作建房资金打包进入基金，在资金使用中完全按照基金管理公司的方式运作，从而保证合作建房资金使用的公开化、标准化和制度化。

第四，选房、处置剩余房屋等也是合作建房中不可小觑的问题。由于房地产产品的特殊性，楼层、朝向、区位等产品特性带来的选房问题和剩余房屋处置问题往往不少，会在合作建房中影响组织管理的效果和项目是否能顺利开展。当然，这些问题都只是操作层面的微观问题，是可以在实施过程中成功解决的；从另一个角度上讲，即使出现这方面的问题，这种负面影响相对于合作建房的较多优势来说，也是可以容忍的。

3. 规避变相炒房

在目前家庭财富保值增值压力下，合作建房应当以保障基本居住为主要目标，适当兼顾投资型需求，防止炒房客加入，避免合作建房进入变相炒房的歧路。为此，应注意以下几点：一是要建立制度规范，对于有多套房的家庭要在合作建房准入条件上予以限制；二是严格控制私人合作建房次数，同一主体不能多次参加合作建房；三是一般合作建房主要是用于居住，所建房屋除非是合作建房者居住剩余的且符合审批的剩余房屋可以出售外，其余的绝大多数房屋都应当定位为自用住房，只能用于居住，不能流通。

4. 加强政府引导

合作建房模式要在国内取得实质性发展，政府支持和引导是关键。一个非常现实的问题是，合作建房相较于开发商建房来说，政府需要容忍因为价格降低带来相应的部分收税损失，同时，政府也需要付出更多的精力加强对合作建房的监管。在我国，合作建房还是一种较为新鲜的事物，政府除了需要完善相应职能、鲜明政策立场（政策暧昧也是我国合作建房难以实施的一大障碍）、疏通政策通道（如排除非法集资、建好房后不能拿证等风险）之外，也需要运用政府公信力，加强对社会、市场等各个主体的正确引导，营造对合作建房有利的宏观和微观环境。政府应当加快决策考量，积极推进合作建房试点，摸索适应新时代、新市场背景的政策经验。

5. 拓宽合作建房资金渠道

合作建房也同样面临着较大的资金需求，尤其是将合作建房定位于满足保障性住房需求之时，更应当充分考虑合作者个体的资金融通问题。在政策视野中，应当将此部分融资需求纳入常规按揭贷款的范畴，予以同等的政策待遇。

6. 创新多样化合作建房模式

要实现党中央提出的社会治理现代化，必须鼓励在政府引导和完善法律规制下的多元社会组织参与社会自治和管理，分担曾经由政府大包大揽的社会事务。在地方政府财力有限、市场机制无法保障居民基本住房需求的情况下，合作建房不失为一种有效的社会治理方式。从总体上来说，合作建房的意义要大于其可能存在的问题。

合作建房在我国曾经有过一些尝试，如2003年联想软件工程师于凌罡首次推出合作建房计划，并将计划付诸实施，虽然在北京多次拿地不成而失败，但开启了我国个人合作建房之先河。随后，在全国范围内，又陆续出现了合作建房的"温州模式""深圳模式""上海模式"等。从国外情况看，合作建房占比较高，起到了有效解决居民住房问题的作用。根据《欧洲住房评估（2012）》发布的数据，截至2011年7月，爱尔兰7个住房合作社管理了1800个租赁、股权共享房屋和公寓，解决了大约14万人的住房问题；2010年德国1850个住房合作社建造了约218万套住房，占住房总存量的5%，解决了全国约6%的人口的住房问题；美国的6400个住房合作组织拥有120万套住房，约占共同所有权住房的6%。2012年，加拿大2339个住房合作组织建成了96742套住房，解决了约25万人的住房问题；在亚非地区，合作建房也得到很好开展，如埃及住房合作社的住房占到住房计划的43%。[①]

根据国内外经验，合作建房可供采用的模式很多：一是采取最传统的自愿自发形式；二是组建合作建房联盟；三是与有较强实力的市场主体合作；

---

① 朱亚鹏，孙小梅．合作建房的国际经验及其对中国的启示［J］．广东社会科学，2019（1）：217－218．

四是成立住房合作社，等等。个人合作建房应当根据具体情况在合法、有效前提下采取相应的、切实可行的合作模式。

（二）开放租赁房屋建设市场领域

乐业安居是中国人的传统观念，许多人都是以购房作为实现"安居"（居住稳定）的第一选择。所以，我国居民通过购买等方式达成住房自有的比例很高。根据浙江大学不动产研究中心的调查，2009 年以来国内城市居民有七成以上的人购买了住房。目前，全国 40 个省会及重点城市居民的住房拥有率都在 70% 以上，长沙甚至达到了 90% 以上，三线、四线城市居民住房自有率比例更高①。另外，2020 年 4 月央行调查统计司对全国城镇居民家庭资产负债调查结果显示，目前，我国全国城镇居民户均拥有 1.5 套住房，其中，有一套住房的家庭占比为 58.4%，有两套住房的占比为 31.0%，有三套及以上住房的占比为 10.5%，住房整体拥有率高达 96.0%②。

近年来，随着户籍政策的放开，人口流动不断加速，其间虽有波动，但始终保持着连续增长态势。2016 年，我国人口流动规模达到 2.45 亿人，比 2011 年流动人口增加了 1500 万人。同时，流动人口中主要以适龄求学和就业人口为主。《中国流动人口发展报告》显示，近年来我国流动人口平均年龄出现持续上升的现象，由 2011 年的 27.3 岁升至 2016 年的 29.8 岁。在 16~59 岁的劳动年龄人口中，"80 后"流动人口比重由 2011 年的不足 50% 升至 2016 年的 56.5%，"90 后"流动人口比重在 2016 年也上升至 18.7%③。另从近年百度地图春节人口迁移大数据中也能看到我国人口流动不断增长的趋势。人口在大规模流动中不断释放出大量住房需求，特别对住房租赁市场产生重要影响。《2018 年中国住房租赁白皮书》预测，在未来的 5 年中，住房租赁人口将增长 50%，住房租赁市场规模将增长 150%④。

可见，在快速城镇化的推动下，人口因就业、生活而迁徙的频率越来越高，传统的城乡二元结构体系下人口居住的区域固定性受到极大冲击，人们

---

① ④ 易宪容，郑丽雅. 中国住房租赁市场持续发展的重大理论问题 [J]. 探索与争鸣，2019（2）：117 - 130.

② 数据解读：央行调查表明住房全面短缺时代彻底结束，房地产业还有未来么？[EB/OL]. https://new.qq.com/omn/20200426/20200426A0KM0300.html? pc.

③ 何爱华，徐龙双. 住房租赁市场发展的制约因素、国际经验与改进方向 [J]. 西南金融，2018（8）：37 - 42.

居住的自由选择性和非固定性越发明显。居住特性的变化催生了极大的住房租赁市场，改变了房地产市场的供需结构和消费者的购房行为；再加上80后、90后新生代消费者成为住房的主要消费群体，居住观念和购房观念也在更明显地发生变化，住房租赁开始逐步上升为一种重要的住房消费形式。

随着租房需求的增长，进一步开放租赁住房建设市场的重要性和紧迫性就更加凸显。在中央提出"房住不炒"定位和推出"租购并举"政策之后，住房和城乡建设部会同国家发展改革委等部门联合印发了《关于在人口净流入的大中城市加快发展住房租赁市场的通知》，为培育和促进租赁市场的发展提供了有力的政策保障。但是，就实际情况看，在租赁性房地产建设市场，扮演主要生产供给角色的仍然是开发商，其所提供的长租公寓业务也仅仅是其房地产销售业务的一种衍生和补充。可以说，在我国房地产市场化的初期，开发商实力弱小，开发资金有限，一般都只能采取出售的形式销售房地产产品以便快速回笼资金，以保证后续开发项目所需资金供给，故而开发商推出的租赁性住房产品较少。然而随着开发商实力的增强和市场需求形势的变化，开发商采用租售并举的经营方式也就成为必然。从这一层面看，仅仅寄希望于开发商开发建设租赁住房来满足租赁住房市场需求是不现实的，势必也会形成供给垄断。因此，开放租赁住房市场建设，形成多主体租赁住房供给是十分必要的。可喜的是，目前国家正在积极推进城市存量土地的租赁住房建设步伐，增加租赁住房供给主体，为我国租赁住房市场的开放和发展添加了新的活力。

（三）适度允许外资房地产开发业务进入

改革开放后，新加坡等地资金进入中国房地产市场从事开发活动的不在少数，欧美等外资也通过各种基金以间接参与的方式进入了我国房地产资本市场、投资市场和消费市场。总体上看，外资进入我国房地产市场主要有两大领域：一是通过直接注册房地产开发公司或者进行股份合作形式进入房地产开发领域；二是通过基金或资本市场进入房地产消费领域。外资的进入对我国房地产市场造成了多种影响。实事求是地说，进入房地产资本市场、消费市场的外资投机性更强，而进入房地产投资开发市场的资金的积极作用则更高。面对海外资本进入房地产消费领域对我国房地产市场带来的不利影响，2006年国家专门发布《关于规范房地产市场外资准入和管理的意见》，对海外个人和机构在我国投资房地产业务进行了规范。在当时特殊的国际国内形势下，总体思路是以抑制外资参与房地产炒作为主要目标，同时对海外资金进入房地产开发领域、从事房地产生产建设业务也设置了较高门槛。根据国家统计局的资料，从 2001 年到 2018 年，外资房地产开发企业数量在这一政策颁布之前还在不断增长，但之后呈逐步减少趋势（见表 8-1）。

表 8-1　　　　　　　历年外资房地产开发企业数量变化趋势　　　　单位：个

年份	港、澳、台地区投资房地产开发企业个数	外商投资房地产开发企业个数
2001	2959	1084
2002	2884	1077
2003	2840	1176
2004	3639	2108
2005	3443	1890
2006	3519	1923
2007	3524	2029
2008	3916	2364
2009	3633	2100
2010	3677	2052
2011	3565	1843
2012	3451	1713
2013	3391	1674
2014	3414	1565
2015	3235	1418
2016	3232	1308
2017	3066	1223
2018	2719	1155

资料来源：根据国家统计局公布的资料整理。

　　虽然外资进入我国房地产市场特别是进入房地产消费市场加剧了房地产

市场供需矛盾,造成房价上涨,也带来一定的金融风险,但是,真正有实力的海外房地产开发商进入国内房地产开发市场则情况有所不同,只要加强监督和管理,充分利用其生产供给功能,是可以规避相应风险的。因此,继续适当放开对外资进入房地产开发业务的限制,吸引更多真正有实力、管理理念好、服务水平高的外资房地产开发企业从事房地产开发业务,可以起到丰富我国房地产开发主体和房地产产品供给渠道的作用。

三、提高土地增量,加大住房供应总量

房价的上涨、投机的盛行,除了受土地、房屋的供给主体和供给渠道较单一等因素影响外,也与土地、房屋的供给数量不足直接相关。要抑制投机炒房,必须从房地产产品的供给总量和供给结构上精准施策。

(一)提高土地供应量

土地是房地产开发的基础,不打破土地供给的数量瓶颈,抑制房价和炒房投机就很难实现,因此,既要盘活城市土地存量,也要提高土地增量。

1. 提高开发土地总供给,实现土地总供应量与城市人口增长的基本平衡

近年来,我国城镇化一直在稳步发展,城镇化增长率除个别年份外,每年的增速都基本保持在1%以上,有的年份甚至高达3.77%(见图8-2),到2019年,我国城市化率已达到60.6%。每年高达1%以上的城镇化增长率预示着每年有1300万~1400万的人口进入城镇。而与此相对应的是近十几年时间内,全国土地供应总量波动较大,有的年份甚至出现负增长,这可以从全国房地产开发企业购置土地面积上得到印证:从2004年到2018年的15年中,共有8年出现房地产开发商购置土地面积同比负增长,年份占比达到53.33%,有的年份实际土地供给数量下降达三成多(见图8-3)。从这15年我国城镇化率和土地实际成交量增长率的比较(见表8-2和图8-4)可以看出,全国土地实际增量与人口城市化率不匹配,土地增长率波动很大,在城镇人口保持稳定增长的时期,土地实际供应量不升反降。

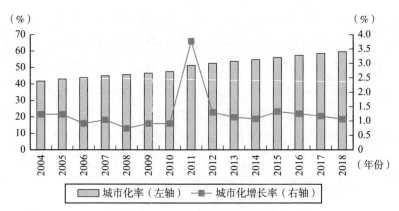

图 8 - 2　城市化率与城市化增长率

资料来源：根据国家统计局公布的数据整理。

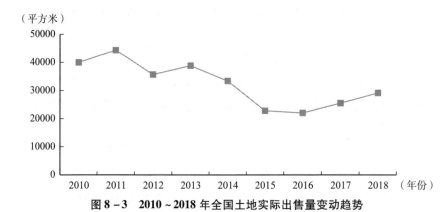

图 8 - 3　2010～2018 年全国土地实际出售量变动趋势

资料来源：根据国家统计局资料整理。

表 8 - 2　　　　　2004～2018 年我国城市化率与土地出售变化率

年份	城市化率 （%）	增长率 （%）	全国开发商土地 购买数量（万平方米）	开发商购地 增长率（%）
2004	41.76	1.23	39784.66	11.45
2005	42.99	1.23	38253.73	-3.85
2006	43.90	0.91	36573.57	-4.39
2007	44.94	1.04	40245.85	10.04
2008	45.68	0.74	39353.43	-2.22
2009	46.59	0.91	31909.45	-18.92

续表

年份	城市化率（%）	增长率（%）	全国开发商土地购买数量（万平方米）	开发商购地增长率（%）
2010	47.50	0.91	39953.10	25.21
2011	51.27	3.77	44327.44	10.95
2012	52.57	1.30	35666.80	-19.54
2013	53.70	1.13	38814.38	8.82
2014	54.77	1.07	33383.03	-13.99
2015	56.10	1.33	22810.79	-31.67
2016	57.35	1.25	22025.25	-3.44
2017	58.52	1.17	25508.29	13.65
2018	59.58	1.06	29141.57	14.24

资料来源：根据国家统计局资料整理。

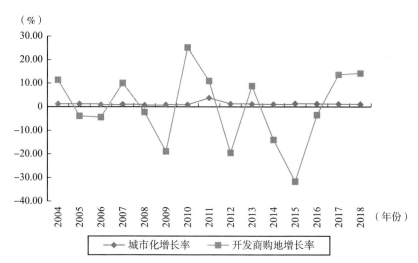

图8-4　2004～2018年城市化增长率与全国土地实际出售量增长率的变动趋势

资料来源：根据国家统计局公布的数据整理。

　　与此同时，在许多时候，地方政府都宣称增加土地供应量，提高土地供给增长幅度，但实际上土地成交量并没有增长，反而出现下降；即使增长，涨幅也没有达到官方所报道的计划水平。近年来，一些城市批而不供的情况也经常出现。据2014年国土资源部对华北五省（区、市）房地产市场土地供应情况的检查发现，2009～2013 年的 5 年间，北京市批而未供土地 2 万公顷，批而未供率高达 74.5%；整个华北五省（区、市）批而未供土地达到 13.97 万公顷，闲置土地面积 1.14 万公顷共 2109 宗，占比为 35.58%[①]。

可见，我国土地供应量与城市人口增长并不匹配，土地供给量赶不上城镇人口增长的速度和规模。土地供应量不足必然导致供需矛盾的出现，引发土地价格和房地产价格的上涨，给投机炒房带来机会。与此同时，土地供应量整体趋势波动较大，对土地价格和房地产价格也产生严重影响，不利于房地产市场的稳定发展和宏观调控。因此，增加土地供应量，对于满足城市人口增长对住房的需求、稳定房地产市场是十分必要的。

提高土地供应量，发挥政府调控职能是关键。一是政府作为土地资源的拥有者和市场规则的制定与监督者，要充分发挥对土地资源的调节能力和优势，利用行政手段调配土地供应指标，平抑土地价格，实现土地市场供需平衡；二是要统筹兼顾城市和农村两个土地市场，实现城乡土地利用上的空间腾挪和置换，达到土地市场的空间平衡；三是利用税收、金融等政策工具，依据市场原则，充分调动市场主体尤其是拥有闲置土地或者利用率不高的土地的市场供给主体入市交易的积极性，既盘活土地存量，又扩大市场供地增量。

2. 优化土地供给结构

要解决我国当前炒房投机严重的问题，除了增加土地供给量外，还应当优化供地结构，解决区域情况不同带来的土地供需矛盾，实施差异化供地政策。

第一，优化供地区域结构。要在适度、适时加大土地总供给的情况下，增加对经济发达区域、人口增长迅速的城市的土地供给，通过区域供地差异化实现土地供给市场平衡，以改变全国土地市场"冷热不均"的局势。东部地区作为我国经济最发达的区域，经济总量占比高、人口数量占比大，但土地供给增量却比中西部地区低。国土资源部中国土地勘测规划院"全国城镇土地利用数据汇总成果"显示，2009～2016 年，全国城镇土地面积增幅为 30.1%，年均增长 3.8%，9 年间共增加 218.1 万公顷；年度增幅由

---

① 李宇嘉. 从土地供给到房屋供给的瓶颈亟待疏通［N］. 证券日报，2017 – 04 – 17（A03）.

2010 年的 4.7% 下降至 2016 年的 2.9%，增长速度逐渐趋缓，增长曲线低头向下。不仅如此，城市土地供给增长也存在明显结构性差异：一是东部地区城镇土地面积年均增幅远低于中西部地区的 40.6% 和 41.9%；二是东部、东北地区城镇住宅用地面积的年均增幅小于中西部地区的 5% ~ 6%，也低于全国城镇住宅用地面积年均增长 4.0% 的水平。从总体上讲，住宅用地的年均增幅呈现出由小到大的特征，即由高到低依次为小城市、中等城市、大城市、特大城市及超大城市①，存在着人口越多越密集的区域和城市，土地供给增长幅度反而降低的情况。因此，进一步优化我国土地供给结构是十分必要的。

第二，优化土地利用类型供给结构。供地结构优化还包括土地用途的优化，也就是根据当地产业布局、公用事业发展、人口数量和人民生活需求，合理确定土地使用性质，优化产业用地、公共事业用地和居住等生活用地的供给比例，提高住宅用地占比。对于住宅用地的增量投放，要由国家进行统一调配和指导，制定硬约束杠杆，对于建设用地存量较大、去化周期较长的地区和去化周期短、住宅用地存量少的地区应采取差异化的住宅供地政策。

第三，优化住宅用地供给结构。随着社会、经济的发展，家庭核心化趋势越来越明显，再加上我国人口数量大，家庭小型化导致家庭总规模越来越大。第六次人口普查结果显示，我国平均每个家庭户人口为 3.10 人，比 2000 年第五次全国人口普查的 3.44 人减少 0.34 人，家庭户数达到 4.015 亿户；又据国家卫计委发布的《中国家庭发展报告 2014》，中国家庭数量达到 4.3 亿户，家庭规模从 20 世纪 50 年代前的 5.3 人左右降低到 3.02 人。

家庭数量的增加和家庭小型化，对住房需求也产生着影响。为了给更多的家庭提供适居的住房，政府需加大对中小户型住房的建设，在供地策略上，应进一步优化住房供地结构，增加对中小户型住宅用地的投放比例，保障中低收入家庭住房，严格以大户型为主的高端楼盘项目的供地审批，要将对"豪宅"项目的限制政策从在建筑环节审批约束和销售环节征税约束前置到供地环节。

---

① 全国城镇土地面积 8 年增幅超三成，住宅用地面积占比居首 ［EB/OL］. http：//news. sina. com. cn/o/2017 – 12 – 28/doc – ifyqchnr6683656. shtml.

3. 提高土地利用效率

提高土地利用效率本质上就是要增加单位面积上的房地产品数量。土地利用效率的提高已经成为政府、社会的共识。

首先，提高土地利用效率的重点是要在土地总体规划和微观规划上下功夫。在总体规划上，充分考虑国土空间形态优化，结合城市产业布局和经济社会发展实际，合理制定区域、城市土地总体规划和城市土地利用功能分区规划；在微观规划上，要以单位面积的产出和效益指标的提高为思路，注重建设用地尤其是住宅用地的建筑密度、容积率的规划审批，严格控制低密度、商住比不合理的项目，加强立体化规划，提高土地单位效益。

其次，要提高土地利用的及时性。土地利用不及时，主要体现在开发商购地之后不及时开发，甚至囤积土地。土地利用不及时就是无效供给，不仅使土地利用效率降低，因土地利用不及时转化为房地产开发的瓶颈，影响房地产终端市场的供给，而且也造成了国家土地供给调节手段失灵，尤其是开发商对土地进行囤积，形成二次土地垄断，成为高房价的罪魁祸首之一。

近年来，开发商囤积土地的情况日益严重，国家统计局资料显示（见表8-3），2004～2018年，全国开发商储地购地差额率①从趋于零到逐年上升，达到57%，特别是2015～2018年更是达到接近60%的水平。储地购地差额率的变化说明，土地在供给增量相对降低的情况下，储地量反而上升，同时也表明近年来土地未开发存量越来越大，土地开发不及时问题更加严重。

表8-3　2004～2018年全国购买土地量、待开发土地（储地）量、储地购地差额率

年份	待开发土地量（万平方米）	购买土地量（万平方米）	储地购地差额率（%）
2004	39635.30	39784.66	-0.40
2005	27522.00	38253.73	-28.00

---

① 开发商储地购地差额率是指全体开发商全年储地总量和当年购地总量之差与购地总量的比率，其计算公式为：全国开发商储地购地差额率等于全体开发商全年未开发土地（储地）总量减去同期全体开发商全年购买土地总量之差，除以同期全国待开发土地总量。开发商储地购地差额率能较好地反映开发商的储地、囤地水平。

续表

年份	待开发土地量（万平方米）	购买土地量（万平方米）	储地购地差额率（％）
2006	37523.65	36573.57	3.00
2007	41483.97	40245.85	3.00
2008	48161.07	39353.43	22.00
2009	32816.54	31909.45	3.00
2010	31457.95	39953.10	−21.00
2011	40220.76	44327.44	−9.00
2012	40195.99	35666.80	13.00
2013	42280.47	38814.38	9.00
2014	42136.28	33383.03	26.00
2015	36638.48	22810.79	61.00
2016	35121.01	22025.25	59.00
2017	35747.29	25508.29	40.00
2018	45617.86	29141.57	57.00

资料来源：根据国家统计局公布的数据整理。

注：储地购地差额之所以出现负数，是因为当年开发土地中有以前年份购储的土地。

　　土地未得到及时开发，固然有因为不可抗力因素或政府行为导致不能及时开工建设的原因，而更多的则是开发商为了谋取最大效益故意拖延开工。如开发商在申报环节故意以项目申报资料漏项等拖延开工时间，在建设环节以低比例在建规模拖延施工进度，从而达到不及时开工建设的目的。在利益共同链上的地方政府对这种行为采取漠视和放任的态度，加剧了这类问题的严重程度。

　　要改变土地利用不及时的问题，应采取以下措施：一是地方政府应对开发土地严格监管和执法，对不按期开发或开工量不足的土地项目应按照政策规制予以处罚；二是中央政府应实行年度供地指标配额制度，对开发土地存量过高的地方进行供地指标限制，促使地方政府监督开发商按时开发，进而避免囤地行为。

4. 建构跨区域、跨省份的土地调节补偿机制

　　增加开发土地供给量，必须以土地量的增长为前提，从一般意义上说，

每个地区、每座城镇的土地量是一个常数，要增加土地量就需要找到土地的增长源，因此，从优化国土开发空间的视角建构跨省域、跨大区的土地调节补偿机制就成为必然。

建构跨省域、跨大区的土地调节补偿机制也是基于我国人口空间结构变化的基本逻辑。在户籍制度改革和城镇化后，我国人口不断向城市集聚和向热点地区迁移，人口分布、人口居住空间结构已经发生巨大变化，城市人口和东部人口密度远远高于农村和西部。我国第六次人口普查结果表明，广东省人口总数最多，超过1亿人，人口密度前十位的省级区域依次是：澳门、香港、上海、北京、天津、江苏、台湾、山东、广东、河南。随着大量的人口迁入和人口分布密度的提高，以及建设用地的日益紧张，东部区域作为供养人口最多的区域，理应在土地资源上得到补充，但是，由于土地资源的特殊性，对土地资源的补充只能通过跨空间、跨区域、跨省份的补偿机制来实现。

跨省域、跨大区的土地调节补偿机制的建构应遵循统筹协调、保护耕地、占补平衡、有偿交换的原则和思路。在省域、市域、县域范围内，耕地占补措施已经实施并取得了较好效果；在新的《土地管理法》中又再次明确了严格保护耕地，实施耕地占补平衡的制度。2018年是跨省域土地占补机制的开篇之年，当年3月，国务院办公厅正式下发《跨省域补充耕地国家统筹管理办法》，由此推开了跨省域占补平衡的大门。但是，直到目前，跨省份、跨大区的土地占补实例还比较鲜见，在实践层面还存在实施细则未细化、定价机制难建立等技术难题。

建构跨省域、跨大区土地占补调节机制，应以中央政府为主导，建立全国性统一土地交易平台，实现占补指标配额制，由供需双方省区统一论证申报，再经中央集中统筹平衡，地方对接细化。同时，可以顺势而为，建立中央土地储备制度，把中央土地储备制度与跨省域、跨大区土地占补机制相结合。目前，国家层面并没有建立土地储备制度，在中央对全国土地市场进行调节时，除了文件政策外，并不掌握可使用、可投放市场的土地指标（土地都实际掌握在地方政府手中），这也是中央政府难以从全局高度对房地产供需市场进行有效调节的原因之一。因此，可以趁势建立统一的土地储备机制，实现与跨省域、跨大区土地占补机制的融合，使跨省域、跨大区土地占补调节机制与中央土地储备制度相结合，发挥调节全国土地市场、实现土地供需平衡的功能，同时也达到保护耕地、避免地方政府利益捆绑带来的土地占补交易中的弊端。

5. 建立和完善各级各地土地资源储备制度

根据《土地储备管理办法》，"土地储备是指县级（含）以上国土资源主管部门为调控土地市场、促进土地资源合理利用，依法取得土地，组织前期开发、储存以备供应的行为"。实施土地储备制度的目的是"加强土地调控，规范土地市场运行，促进土地节约集约利用，提高建设用地保障能力"。可见，土地储备制度就是要通过政府的土地储备，对土地供求市场进行适当调节，其作用是显而易见的。英美学者菲施曼（Richard P. Fishman）和敦克尔（Harold B. Dunkerle）都认为，政府通过预先取得未来开发土地，进行土地储备，可以有效控制城市发展速度和方向，并可以通过规划引导，对土地市场进行供需调节；卡姆（Sylvan Kamm）也认为，土地储备可以对城市的发展形态和土地价格产生实质性的影响①。

正因为土地储备具有调节土地市场、保证房地产价格稳定的作用和功能，因此，必须进一步探索和完善各级各地土地储备制度。我国土地储备制度来源于香港地区，1996年，上海土地发展中心在上海成立，这是我国境内第一家土地储备机构。虽然我国土地储备制度随着《土地储备管理办法》的出台在市、县级区域纷纷建立并经过多年发展，但还存在较多问题。一是土地储备主体缺位。一方面，一些地方的土地储备中心组织机构较为混乱、功能并不完善；另一方面，除了县、市地方政府之外，国、省两级并没有相应的土地储备机构（因为土地都归地方，国、省两级没有可收储的土地或可用的土地指标），也没法履行对更大区域的土地市场调控权（除了用地审批权之外。其实，这种审批权最终也被地方政府化整为零的用地申报策略所稀释）。二是土地储备功能错位。储备土地的重要目的之一是为了调节土地供需，平抑土地价格。也就是根据土地和房地产市场的供需情况，适时买入或卖出土地以平抑土地价格，以保持房地产市场土地价格和房地产价格的稳定。而现实情况是，许多地方都以城投公司来代行土地储备中心的诸多职能，将政府储备土地和调节市场的职能转化为公司开发经营职能。这一职能

①　王家庭，张换兆. 国外土地储备制度及其借鉴意义［J］. 上海城市管理职业技术学院学报，2006（4）：51－55.

错位直接变味成垄断土地供给，以实现土地效益最大化为目标，不仅不利于收储、整理和高效利用土地，反而加剧了土地市场的供需失调。三是运作不规范。许多地方随意扩大土地收储规模，目的也是获取更大利益。四是土地储备协调机制不健全，各地各自为政，无法做到更大区域的土地供给协调，使土地储备功能的效果得不到更大范围的发挥[①]。五是导致地方债务增加。披上公司外衣的城投公司代为地方政府进行土地收储和整理，实际上成了地方政府的融资平台，造成许多地方债务高企。六是法律法规不健全。目前国家层面的相关法律法规主要有《土地储备管理办法》（2007 年 11 月，由国土资源部、财政部、中国人民银行联合发布）、《关于加强土地储备与融资管理的通知》（2012 年 11 月，由国土资源部、财政部、中国人民银行、中国银行业监督管理委员会联合发布）、《关于规范土地储备和资金管理等相关问题的通知》（2016 年 2 月，由财政部、国土资源部、中国人民银行、银监会四部委联合发布）等。这些法规虽然在一定程度上对土地储备进行了规范，但仍然不能保障土地储备的规范运行。

因此，完善土地储备制度要以调节土地供给、保持房地产市场供需平衡为主要目标，要建立各级各地储备土地协调机制，加强对土地储备机构的管理和职能优化，尤其是要开拓新的储备土地来源，强化对工矿废弃土地、滩涂荒废土地、低效利用土地以及其他未开发土地的收储管理。在注重收储的同时，也要注重利用，通过政府统一调控，根据市场情况变化适时适量向市场投放土地，提升土地供应能力，实现土地市场稳定。

（二）增加住房供应量

英国学者凯蒂·巴克认为，住房供应量增加会降低人们对房价上涨的预期，减少投机行为。当前，我国住房市场最大的问题是住房供给量还不能满足人口城镇化和人们生活水平提高带来的住房需求，也就是说，要解决我国的住房问题，首先是解决住房供给数量的问题。从近些年住房市场情况来看，住房价格与住房销售量都在上涨，但住房价格上涨幅度明显高于住房供给速度（住房销售增长速度），从图 8－5 中可以看到，住房有效供给增长率呈现出很大的波动性，与房价走势明显背离：当住房销售面积（有效供

---

① 聂勇宽. 新时代土地储备制度面临的问题与对策 [J]. 中国土地，2018（9）：33－34.

给）增长的时候，房价下跌；当销售面积减少的时候，房价上涨；只有2014年除外，这与当时国家的房地产调控有很大的关联。2010～2018年，住宅销售总量增长58.42%，而住房销售价格涨幅却达到80.83%，说明房价涨幅高于住房供给增幅，也在一定程度上反映出住房供给量不足的问题。其实，从这一现象即房屋供给增加房价不跌反涨中还可以透视出炒房投机的行为对市场的影响作用，那就是，在炒房的推动下房价不断走高。

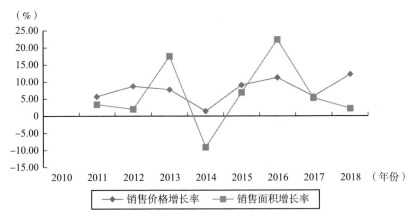

图 8－5　2010～2018 年住房销售价格增长率、住房销售面积增长率

资料来源：根据国家统计局公布的数据整理。

从经济学角度看，只有当供应量达到一定程度、满足需求时，供需才能实现平衡，房价才会下降，炒房投机行为才会减少。住房供应本是市场行为，应通过市场机制进行供需调节。但在开发商捂盘惜售而导致市场调节机制失灵、不能很好满足房地产市场需求的情况下，政府应当充分运用行政调控之手予以干预。

许多学者都认为，住房供给量的增加可能会被少数具有购买实力的个人囤房所稀释，达不到满足刚需居住、降低房价、抑制投机的目的。因此，住房供给干预的重点在于防止住房流入少数人手中。而要防止住房进入少数人手里，需做到以下几点：一是需要通过税收杠杆加大住房持有环节的成本和风险（后面章节将进行专论）；二是要切断其购买多套住房的资金来源；三是要提高单位土地面积上的住房套数比。虽然开发商每年所购买的土地量并不等于当年开发的土地量，但放在一个更长的时间跨度和更广大的区域看，用当年全国开发企业竣工总套数与开发企业购地总面积进行比较，仍然可以大致看出我国一定土地面积上的住房套数值。从表8-4可以看出，2010~2018年，我国每1万平方米土地上的住房套数值波动较大，经历了一个由低到高、再由高到低的变化过程。而从表8-5则可以明显看出，2010~2018年全国单套住房平均面积值逐年增大且均值都大于90平方米。仅就单套住房建筑面积的绝对值来看，与德国等国家的住房面积相比也是较高的。一方面是住房平均建筑面积不断增加，另一方面则是家庭平均人口数不断下降，这种情况的出现，一方面反映出单位土地面积与住房套数比不断下降，给土地供给增加了压力，另一方面则表明住房供给量相应下降，解决刚需家庭住房的能力不断减弱。因此，需要通过政府在开发审批环节加强对大户型住宅的控制，增加小户型住房比例，提高住房供给总量。

表8-4 2010~2018年全国单位土地面积上的住房套数均值（推测值）

年份	房地产开发企业住宅竣工套数（套）	全国开发商土地购买数量（万平方米）	全国土地住房套数均值（套/万平方米）
2010	6019767	39953.10	150.67
2011	7219163	44327.44	162.86
2012	7642379	35666.80	214.27
2013	7493133	38814.38	193.05
2014	7659418	33383.03	229.44
2015	7050109	22810.79	309.07
2016	7455409	22025.25	338.49
2017	6770598	25508.29	265.43
2018	6182425	29141.57	212.15

资料来源：根据国家统计局资料整理。

表8-5 2010~2018年全国单套住房面积均值（推测值）

年份	住宅商品房销售面积（万平方米）	房地产开发企业住宅销售套数（套）	住房平均面积（平方米/套）
2010	933766000	8817526	105.90
2011	965284100	9139672	105.61

续表

年份	住宅商品房销售面积（万平方米）	房地产开发企业住宅销售套数（套）	住房平均面积（平方米/套）
2012	984675100	9446424	104.24
2013	1157226900	11046279	104.76
2014	1051877900	10104351	104.10
2015	1124122900	10578898	106.26
2016	1375399300	12822565	107.26
2017	1447887700	13361411	108.36
2018	1479294200	13298420	111.24

资料来源：根据国家统计局资料整理。

（三）加快保障性住房建设

保障性住房是政府为满足中低收入住房困难家庭住房需求所提供的住房。保障性住房在许多国家都存在，有的称为公共房屋，有的称为经济房屋，有的叫组屋。无论是西方国家还是中国，保障性住房一般都是政府主导建设或由政府直接提供。

长期以来，党和国家都把保障性住房建设作为房地产政策的重要内容，党的十九大报告正式提出"多渠道保障"的政策指向，目的之一就是要通过多种渠道加快保障性住房建设，以满足中低收入群体住房需求，实现人们"居有其所"的夙愿。

1. 保障性住房建设应以满足中低收入群体、职务调动、引进人才等多重住房需求为目标

随着福利分房制度的取消，面对部分中低收入家庭无力购买住房的问题，国家推出了限价、限户型的经济适用房，1994 年国务院正式发布《城镇经济适用住房建设管理办法》，是我国保障性住房政策的开始。可以说，在保障性住房政策提出之初，政策目标是较为单一的，以解决中低收入家庭的住房问题为主要政策指向。随着时间的推移和社会的发展，许多住房问题被纳入保障性住房的政策视野中予以考虑，所以，保障性住房的种类逐步增多，服务对象也更加趋向于多元，用于因公共利益需要而实施的人才引进、

特殊职务调动、拆迁安置等而建设的经济适用房、"两限"商品房、政策性租赁住房、廉租房、安居商品房、定向安置房等不完全由市场机制确定价格，而享受政策性优惠的保障性住房类型不断出现。

保障性住房对于解决中低收入群体住房问题、满足刚性需求、调节市场供求矛盾起了巨大的作用，在今后这仍将是保障性住房建设的主要任务和重要目标。随着社会经济的发展和中低收入家庭住房问题的逐步解决，保障性住房政策也应不断拓宽政策覆盖对象，把更多的需要解决住房问题的对象纳入保障的范畴，达成保障性住房的多重政策目标，让保障性住房制度在促进地方经济发展上发挥出更大的作用。

我国是一个发展中国家，人口基数大，中低收入群体人数还较多，但从目前的实际情况来看，保障性住房建设还基本上是点缀，在房地产市场中占比还很低，根本满足不了中低收入群体的住房需求。因此，要抑制房价、抑制炒房，重要的方式之一就是要加大保障性住房建设、增加保障性住房的供给，满足更多的中低收入家庭的住房需求。

同时，保障性住房在申请审批、居住使用、购买流转等各个环节都应当加强管理，建立相应的科学规范的制度规章，应向新加坡的组屋制度学习，一是保证在保障性住房的量上满足更多的需求，二是在运作机制上实现单独体系的独立运行。

2. 保障性住房建设应以保障房供给主体多元化为路径

保障性住房建设在我国已受到长期关注并取得了一定成绩和经验。保障性住房的最初政策设计主要是由政府提供房源，但随着形势的发展，保障性住房建设变为主要由政府政策主导、由市场多主体建设。在今后，推进供给主体多元化仍将是保障性住房建设关注和发展的重点。

推进保障性住房多主体供给，应采取下列措施。

一是要加强政府保障性住房的投入和建设力度，发挥保障性住房供给的主渠道功能。可借鉴新加坡组屋制度，各地政府以国有土地和政府储备土地确保保障性住房的土地供给，同时建立并借助中央住房公积金制度和保障房抵押贷款制度等资金保障体系作为政府保障性住房建设和低收入家庭购买、租赁保障性住房的资金来源。

二是挖掘国有企业等机构的潜能，调动其参与保障性住房建设积极性，以建构起新的保障性住房供给渠道；在保障性住房建设的种类上，要根据市场需要，建设多种类型的保障性住房，尤其是应重点开发建设租赁性保障性住房。可借鉴德国经验，通过大型国有机构开发租赁性住房。在德国，仅柏林一地就有 6 家历史悠久的大型国有市政公司从事租赁性保障性住房业务。这些国有市政公司开发出大量低租金的保障性住房（租金仅仅相当于市场平均租金的一半），既满足了广大中低收入者的住房问题，也保证了企业经营范围的拓展。

三是引导社会资本进入保障性住房建设市场，作为保障性住房供给的重要补充。德国、北欧国家在保障性住房的发展中都十分注重对社会资源的利用。如德国通过政府贴息和财政补贴等方式吸引投资商开发建设租赁性保障住房，对投资商所开发的租赁住房实行分时段限价，即前三年租金价格必须在政府规定价格范围内，以后可以根据市场情况进行逐步调整，也就是说前几年主要是保本经营，以后才可以获利，这种方式也类似于 20 世纪 90 年代我国国有股份制企业改革。应该说，为了减轻政府的压力，通过财政补贴、税收优惠等方式，在我国引导社会资本开发建设保障性住房既是必要的也是可行的。

3. 大力推行保障房类型多样化实践

"居者有其屋"是深入国人心里的传统思想意识，所以无论是有购房能力还是没有购房能力的消费者，都以拥有全产权的住房为住房消费的首选追求，但在中低收入群体中，受制于购买力的约束，也存在着购房之外的其他住房消费方式。推进多样化的保障性住房类型建设，就是要满足中低收入住房市场的多样化需求。

首先，要根据各地经济发展情况、就业水平、国民收入和家庭可支配收入等具体情况，充分调研，摸准中低收入家庭的具体情况，进行需求分类筛选，实现精准保障。其次，根据分类，在加快经济适用房、定向安置房等出售产权的保障性住房建设的同时，加大廉租房、政策性租赁住房的建设和投放。

4. 推进保障房产权结构多元化改革

自党的十九大重申房屋的居住属性和租售并举政策以来，各房地产企业纷纷加大租赁住房的建设和经营投入，一时之间，租赁房地产市场得以迅速发展。但从最近房地产公司公布的信息来看，开发企业近几年所推出的租赁性住房项目进展并不顺利，没有达到预期的目的，其中固然有企业自身的原因，而更主要的则在于住房租赁市场发育不全、消费者对租赁住房不在意。许多消费者认为，租房在经济上是不划算的，在心理上是抵触的，心理成本和社会成本都很高。与购房相比，租房不能享有与购房同等的政治、经济、社会权益（所以在我国出现了学区房这一独特的现象），在心理上也被作为外地人而不被认同，由此造成社会交往成本增加、家庭综合效用降低，尤其是对于低收入者来说，这种租购不同权带来的家庭成本增加和家庭效用降低更为明显。因此，加快住房产权结构改革就显得更为迫切，尤其是要大力推进保障性住房产权结构多元化改革，实行混合产权制度——共有产权制度，即由政府开发保障性住房，符合保障性住房条件的家庭按相关规定分期按比例购买保障性住房的产权，未购面积产权以租金方式支付，以此解决部分低收入者的住房问题。2007年江苏省淮安市首开共有产权用于解决低收入家庭保障性住房的先河，随后，上海、北京等地纷纷推进共有产权的实践。保障性住房产权结构多元化也可以借鉴英国的"共享产权"（shared owner-ship）制度。英国"共享产权"与我国目前推行的"共有产权"表面看有些相近，在形式上也是半买半租，购房者根据购买能力只需购买部分产权（25%~75%），剩余部分以月租方式支付。但是，英国的这一制度与我国的共有产权制度实际上有较大区别：我国的"共有产权"住房具有商品房的基本属性，房屋产权可以在时间限制到期之后如商品房一样上市交易，而英国的"共享产权"住房则不能如商品房一样上市交易，除非通过"阶梯升级"（逐步购买产权）购买全部产权。

四、加快城市群建设

2019年2月，国家发展改革委印发了《关于培育发展现代化都市圈的指导意见》，提出了将城市群建设作为新型城镇化的主体形态。在"十三五"规划纲要中，共规划了19个城市群，这些城市群承载了我国78%的人口，贡献了全国超过80%的GDP。目前，我国城市群建设正向纵深推进，长三角城市群、粤港澳大湾区城市群、京津冀城市群、成渝城市群已成为引领我国都市圈和社会经济发展的典范。

城市群的发展不仅是带动全国经济发展的重要引擎，也成为参与国际竞争与合作的重要平台。从房地产的视角看，城市群的发展是解决人口"单核集聚"、房价不断抬高、炒房现象突出的重要路径。在一个区域以单核城市为主的时期，生产要素不断流向这样的单核城市，人口也大量聚集在一个城市，致使城市压力尤其是土地压力、住房压力增大，"大城市病"十分严重。城市群建设的目标就是要合理配置城市资源、生产要素，将向单核城市集聚的人口、产业向都市圈的整体范围发散，从需求侧缓解房地产压力，也从供给端实现土地、房屋供给的增长。

加快城市群的建设应以加快城市基础设施的建设为先导，尤其是要加快地铁、城市轨道交通、通信基础设施等现代生产要素的建设。按照马克思的地租地价理论，区位越好，距离城市中心区越近，土地出让金就越高，土地价格就越贵。城市群的建设，尤其是城市群基础设施的建设和完善，拓宽了城市空间，拉近了城市之间的距离，为城市居民居住提供了更多选择余地。按照阿隆索等的城市区位理论，居民居住区位的选择主要由两个因素决定：一是购房费用；二是住房使用成本。当使用成本高于两地购房价格之差时，购房者会选择在使用成本更低的区域购房，当因为交通等不方便造成使用成本较高时，消费者会选择房价较高的城市中心区域购房（距离工作区较近），结果是不断推动城市中心区房价上涨。所以，当城市群建设推进城市空间外扩和城市间交通与基础设施改善之时，以交通费用（直接交通费用和时间机会成本）等为主的住房使用成本不断降低，经济人理性会促使购房者选择在交通条件得到改善（方便、快捷、不拥堵）而地价又较低的非城市中心地段购房。购房者购房区位选择行为受到城市群建设和交通等基础设施完善的影响，进而有利于降低整体房价，达到抑制炒房的目的。

第九章

从需求侧抑制炒房

房地产市场需求的不断上涨为炒房提供了十分有利的条件，因此，抑制炒房需要从需求侧寻找办法。

近些年来，我国房地产市场尤其是住宅市场需求十分旺盛，助推房价一路高歌猛进，炒房得以大行其道。之所以房价会屡控屡涨、炒房会屡控屡炒，除了供给侧因素外，还因为市场需求太过集中、旺盛，房地产市场内部需求与外部其他市场需求不断聚合，业外、域外、海外输入性需求综合叠加，产生乘数效应，导致房地产市场需求十分旺盛。

在过去相当长的时段内，政府都是采用"压""堵"的方式来抑制房价、抑制炒房，结果是政策越堵压，炒房越疯狂。

房地产需求侧结构性改革应分清房地产市场需求来源的类型，以"疏通需求""疏散需求"为重点，采取"分类、分散"的调控思路，不断引导市场需求分流，减轻房地产市场需求压力，进而达到抑制炒房投机的目的。"分类"就是区分房地产市场需求主体类别，"分散"就是引导不同的需求向房地产市场之外的市场进行疏散，用其他供给来满足被聚集到房地产市场的需求。如利用经济高质量发展增强实业投资吸引力，缓解企业炒房需求；利用激励"双创"和提升人力资本投资水平来缓释民众炒房和家庭财富保值增值压力；利用大力发展和繁荣资本市场分散房地产投资投机需求；利用外汇政策抑制海外游资炒房……

一、拓宽投资渠道，分散房地产需求

拓宽投资渠道是疏散房地产市场需求的重要举措。在负利率和通胀双重因素影响下，家庭财富、企业财富和国家财富都面临保值增值的巨大压力，无论是政府（如各级各类的国有企业的年终考核中都十分明确地对国有企业财富的保值增值率提出了要求，把国有企业财富的保值增值作为考核国企领导人员的重要指标），还是企业、社会民众，都把房地产作为财富保值增值的基本方式，甚至唯一途径。由于其自身的特殊性，与其他如农产品、食品、烟酒茶、证券、贵金属、文化品等相比，房地产产品是一种很好的投资品。可以说，房地产具有了作为投资品的几乎所有基本要素：耐久性、高收益性、多用途性、低风险性等。因此，各种投资、投机性资本纷纷进入这一领域，造成房地产价格不断上涨。

要减轻逐利性资本对房地产需求市场带来的压力，就必须拓宽投资渠道。从抑制投机炒房的角度看，拓宽投资渠道的基本思路应是分散不同市场主体的投资需求，重点将企业和家庭民众等的需求阻断或者分散到不同的投资领域。

（一）加快经济高质量发展，增强实业投资吸引力

实业投资（产业投资）是经济发展的主要引擎，是吸引资本量最大、缓解房地产需求压力最强的渠道，原因如下：一方面，实业投资所需资本量巨大，如果能扩大实业投资规模，就能在很大程度上增加对资本的需求，从而分散房地产市场资金，尤其是需求市场的投资、投机资金；另一方面，企业参与房地产炒作的情况十分严重，若能增强实业投资吸引力，减少企业参与炒房，对缓解房地产市场需求压力也将起到极大的作用。

增强实业投资的吸引力需要以经济高质量发展为保障。2017 年，党的十九大报告指出，中国经济由高速增长阶段转向高质量发展阶段。高质量发展的根本路径就是要通过供给侧结构性改革增强经济活力、技术创新力和企业竞争力。只有经济高质量发展，产业投资的收益才会提高，投资风险才会降低，投资吸引力才会增强。

随着各种投资、投机性资本的涌入，房地产居住属性被削弱，房地产符号化、资本化、虚拟化特征越来越明显。目前，许多个人、家庭以及部分企业都把房地产作为投资的重要渠道，致使各种资源不断向房地产领域集聚，弱化了其他产业投资领域的吸引力。因此，必须进一步加强对其他产业投资环境的优化，提升实业投资内生动力，把实业投资打造成投资的主要渠道。

1. 加快产业结构升级，缓释企业炒房压力

随着宏观经济下行压力加大、产业结构调整升级，各行业收益率尤其是传统产业、低端产业平均收益率下滑，企业主营业务利润降低，于是企业纷纷转向利润更高、收益更稳定的房地产领域，参与炒地、炒房。据 Wind 数据库统计，截至 2019 年三季度末，A 股 3743 家上市公司中，有 1826 家上市公司持有投资性房地产（包括投机性房地产），占比超过 48%，合计持有市值达 13340 亿元。可以看出：一方面，参与炒房的上市企业占比很高，接近一半；另一方面，投资炒房的资金数额巨大，如果加上非上市企业的投资性房地产，全国企业炒房净额将更加庞大。与同期全国商品房销售累计值 111491.29 亿元相比，占比高达 11.97%[①]。

从根本上说，要抑制炒房，就必须遏住更具资源优势的企业参与炒房，而要遏住企业炒房，则需要加快产业结构升级。通过产业结构升级，淘汰落后产能，大力发展高端产业；通过高质量发展，不断壮大企业自身实力，提高企业竞争力和主业盈利能力，让企业更加专注于自身主业，进而从根源上、从主观动机上阻断企业炒房。

2. 加强政府投资引导，带动产业投资

改革开放后，我国经济的高速发展与政府投资的带动密不可分，投资占比从 20 世纪 90 年代开始直到 2004 年持续上升，其后虽有一定回落，但与世界发达国家的投资率相比，也处于较高水平。根据 2000～2019 年我国资本形成总额对经济的贡献率可以看出，我国经济增长在总体上具有投资拉动的特征，投资对国民经济总量增长的贡献一直很高（见表 9 - 1）。

表 9 - 1　　　　2000～2019 年我国资本形成总额对 GDP 增长的贡献率　　　单位：%

年份	资本形成总额对国内生产总值增长贡献率
2000	21.7
2001	63.5

---

① 数据来自《国家统计年鉴》。

年份	资本形成总额对国内生产总值增长贡献率
2002	40.0
2003	68.8
2004	62.0
2005	33.1
2006	42.5
2007	44.2
2008	53.3
2009	85.3
2010	63.4
2011	41.1
2012	42.1
2013	53.1
2014	45.0
2015	22.6
2016	45.0
2017	37.7
2018	41.5
2019	31.2

资料来源：根据国家统计局发布的数据整理。

在投资结构中，政府投资具有极强的基础性和引导性作用。政府投资作为一项重大的政府职能，事关经济社会发展全局，既是实施宏观调控、落实国家发展战略的重要手段，也是引导和带动社会资本扩大有效投资的有力抓手，在稳增长、促改革、调结构、惠民生、防风险以及补齐发展短板、优化供给结构、增强发展后劲等方面发挥着关键作用。随着社会资本的不断壮大，政府投资应起到"奠基石""指挥棒""铺路石"的作用，用较少的政府资金带动较大的社会资本进入实业投资领域。因此，政府应做到以下几点。

第一，政府投资需选择好资金投向，发挥"奠基石"作用。在新时代经济转型升级过程中，生产要素是否丰富是决定社会经济发展的基础，所以，政府投资应主要投向生产要素尤其是高级生产要素形成的关键领域，以及国家重点扶持的如事关国计民生和国家竞争力的高新技术、生态环境保护、"一带一路"等相关领域。通过对这些领域的投资和掌控，可以为社会投资提供重要的保障性支持，具有奠基石的作用。

第二，政府投资应合理选择投资阶段，发挥好"铺路石"作用。也就是说，政府投资应当在充分调研的基础上先行投资，为社会资本投资铺路搭桥、奠定基础。比如，政府投资基础设施，改善投资硬件环境，即属于此类投资。由于我国基础设施历史欠账太多，交通、通信等基础设施仍是对我国经济发展具有重要影响力的领域。交通设施的改善，可以为企业生产经营降低成本；通信条件的改善，可以提高企业的生产经营效益。这些领域都应当成为未来政府投资的优先选项。又如，政府对产业园区先期投资建设，可以吸引产业资本、工业资本的投资或扩大投资。

第三，合理使用政府投资方式，发挥好"指挥棒"作用。政府应灵活运用财政资金转移支付、专项财政资金、公共项目投资、间接财政补贴、与社会资本合作等多种方式，充分发挥政府资金的投资杠杆效应和乘数效应，吸引更多社会投资资本进入公共领域和产业领域。

3. 加快经济发展方式转变

经过多年的努力，我国经济发展方式已经有了深刻的变化，从单纯追求速度和规模的增长转向集约化、高质量的发展方式。经济发展方式的转变，挖掘了我国经济增长的潜力，为实现全面现代化奠定了重要的经济基础。但是，经济发展方式的转变并未结束。只有转变经济发展方式，经济高质量发展才具有坚实的基础。

总之，只有加快产业结构升级，不断通过政府引领，转变经济发展方式，实现经济高质量发展，才能吸引社会资本，加大工商业投资，让其他产业资本退出房地产市场领域，进而降低房地产需求压力，达到抑制炒房的目标。

政府对社会投资的引领不仅体现在政策激励、税收优惠、财政补贴等方面，也应当通过直接的投资引领并结合混合所有制等多种产权形式来实现。

（二）发展投资中介市场，丰富社会投资渠道

可以说，在我国，一般普通个人和家庭能够直接参与的投资渠道并不多，除了股票证券、基金理财、黄金等贵金属以及少许的古玩文化品等投资之外，投资房地产成为屈指可数的普通人能参与的、安全性较高的投资方式之一。在这些投资中，也只有房地产投资才具有相对高的安全性和增值性，其他投资要么风险极大，要么投资回收期很长，很难实现财富保值目标，更难实现财富增值目标。

在为数不多的投融资渠道中，由于产品设计的不合理性，一些产品本身也不太适合普通投资者参与。

相较于间接投资来说，直接投资可以获得对投资对象在经营上的永久控制权或影响力（若投资者持有某一企业 10% 或以上的股权，一般便被视为能长期有效地影响有关企业的管理经营决定）。直接投资固然是投资者进行投资的重要选择方式，但并不是所有的投资人都会选择这种方式。特别是普通民众和家庭部门，受自身实力、投资认识、投资技术、投资条件、投资环境等多种因素的影响，往往会选择间接投资的方式。

相比较而言，在经济发达、投融资市场完善的国家或地区，这种间接投资方式反而更容易受到追捧。如 1998 年，美国家庭直接购买的证券占家庭金融资产总额的比例仅为 16%，而通过持有机构投资者间接投资的债权则达到 55%；在德国，家庭直接投资证券市场的比例也仅为 22%；整个 G7 集团，家庭直接参与证券投资的比例仅为 28%，通过共同基金、养老基金等机构间接参与金融投资的比例则达到 34%。①

在美国，居民能够参与的投资渠道很丰富，可以满足多种投资主体不同的投资需求，主要包括以下几种：一是以银行短期存款、政府短期公债、公司商业票据等为主的短期投资工具，这些投资工具（投资产品）风险很小甚至无风险，成为许多崇尚稳健型投资的个人和家庭最稳定的、最重要的投资渠道（因为风险小，这类投资产品收益也最低，适合稳健型投资者）。二是共同基金（单位信托基金）。共同投资基金是普通投资者间接参与股市的主要工具之一，因为涉及千家万户的切身利益，受国家严格监管。在美国，

---

① 蔡庆丰，李超. 金融投资中介化及其对市场的影响 [J]. 证券市场导报，2004（6）：37 – 42.

普通居民参与股市的比例并不高，大约为 20%，个人和家庭参与股市主要就是通过共同基金来实现的。目前大约有 8000 家各类基金，规模在 5 万亿 ~ 10 万亿美元之间。三是股票。股票是除了短期投资工具之外最流行的投资工具。但美国股票市场主体主要是机构投资者，占比高达 75% 左右。四是以债券、可转换债、优先股等为主的固定收益证券。美国固定收益债券规模十分庞大，大约相当于美国股市的 3 倍，这是富人投资和财富保值增值最主要的投资工具。五是适合专业投资者进行投资博弈的衍生证券。衍生证券是既非债券也非股票的证券，以衍生权利作为交易标的，风险很大，一般不适合普通民众参与。除以上满足不同投资者的投资渠道之外，还有如钻石、古董、邮票、艺术品等多种作为补充的小众的投资渠道。房地产投资也是美国人投资的渠道之一，但往往不是最主要的投资渠道。

美国的投资渠道丰富，能满足不同投资者的需要。而相比较而言，无论是投资渠道，还是投资机制，我们都需要进一步完善，以满足投资者更多的投资需求。

我国一直是高储蓄国家，即使出现负利率，我国的广大居民都愿意把资金存在银行里，看着财富贬值。2019 年末，我国住户储蓄存款高达约 82 万亿元人民币，储蓄率达到 49%。而美国的储蓄率则只有 17% 左右。虽然影响居民储蓄率的因素很多，但中美居民储蓄率的差别也从另一个侧面印证了两国投资市场的不同发展程度。

要拓宽投资渠道，发展投资市场，疏散地产市场需求，应当大力发展投资中介市场。相对来说，发达国家的投资中介市场是一个机制健全、投资工具丰富、投资市场体系相对完善的市场，就市场体系而言，其包括了投资代理市场、投资融资市场、投资咨询服务市场、投资风险对冲市场等。而在我国，投资中介市场不仅发展历史相对较短，而且市场体系、投资工具、制度机制等都不够健全。目前，存在并得到民众认可参与的主要是金融投资中介市场，不仅金融投资品种少，而且金融投资中介主体主要是传统的银行、保险、基金等机构，投资理念、投资方式和投资工具等创新不够，中介功能较为单一，不能很好地满足广大民众对投资的需求。我国投资中介市场不成熟，一些中介组织实力不足、素质不高，难堪投资理财大任。前几年出现的投资咨询公司、投资理财公司、投资代理公司和 P2P 信贷曾一度如火如荼、野蛮生长，但最终因为缺乏专业性、自身实力不济给广大投资人造成巨大损失，也给整个市场带来毁灭性的灾难。

信息的不对称、技术的欠缺、抗风险能力的不足等因素都是制约个人投资者有效投资的因素。而相对来说，以基金、信托、职业投资经纪人等为代表的投资中介则具有更专业化的技术、相对准确的市场信息等优势。因此，发展和培育投资中介市场是必要的，其不仅有利于我国投融资体系的健全，也有利于为广大老百姓和零散的中小投资者提供更多的投资帮助，提升个人财富价值。可以说，培育和发展投资中介市场，是扩大社会投资渠道、疏散投资资金向房地产领域集中、消减房地产投机压力的重要路径之一。

（三）大力发展和繁荣资本市场

以股票、债券、基金为主的资本市场是支撑现代经济体系的重要力量，其不仅是企业等市场主体的主要直接融资市场，也是适合广大投资者参与的重要投资渠道。经过多年的发展，我国已经建立起了较为完整和规模较为庞大的多层次、多类型的证券资本市场，为投资者提供了较多的投资工具和投资路径。我国现在的多层次、多类型的证券资本投资市场主要包括股票投融资市场、债券市场、基金等，其中股票投资融资市场又分为主板市场、二板市场、三板市场和区域性股权交易市场（四板市场）等。发展多层次资本市场、提高居民直接投资比重被学界和业界认为是拓宽投资渠道最有效的路径。

在现有发达经济体中，美国资本市场种类最丰富，规模也最庞大，形成了一个能满足较多投资需求的市场体系。我国资本市场的发展历史不长，虽然也已建构了多层次的资本市场，但还存在着一些深层次的问题和结构性上的矛盾，还有许多地方需要进一步完善，尤其是在满足多元需求主体的资本市场投资工具上，还需要进一步发展和创新。

首先，发展资本市场不仅要注重解决"融资"的问题，还要注重解决"投资"的问题。股市等证券市场不仅具有融资的功能，也具有投资的功能，不仅是企业融资的场所，也是投资人投资的渠道。在我国股票市场的发展过程中，有时政策思维上的偏颇较为明显，股市的投资功能往往被轻视甚至被忽视，广大中小投资者的利益得不到有效保护。改革开放以来，我国经济快速发展，但是，在这一期间，我国股市走势却极不稳定，仅从投资收益的角度看，股市的投资收益增速远远落后于中国 GDP 的增速，股市没有成为经济发展的晴雨表（见图9－1）。与美国股市的主要参与者是机构不同，我国股市主要的参与者是广大社会个体。2020年3月28日中国证券投资者保护基金有限责任公司发布《全国股票市场投资者状况调查报告（2019年度）》显示，从投资者户数来看，截至2019年12月31日，全国股票投资者数量达15975.24万，其中自然人投资者占比高达99.76%。如果从机构投资者和散户持有的股票市值来看，有专业人士做过分析认为，以2019年底为例，当时中国A股市值为60多万亿元人民币，各类机构合计投入股市的规模为23万亿元左右，在扣除控股股东、企业高管等持有的股票市值之后，散户股民投资股票市值大约为7万亿元[①]。可见，股市成为我国社会民众参与者众多、参与度很高的投资市场。股市与房市具有极强的关联性、对冲性，如果股民的利益得不到有效保护，市场发展不稳定造成投资者利益受损，就会在很大程度上压缩个人投资通路，进而影响房市，让更多的投资性、投机性需求不断向房地产市场集中。所以，发展资本市场，要处理好融资与投资的关系，协调好企业融资需求和民众投资需求的适度平衡。

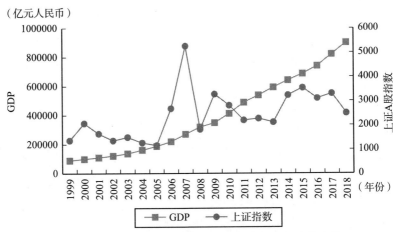

图9－1　1999～2018年我国GDP与上证A股走势比较

资料来源：根据国家统计局公布的数据整理。

其次，发展资本市场要进一步丰富证券投资工具。相较于发达的资本市

[①] 龙小林. 在我国A股市场，从投入的资金看，散户和机构谁的作用更大？［EB/OL］. https://wxn.qq.com/cmsid/20200120A0LFF000.

场来说，也基于当前我国投资市场的实际情况来看，我国资本市场为广大民众提供的证券投资品种还较为有限，不能很好地满足多元投资主体多样化的投资需求，所以，还需要进一步丰富证券投资工具，特别是要开发收益较为稳定、风险较小但又能实现保值增值的投资品种，同时还要开拓更多的证券投资通路，打通和完善跨境投资通道，如探索建立跨境理财通道与机制，进一步完善"沪港通""深港通"，让境内投资者有机会投资海外市场，等等。

最后，发展资本市场要进行结构上的优化。我国资本市场中还存在股市与债市、国债与企债结构不合理的问题，也存在着重间接融资、轻直接融资等现象。这种结构性问题不仅导致社会资金运用低效，也严重影响到金融资源的合理配置和证券市场的长期发展，进而影响居民的投资选择。资本市场的结构优化主要是投融资产品种类的优化，既要通过投资工具（品种）的丰富性来实现结构优化，又要通过投资工具的差异性来实现优化，还应该从产品收益的高低、风险程度的大小、收益兑现期的长短等多品种组合上来实现证券市场结构的优化。比如，在股市中通过提高优先股比重、适当降低普通股的比重，以达到股市投资风险的降低；又如，大力发展高新技术产业，增大高收益性的高科技企业上市比重，来提高整体股市收益率和投资吸引力。

总之，资本市场的繁荣发展，可以为投资者提供更多的投资路径，分散房地产市场投资需求，在很大程度上起到抑制炒房的效果。

二、加快老旧房屋改造，缓解房市需求压力

根据调研，居住升级已经成为房地产市场需求中非常重要的部分，并随着时间的推移呈加速提升之势。

升级购房需求增长主要是基于以下原因。

第一，居民对生活品质的追求导致升级购房。改革开放 40 多年来，我国经济总量和人均 GDP 都有了巨大的增长，2019 年末，我国人均 GDP 突破 1 万美元，全国居民人均可支配收入 30733 元，扣除价格因素，实际人均增长 5.8%，其中，城镇居民人均可支配收入 42359 元[①]。随着居民收入水平

---

① 数据来自国家统计局发布的资料。

的提高，人们越发注重对生活品质的追求，二次置业以满足居住升级需求的人越来越多。

第二，人口老龄化导致二次置业增加。人口老龄化已经成为我国社会十分严重的问题，有的地区甚至开始进入深度老龄化阶段。按照国际标准，一般 60 岁以上人口占比超过 10% 或 65 岁及以上的人口占比达到 7%，则该国就被称为老龄化社会。据国家统计局资料，2000 年，我国 60 岁以上人口即已达到 10.4%，表明我国早已进入老龄化社会。随着时间的推移，我国老龄化问题日益严重，根据中健联盟产业研究中心发布的调研数据，2019 年，我国 60 岁及以上人口接近 2.54 亿，占总人口的 18.1%，其中 65 周岁及以上人口 1.76 亿，占比为 12.6%。根据国家统计局人口抽样统计得出的结论，2018 年，我国人口老龄抚养比达到 16.8%。

人口老龄化不仅带来许多经济问题，也带来诸多政治和社会问题。就居住问题而言，老龄化对居住条件提出了更高的要求，如就医的便利性、出入居所的便利性等。这些老年人口有许多是在取消福利分房之后购置住房的，当时修建的住房往往功能不足，缺乏老年人口生活所要求的便利性，如没有电梯，上下楼不方便。这使他们具有了二次购房置业的主观动因。因此可以说，社会老龄化增加了第二次置业的需求。

第三，家庭人口结构变化导致住房升级，产生住房新需求。从总体上看，我国家庭人口规模在一段时期内呈现出小型化趋势，但在独生子女政策和老龄化社会加剧的深度影响下，抚养比越来越高（在多子女时代，一个家庭一般只赡养一对父母甚至更少），为了赡养老人和抚养小孩的方便，家庭居住人口规模有了逐渐复合化（多世同堂的家庭开始增多）的趋势（从人口普查数据中看不出家庭人口均值扩大的趋势，因为很多老人在身体健康时都是与子女分开居住，与子女分立户口；可能只有当老人年龄增大需要照料时才与子女同住，这时候子女就可能重新置业）。实地调研发现，家庭规模变动曲线呈现出 U 形，即家庭类型从核心化又逐渐变为复合化，家庭居住规模在经历下降并保持相对一段时间的平稳延伸之后，又开始逐渐变大。

导致家庭居住人口规模变化的另一个因素是人口政策的调整。为了适应社会经济发展的需要，2016 年，全面二孩政策正式实施，随后又放开三孩限制。人口政策的调整，虽然没有从根本上改变出生率逐年下降的趋势（见图 9 - 2），但却对我国人口家庭规模产生了较大的影响。对川渝一些城市二孩家庭的调查（样本家庭 500 个，有效问卷 489 份）表明，为适应因二孩出生导致的家庭人口规模的扩大，有 76.27% 的家庭有购买新住房的愿望，在有意愿购置新房的家庭中，有 61.03% 的家庭表示不一定于近期购房，有 19.48% 家庭有近期购房意愿，有 19.49% 家庭不确定。另对 500 户夫妻年龄 35 岁以下的家庭调查，结果显示，占比 48.66% 的家庭有生育二孩的愿望，其中有 8.35% 的家庭有提前升级购房的打算。

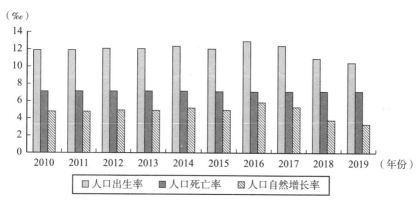

图 9-2　2010~2019 年我国人口出生率、死亡率、自然增长率

资料来源：根据国家统计局公布的数据整理。

可见，人口政策的变化、家庭养老导致的家庭人口规模变化都会促进二次购房置业，这对住房需求不可避免地带来了影响，对房地产需求市场造成冲击。

第四，人口迁移导致二次置业。近年来我国人口迁移、人口流动规模越来越大，迁移性置业也直接影响到房地产需求。在户籍限制取消之后，许多人因为就业进行异地迁徙，特别是随着所供职的单位业务的拓展，工作区域变动带来了职住购房需求。此外，因为气候原因也可能导致人口的迁移和流动。近年来，我国东北地区冬季气候寒冷，致使家庭生活成本增长、个人活动空间受限，因而出现了南迁的趋势。因为这一原因迁移的人口自然会进行二次置业。

总之，二次置业、升级购房已经成为房地产需求市场中一股十分重要的推动力量。要满足这种住房需求，不仅在于提供住房增量，也应从改善存量入手，也就是通过对老旧小区、老旧住房的升级改造，更新、完善其居住功能和生活功能，尤其以满足老龄人口的现实居住需求为重点。

我国现有大量开发时间较早、设计不够合理、功能不够完善、环境不够美好、基础设施和设备已经老化的老旧小区、老旧住房，这些小区和住房如能在电梯安装、设施更新、环境美化、功能增加等方面做足文章，得到政策和资金的支持，将会极大地缓解房地产市场的需求压力。当然，对老旧小区和住房的改造应与棚户区改造区别开来，吸取棚户区改造中的一些政策教训和经验。同时，"住房老龄化"也与人口老龄化同步，为避免现有老旧小区应对老龄化社会无能为力的困境，在新开发的住房中，应强化规划、完善功能、提高住房整体质量，减少住房的后期维护和改造成本。

三、强化政策解读，明确后续房地产政策

购房动机来自市场预期，市场预期往往会引发购买动机。弗里希（Ragnar Frisch）和丁伯根（Jan Tinbergen）在"蛛网理论"（cobweb theorem）中指出，市场决策者的预期决定交易动机，而市场预期的基础是现行变量。这些变量很多，除了直接的交易经济变量外，市场信息也是决定市场预期的重要变量。

房地产市场是一个信息不透明、不对称的市场。在整个市场交易过程中，许多信息，包括市场供给信息、市场需求信息、产品成本信息、价格信息、政策性信息等，都是不够透明的，购房者由于多方面的原因，在信息取得的路径、方式、成本以及信息量大小、信息质量的高低等方面都落后于卖方——房地产开发商和炒房者。市场信息的不对称使购房者往往处于价格谈判的弱势地位，难以与开发商讨价还价。根据五力竞争理论，消费者的议价能力越强，市场竞争性就越强，反之，市场垄断定价行为就可能出现。可见，房地产市场定价的竞争性是不足的，定价机制市场化程度不高，为房地产垄断利润的出现提供了可能。

"泡沫理论认为，在有限理性和非有效市场假设下，预期往往会引发投资者的投机行为和羊群行为。"[①] 房地产市场信息不透明、不对称，使消费

---

① 郑世刚，严培胜. 中国房价决定、泡沫测度及波动效应分解——基于 35 个大中城市的实证分析 [J]. 湖北经济学院学报，2020（3）：34－48.

者对未来市场趋势无法准确判断，往往只能依据历史经验和模仿交易来进行购房决策。

在我国房地产市场的发展进程中，房价变化的历史让购房者认识到：越早买房越划算；等待观望、期待房价下跌只会让愿望落空。21 世纪以来，我国房价不断快速上涨，并长期高位运行。从图 9－3 中可以看出，2010～2018 年，我国平均房价一直处于上涨之中。正是基于这种经验，消费者做出的是积极的房地产市场预期，购房动机和购房决策往往较为冲动。

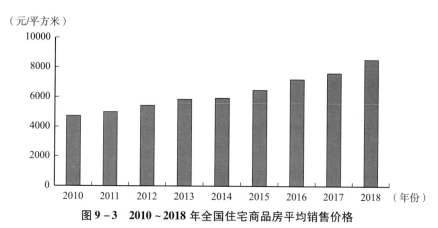

图 9－3　2010～2018 年全国住宅商品房平均销售价格

资料来源：根据国家统计局公布的数据整理。

另外，我国购房群体中也大量存在着模仿交易行为。模仿交易是在市场信息不透明、交易机会又大量存在的情况下，消费者在市场信息难于获取的时候，依据其他消费者的交易行为做出的交易判断和交易行为。正如前文所述，我国房地产市场是一个信息不对称、不透明的市场，消费者获取市场信息的难度大，在面对较好的市场机会的时候，购房者往往根据其他消费者的交易行为跟进购房。据调查，有 52.61% 的人在做出购房决定时都不同程度受到别人的言行影响，有 16.33% 的人完全受别人的影响。也就是说，购房者购房不完全是基于理性的判断做出决策。

同时，根据我们的调研，房地产市场信息中重要的政策信息，许多老百姓是不了解也不清晰的。有 67.24% 的人在购房时对房地产政策不太了解；有 20.12% 的人认为，买了住房就享有永久产权（不能区分土地使用权和房产使用权），可以解决子子孙孙的住房问题，所以，许多家庭不惜成为房奴，倾全家几代人之力，甚至高额借贷也要购买住房。对政策的不了解甚至误读，加剧了购房者的交易误判，助长了非理性购房行为。

可见，市场信息不对称、不透明，特别是消费者对政策信息不了解，已经成为我国房地产市场不可忽视的问题，随之而来的非理性跟风购房严重影响着房地产市场的稳定健康发展。因此，这就需要政府加强引导，建立和完善房地产市场信息公开制度，加强对房地产相关政策的解析，特别是让消费者明确住房产权时限与续期问题。虽然现在在《中华人民共和国民法典》中已经明确了土地到期自动续租的问题，但是却忽略了另一个极端重要的问题——房产物质寿命期结束之后房地产产权问题。根据我国现有建筑质量规范，民用建筑设计使用寿命为 50 年，使用寿命并不很长。依据常理，产权是基于标的物的物理存在而存在的，房屋不存在之后，产权也就随之消失。显然，这就给我国房地产市场的发展提出了更为深远的问题：住房物质寿命期终结之时，原有业主的房地产产权还存在吗？

可以预见，如果购房者都明白这个产权问题以及其他房地产政策含义，房地产市场的需求增长将不会如此旺盛，炒房行为也将会得到极大抑制。

四、控制房地产交易频率，降低产品流动性

投机是基于交易利差实现收益的。投机与投资的显著区别是交易频率的高低和持有标的时间的长短。投机往往表现出持有标的时间较短、交易频次较多、快进快出的特点。交易频率是保障投机效益兑现的基本要件。在房地产市场，投机炒房也基本遵循这一逻辑并表现出交易频率相对较高的特点。房地产投机之所以表现出快进快出的特点（这种快进快出只是相对房地产一般交易而言的，与股票市场投机的快进快出交易是不一样的，时间更长，因为房地产交易标的是不动产，也是大宗商品，价格变动条件和定价机制与股票交易相比具有特殊性，同时受到交易规则和交易程序的限制，完成一次交易全过程很复杂，也很漫长），是因为：第一，投机是以短期获利为目标，房地产投机也是一样；第二，房地产投机资金较大一部分也是来自借贷，背负着较高的资金成本，只有通过提高交易频次，才可能实现较高的获利；第三，较短的持有时间可以在一定程度上规避风险；第四，房地产市场存在着较多的获利机会。我国区域辽阔，经济发展不平衡，房地产市场价格

水平和利润空间有较大差异，房地产市场冷热程度不均、冷热时间不同步，也就为房地产投机增加交易频次、获取更大利润提供了可能。

交易频率越高，标的流动性越大，投机的程度也就越高。因此，需要加强对房地产交易频率和流动性的控制。

控制交易频率不是控制房地产市场总体交易频率，而是单宗房地产的买卖频率，降低交易标的流动性。要控制交易频率、降低流动性，必须发挥政策的调控作用，在制度设计上限制二次交易年限，也就是限售。目前，已经在全国开始推行根据家庭拥有房屋套数的多少确定对超过规定套数的房屋的交易年限的限售政策，但各个地区执行力度不一致，年限长短也不相同，且政策也不具有持久性，政策作用大打折扣。为此，首先，对住房的限售，可制定分类分区域限售政策。比如，对于房地产价格过高、涨幅过快、投机程度较严重的区域，直接对第一套住房限售，限售年限按照"一城一策"的思路予以区分；对于房地产价格上涨压力较小的地区，第一套房可不限售；对于一个家庭拥有多套住房的，根据套数的多少实施不同年限的限售政策。其次，延长限售时间。目前许多地方的限售时间是 2～5 年，有的城市达到10 年（2017 年，保定市对特定地块做出购买该地块上开发的商品房 10 年限售规定），但总的来说，限售时长较短，达不到限制交易频率、降低流通性的目的，因为房地产交易过程本身比较漫长，且利差收益也需要一定时间才能兑现。再次，应从供给环节开始推出限售政策，如在土地出让环节，即做出在特定土地上所开发的商品房第二次销售的年限规定。最后，应将限购政策制度化，避免政策临时性带来的市场波动。

五、遏制输入性需求，降低本地房地产市场需求压力

输入性需求是房地产市场中非常常见的需求类型，一般是指本应属于房地产市场之外的外部需求不断被房地产市场所吸引，转移进入房地产市场的需求。由于划分标准不同，房地产输入性需求的类型也不相同。一般来说，常见的房地产输入性需求主要有海外输入性需求、境内从其他地区向房地产热点地区的输入性需求，以及从房地产市场之外的其他市场转移而来的输入性需求。对房地产市场输入性需求的遏制，也主要是要遏制这几种需求。

（一）遏制海外输入性需求

在我国房地产市场，海外输入性需求曾一度十分旺盛，海外资金曾大量流入，给我国房地产市场和股票证券市场造成了极大的影响。海外资金流入国内房地产市场一般有几条渠道：第一条是通过FDI（外商直接投资，设立外商投资企业）方式进入房地产供给市场。与其他方式相比较，通过FDI方式引入资金进行房地产投资是较为正规且常见的操作，后续资金增减也较为灵活。第二条是通过QFLP/RQFLP购买金融产品，即通过应收账款质押等方式入境进入房地产市场。但是，这条渠道入境的资金往往都是间接进入房地产市场，并且进入我国房地产市场不一定是进入供给市场，也可能进入需求市场，既可能进入房地产实业市场，也可能进入股票证券市场用于购买房地产上市企业股票。由于这种资金运作方式较为复杂，相关数据也较难收集，其进入房地产需求市场的具体规模和程度较难知晓。QFLP/RQFLP基金有很多种形式，包括"外资管外资""外资管内资""内资管外资"等，一般而言，经过QFLP/RQFLP通道入境的资金需借用合适的通道机构，资金额度以及入境之后的底层投资标的都会受到一定程度的管控限制，比如按照相关规定，这种基金不可直接投资于房地产，需经过非房地产性质的主体的包装，才能进入房地产市场。第三条是利用我国经常项目可兑换入境国内房市。除企业外，个人也可以通过个人外汇汇款，将资本项下的资金混入经常项目而流入境内，如海外个人以本人或授权代理人的名义汇入款项并以个人名义结汇；境内居民将在外投资本金或收益以非贸易外汇形式汇入境内结汇；外商投资企业海外投资总公司以个人捐赠等名义将资金汇给境内外资企业的法人代表或董事会成员，并采取化整为零的方法结汇。通过这几种方式实现海外资金入境曾一度相当普遍。第四条是以在华外资企业为通道，以企业注册资本金或增资、股东贷款等形式，从海外收取外汇并办理结汇进入国内。第五条是通过境内企业进行外汇贷款结汇和境内中外资银行的自主资金调配实现外资入境。第六条是海外个人资金进入我国房地产需求市场。正常情况下，根据国家《国际收支统计申报办法》及相关规定，海外个人资金进入境内需按照相关条件申报，每人每年可以将5万美金以内的正常额度资金直接电汇到我国境内银行。除此之外，也有一些个人资金通过另外的方式进入我国市场，如在我国香港开设银行账户，通过汇款到香港然后再在内地取款机上进行人民币取现，以这种方式实现的入境资金额度较大，个人每天可以达 2 万元人民币，并不会被纳入 5 万美金的个人外汇限额，弊端是手续费高。以这种方式入境的资金可能有一部分进入房市。又如开立美国银行账号并通过申请美国 PayPal 账号，在香港地区取现再进入内地。第七条是通过地下钱庄进入国内房地产市场，即国际短期资本将美元打入地下钱庄的海外账户，地下钱庄再将等值人民币打入海外投资者的中国境内账户，于是，国际资本就以地下钱庄为中介流入国内。

通过这些渠道进入我国房地产需求市场的资金具体数额虽然不详，但规模应该不小，特别是在 21 世纪初的前十年，在房价快速上涨和人民币升值预期的刺激下，大量的国际游资通过各种方式甚至通过地下非法渠道不断涌入国内，炒作房地产、投机股票市场，对我国经济发展和房地产市场都造成了严重的影响。据中国人民银行公布的《2004 中国房地产金融报告》，海外资金通过多种渠道进入北上广深等房地产热点市场。除了直接设立外资房地产投资公司或参股境内房地产开发企业之外，这些资金主要是采用间接投资方式，通过购买房地产开发企业的债券或外资房地产中介公司以包销的方式批量买入楼盘，进入房地产需求市场，或者非居民通过外汇结汇购买房产。从数量上看，仅 2005 年的 1～2 月，在上海，海外资金购买单价在 1100 元/平方米以上新建商品住房的面积即同比增长 47.6%，购房金额同比增长 73%；购买单价 1100 元/平方米以上的二手住房面积同比增长 280%，购房金额同比增长 310%；同时，上海海外资金占全部购房资金的比例从 2003 年 1 季度的 8.3% 上升到 2004 年 4 季度的 23.2%。在 2003 年到 2004 年前 5 个月，外汇贷款和外资流入的占比从 9.6% 骤升为 16.8%[①]。

虽然最近几年，海外热钱入境炒房的情况得到了较大程度的抑制，但是，在国际量化宽松的背景下，流动性过剩为短期国际资本提供了足够动能，对我国形成持续冲击，稍有不慎就可能危及我国的外汇市场、资本市场，并对房地产市场带来巨大影响。

为此，要充分吸取前些年的教训，防范国际资本特别是国际炒房资金大规模进入楼市。一是需要通过进一步加强资本项目管制，完善跨境资本流动和汇兑管制机制，提高国内货币政策的有效性，抑制短期国际资本流入。

---

① 王万力. 海外资金对我国房地产市场的分类影响［J］. 中国房地产，2006（2）：10－12.

二是要加强国际双边合作，两国货币当局应依据金融机构发生流动性短缺的严重性和传染性评估，采取互换形式建构第二道防线，以应对全球流动性风险。三是应开展区域间合作，通过各成员方的金融合作机制，形成应对全球流动性风险的第三道防线。四是要加快建立全面系统的外汇资金跨境监测识别体系，健全金融、外汇立法和执法体系，加大执法力度，加大对外汇黑市交易、地下钱庄、现钞非法携带入境等违法行为的打击和惩处。五是要加快利率市场化进程，实现国家对国际短期资本流动的宏观调控。

（二）遏制域外输入性需求

房地产市场的域外输入性需求主要是指一些人口规模大、密度高的区域或城市因为市场的强大吸引力，域外购买力不断涌入本地所形成的现实或潜在需求。我国是一个幅员辽阔的国家，房地产市场发展程度和炒房机会也不一样。因此，往往存在着本地之外的其他区域的炒房客进入投机机会、盈利水平更高的区域炒房的情况。所以，此处所指的域外是指本区域之外的我国境内的其他区域。

我国户籍制度逐步放开、城镇化不断加速，以及区域经济、社会发展不平衡，导致大量域外需求的输入，这种域外输入性需求主要是从农村向城市、从经济欠发达区域向发达区域输入。域外输入性需求给当地房地产市场形成了巨大的压力。目前，一些地方已经认识到这一点，开始采取一些针对性措施抑制这种需求，如直接对外地人限购或变相限购等。

要遏制域外输入性需求，除了直接限购外，还应从以下几方面入手：一是在实施差别化的城市落户政策。对于人口密度较小、土地供需矛盾不突出、住房压力较小的区域和城市可以放开落户政策，对于超大城市要采取有限度、有条件的落户制度，严格限制投资性和投机性住房需求渗入。二是要加快中西部开发、乡村振兴和"一带一路"建设，实现区域平衡协调发展，从根源上消除市场需求向房地产热点区域转移、累积的动力。三是要强化限贷政策力度，对已经拥有一套及以上住房的本地居民和不能提供当地相应年限的纳税证明或者社会保险缴纳证明的非本地居民严格限贷。

（三）遏制业外输入性需求

房地产业外输入性需求是指房地产业之外的需求由于受到房地产市场的

引力作用而进入房地产市场的需求。如进入房市购买房产的证券、债券市场投资资金，以及实业领域富余资金等。

证券、债券市场本来与房地产市场就有很强的关联性，在证券资本市场低迷不振、收益风险增大的情况下，从股市、债市中流出的投资需求就会向收益更高、更可靠的楼市流动。要遏制个人资金在两个市场间的自由切换是很难的，唯有对部分股市机构投资商实行一定程度的限制，才可能防止大额资金从股市向楼市的流动。

近年来，企业利用富余资金甚至上市平台融资资金炒房的情形越来越严重。Wind 数据显示，截至 2018 年一季度末，持有投资性房地产的上市公司数量超过 1650 家，价值超过 9900 亿元，同比增长近两成[①]。另据南京价值线研究院数据，自 21 世纪初 A 股市场上出现上市公司持有投资性房地产开始，上市公司投资房地产规模越来越大。2006 年时，500 多家上市企业合计持有投资性房地产金额超过 731 亿元人民币，至 2019 年一季度末，A 股市场持有投资性房地产的上市公司从 2006 年的大约 500 家上升到 1726 家，占 A 股市场上市公司总数的 48% 左右，这些公司共持有投资性房地产从 2006 年的超过 731 亿元人民币上升到 1.26 万亿元人民币，13 年间增长 16 倍多。

企业富余资金本应用于企业扩大再生产，促进企业发展壮大，但是，在房地产市场高利润的诱惑下，这些资金纷纷进入房地产市场，尤其是一些上市企业将部分证券融资也用于炒房，严重增大了房地产市场需求，导致房价进一步上涨。可见，抑制企业炒房尤其是限制上市公司将资本市场融资用于购买房产已十分必要。

六、挤压房价泡沫，收缩房地产利润空间

当资产价格偏离由产品和劳务的生产、就业、收入水平等实体经济决定的内在价值时，资产泡沫就开始出现。如布兰查德和费希尔（Blanchard and Fischer，1989）在分析资产价格时指出，"如果一种资产的价格高……而与经济的基本面没有关系，那么泡沫就存在了"[②]。房地产价格泡沫也是在土

---

① 转引自：温宝臣. 堵住上市公司炒房漏洞 [N]. 经济日报，2018 – 6 – 25.

② 郑世刚，严培胜. 中国房价决定、泡沫测度及波动效应分解——基于 35 个大中城市的实证分析 [J]. 湖北经济学院学报，2020（3）：34 – 48.

地、房屋价格快速上涨，严重背离自身价值时出现的。房地产价格泡沫一般都与市场投机炒作有关：一方面，投机催生泡沫；另一方面，泡沫也引致投机。非常著名的一次房地产泡沫出现在 1923～1926 年的美国佛罗里达州并引发了美国股市大崩溃和世界经济危机。

在学界，对于资产价格泡沫究竟是否存在，不同学者有不同看法。标准的新古典经济学、有效市场假说、信息不对称理论认为资产价格泡沫不存在。申克曼（Scheinkman，1977，1988）、布罗克（Brock，1979，1982）、桑托斯和伍德福德（Santos and Woodford，1997）基于经济人假设，分别使用跨期均衡模型（intertemporal equilibrium model）和跨期竞争均衡模型（intertemporal competitive equilibrium model），证明了在无限交易中，资产价格泡沫不可能出现。而另有学者认为，市场中资产泡沫是存在的，而且也是必然的。比较有代表性的理论包括公司经理操纵（manager manipulating）说、套利者动态博弈（arbitrageurs dynamic game）说，以及交易者过度信心（over confident trader）说等。

正如对资产价格泡沫的争论一样，对于我国房地产市场是否存在价格泡沫也一直存在分歧。有的学者认为，由于连续的快速上涨和炒房的推动，我国房地产价格存在较严重的泡沫；有的学者认为只是局部地区存在泡沫；有的学者则认为房地产价格泡沫问题并不严重。其中，认为我国房地产领域存在价格泡沫的观点较为流行，如姜爱林（2003）认为，我国房地产市场存在着价格泡沫且种类很多，大致分为房地产投资投机性泡沫、地产价格泡沫、房屋空置泡沫及房价虚涨泡沫四种。曾红艳（2006）认为，房地产制度缺陷是泡沫产生的深层原因。丁烈云（2002）则对国内房地产泡沫预警予以了关注，并深入探讨了基于景气循环波动理论的房地产预警、基于系统核与核度理论的房地产综合模拟预警和基于模糊神经网络理论的房地产预警3 种模型和方法。郭磊、王锋和刘长滨（2003）以深圳市为例进行了预警指标的设计，根据先行、同期和滞后的数量特征关系从全国消费者物价指数等18 个指标中选择了9 个能相对独立地反映城市房地产经济周期波动的指标作为房地产预警的指标体系①。

---

① 郭磊，王峰，刘长滨. 深圳市房地产预警系统研究［J］. 数量经济技术经济研究，2003（7）：22－26.

要判断房地产价格是否存在泡沫是比较困难的，如金德尔伯格（2007）所言，资产价格泡沫就像美女一样，事前你不知道如何认定，然而一旦当你遇见过，你就肯定能够认出来。价格泡沫的判断需要通过对基于宏观经济、房地产行业和开发企业成本等诸多因素的基本面的分析，估计其产品内在价值，并将内在价值与产品价格进行比较。二者差异越大，泡沫就越严重。

对于我国房地产市场的价格基本面和价格泡沫的判断，可以依据下列几个指标。

一是房价与居民收入比。房价收入比是将房地产价格与居民年人均收入进行比较，通过二者的比值来衡量房地产价格的高低，作为判断房地产价格泡沫的参考依据。这种指标虽然不能从程度上做出较准确的判断，但可以作为房价泡沫定性的判断依据。其计算公式是：房价收入比 = 城镇人均住宅建筑面积 × 商品住宅销售价格/城镇居民年人均可支配收入。在国际上比较流行的看法是，房价与居民收入比为 2 ~ 6∶1 是正常的，也就是房价相当于居民 2 ~ 6 年的收入较合理，高于这个区间，则可能存在泡沫。但是，房价收入比与住房自有化率有很大的关系，一般而言，住房自有化率越高的国家，房价收入比可能越高。如 1998 年联合国通过对 96 个国家的房价收入比的统计发现，房价收入比区间为 0.8 ~ 30，房屋自有化率在 30% 左右的瑞士、德国、瑞典等西欧和北欧国家房价收入比为 2 ~ 3，而住房自有化率在 90% 以上的匈牙利、保加利亚等东欧国家房价收入比则达到了 25 ~ 30 倍。住房自有化率越低，房价收入比越低，这是因为住房自有化率高代表一个国家更多的家庭已经将家庭财富大量地向不动产转化；而住房自有化率低则表明更多的家庭主要采用租赁的方式解决居住问题，在同等收益的情况下，家庭财富没有转化为不动产，而是转向了社会其他领域。2017 年，国家统计局城市社会经济调查总队组织了一次大规模的入户抽样调查，调查结果显示，近七成的家庭拥有了自己的产权房，户均使用面积 52 平方米。可见，我国居民的住房自有率是较高的。

以 2010 ~ 2018 年我国房地产价格与居民家庭的收入比为例进行分析（见表 9 - 2），可以看到，我国总体房价收入比偏高，高于国际通常的水平，存在一定的房价泡沫。由于各地具体情况不同，房价收入比呈现出明显的区域差异性。据多家机构调研，我国如深圳、上海等经济发达地区，房价不断加速上涨，房价收入比有的高达 20 左右。

表 9 - 2 2010～2018 年我国房价收入比的变化情况

年份	房价收入比
2010	10.06
2011	9.32
2012	9.00
2013	9.67
2014	8.91
2015	8.89
2016	9.13
2017	9.00
2018	9.39

资料来源：根据国家统计局公布的数据整理。

二是租售比。房地产租售比也就是房价与租金之比。其计算式为：租售比 = 每平方米使用面积的月租金/每平方米建筑面积售价。租售比能相对客观地反映出一个国家或地区房地产市场的供求和价格状况。租售比代表的是投资房屋（购房）与获取收益（通过租赁获取投资收益——租金）的比例关系。从理论上讲，在投资项目经济寿命期一定的情况下，租售比越低，房屋售价越高，收回投资所需的时间越长（投资回收期越长），就越不划算；反之，就越短，就越是划算。一般而言，租房反映的是一种真实的居住需求，当一个城市或地区的房屋租赁价格没有随房价上升而上升时，就表明该地区的房价有泡沫。因此，租售比是判断房价泡沫的重要参考指标之一。但是，从资产泡沫的内涵及其生成机理看，租售比还不能从量上对房地产泡沫做出很准确的衡量。

国际上，一般比较认同的房屋租售比是 1：200～300。如果租售比低于此区间，房价不合理。租售比越低，房屋投资价值越小，房价越可能存在泡沫。从我国社会研究机构的调研数据可以看出，我国房地产市场租售比很低，有的地区甚至低至 1：800～1000。

三是房价涨速与 GDP 增速比。相关数据显示，在相当长的一段时间内，由于城市化和其他多种因素的推动，我国房价上涨速度往往超过国民经济的增长速度。这反映出我国房价在一定程度上存在价格虚高。

　　总之，通过以上的分析可以看出，我国房地产价格存在一定程度的泡沫，同时，一些学者如况伟大（2016），王春艳和董继刚（2019），刘骏、赵魁和张平（2020）运用实证研究方法也得出了相同的结论。

　　一方面，房地产价格泡沫的出现与炒房投机的影响有关；另一方面，房地产泡沫也反过来助推投机。要挤压房地产价格泡沫，需做到以下几点：一是要适度调整货币政策，一般来说，宽松的货币政策容易催生房地产价格泡沫。二是要运用金融杠杆，从源头上控制资金快速流入房地产市场。正如美国经济学家、诺贝尔经济学奖获得者迈克尔·斯宾塞所说，必须限制资本的流入，否则极易带来特定市场的通货膨胀和价格泡沫。三是要借助税收政策，控制炒房行为，如借鉴新加坡的做法，对以炒房为目的而在短期内（一般为一年之内）转售房地产的业主增收梯级递进的印花税：对首付款项中的前一个18万元增收1%印花税，第二个18万元增收2%印花税，其余的金额增收3%印花税，同时，严格限制借款比例。通过对房地产价格泡沫的挤压，使房价和房地产投资收益回归正常水平，实现对房地产投机的抑制。

第十章

抑制炒房的综合方式

除了从供给侧和需求侧对房地产市场投机炒房进行抑制之外，还需要运用宏观的、综合的调控方式。供给侧和需求侧抑制关注的是某个单一的方面，而综合调控关注的是整体性、联动性，是把房地产市场作为一个有机联系、相互作用、相互影响的整体，通过分析对房地产供给与需求市场都产生影响的因素，找到抑制房地产投机行为的对策。

一、充分运用货币金融政策抑制房地产投机

金融政策是可以直接影响房地产市场供需双方的重要因素，其作为调控房地产市场的主要工具也是最直接和有效的。近年来，金融调控手段成为我国房地产市场调控的常用方式。

金融调控政策是一个系列性的政策组合，包括货币政策（法定准备金、贴现率、公开市场业务等）、利率政策、汇率政策等诸多方面。在房地产市场中采用最多的金融政策是调整利率、调整存款准备金率以及控制信贷规模、强化信贷资金监管等。不可否认，在短期内这些调控工具在抑制房价、平衡供需矛盾等方面确实能起到明显的作用，但是，就长期来说，这种作用基本被时间抵消，政策效用不复存在。这已经为我国近几十年房地产市场调控的事实所验证。之所以会出现这样的结果，主要是因为：第一，政策的临时性特征明显。从历年出台的金融政策来看，许多政策在内容上是临时性的，也往往以"意见""通知"等形式颁布，具有临时性色彩。第二，国际国内宏观经济形势的变化较快，使针对房地产业的金融政策不得不做出调

整，政策的非稳定、非连续性特征更加明显，甚至出现完全相反的金融政策，尤其是 2008 年最具代表性。当年上半年刚出台全面排查公积金违规放贷、严控房地产企业上市募集资金用于购地、提高存款准备金率等措施调控房地产市场，而下半年在全球金融危机的冲击下，金融政策急转直下，如连续两次下调存款准备金率、个人住房贷款利率优惠 30%、首付比例降为 20% 等。第三，产业结构不合理，财政土地依赖性导致政府不能真正下定决心对房地产市场进行调控。在我国国民经济中，房地产业的基础性、带动性、支柱性特征过于强烈，产业关联性和财政依赖性都决定了对房地产业的调控不能过急，也不能过分。有时候，本应作为中央政策执行者和监督者的地方政府往往还会率先突破调控政策的限制，使本来就不十分脆弱的政策围栏因此被推塌。第四，金融调控对调控主体没有明确的权责规定，导致调控实施效果特别是持久性效果得不到保障。

（一）适度保持金融政策的连续性

要有效发挥房地产金融政策的调控效果，首先应当保持政策总体态势上的稳定性和连续性。当然，不是所有的金融调控工具都要保持一成不变，而是应有所甄别。如对从第二套房起的首付比例、贷款利率等直接针对房地产市场进行调控的金融政策应保持相对稳定，而对存款准备金率等对众多领域产生影响的、对房地产市场起间接调控作用的金融政策，可以根据经济形势的变化做出适时调整（金融政策效用本来就须有多重效应）。

同时，对于政府来说，应当加强对宏观经济形势的研究和预判，借用社会智库的功能和作用，实现高效决策。准确把握宏观经济走势，可以有效提高政策的准确性和稳定性。此外，需进一步在政府职能转变过程中加强政府机构内部协同，充分发挥社会主义集中统一领导的制度优势，实现跨部门、跨区域的信息共享、决策共商，减少政策摩擦，进而保证包括金融政策在内的各项政策的连续性，降低时滞性，提高政策效率。

（二）有效利用货币政策，适度控制货币供应量

从应对 1997 年金融危机开始，我国广义货币 M2 呈现出快速增长趋势，尤其是在新冠疫情的影响下，金融市场流动性持续宽松。2000～2019 年间，我国货币供给增长率曲线一直在 GDP 增长率曲线之上，远远高于经济增长

率（见图 10 – 1）。1998 年，中国的广义货币（M2）的供应量首次迈上 10 万亿大关，此后不断增长，到 2019 年底 M2 的供应量已经高达 198.6 万亿，增长近 20 倍，几乎每年平均增长一倍①。

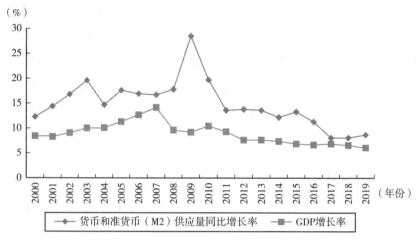

图 10 – 1　2000 ～ 2019 年我国广义货币（M2）供应量增长率与 GDP 增长率之比较

资料来源：根据国家统计局公布的数据整理。

货币供应量对房地产市场的影响是显著的。如黄文（2018）、王鹏和林晓燕（2018）、王海侠和刘庆华（2019）、程玉伟（2019）通过实证研究认为，货币供应量的增加会对房价的上涨产生较为明显的影响。还有学者对 2001 ～ 2009 年的货币供应量对房价的影响程度进行了测算，得出的结论是：2001 ～ 2008 年，货币投放引发的房价平均增长幅度为 5.9%，使同期的商品房销售面积平均增加了 11.4%；而 2009 年快速增长的 M2 使商品房价格上涨 9.7%、商品房销售面积增长 18.8%。可见，货币供应量投放的增长对房价影响极大。

货币投放量对房价的影响是多路径的：一是货币流动性过剩通过信贷渠道直接影响房价。许多专家都认为，M2 的快速增长会改变信贷市场环境，使信贷市场流动性变得宽松，将居民对住房的潜在需求经过银行信贷迅速转变为有效需求，推动了房地产价格的上涨。二是通过对通货的影响而间接影

①　数据资料均来自对国家统计局公布数据的整理。

响房价。货币超发往往会引起通货膨胀和物价上涨，而物价的上涨会造成房地产开发成本上涨，进而推动房价上涨。三是通过消费者对宽松的货币市场的预期来影响房价。政策本身具有导向性和暗示性，宽松的货币政策会为消费者带来较为乐观的资金供给和较低资金成本的预期，鼓励购房者做出乐观的市场判断，产生积极的消费行为。

虽然货币供应量的大小不完全是由房地产市场变化而决定，但由于其对房地产市场的显著影响，所以，应当对货币供应量进行适度控制。一是要借助常备信贷便利工具，调节基础货币投放；二是要通过存款准备金率、公开市场操作、再贷款与再贴现三大传统货币政策实现对货币流动性的控制。

（三）阻断炒房资金来源，提高炒房资金信贷成本

得益于房价的快速上涨，投机炒房成为发家致富的重要途径，许多人通过炒房积累了较多财富，成为高净值人士。据《2016 年全球财富报告》显示，截至 2016 年，中国千万级高净值人士数量为 134 万，比上年增长10.7%；这些高净值人士的财富主要是通过经营企业、炒房、职业炒股、高薪收入等而形成。其中，在中国千万级高净值人士中炒房者的占比高达15%，比 2015 年增加 5%。就其个人资产的组成来看，房产投资占到这些人总资产的 89%，现金及其他有价证券占比仅为 6%。

在炒房高收益、低风险的刺激下，许多人纷纷加入炒房队伍。随着炒房者数量的增加，炒房资金需求也越来越大。炒房资金来源渠道较多，但最重要的途径还是向银行等金融机构贷款，这可以从我国住户部门杠杆率的快速提升中得到印证。中国人民银行数据显示，2008 年末，我国住户部门杠杆率为仅 17.9%，而到 2017 年末则已达到 49.0%，10 年间上升 31.1 个百分点①。有数据表明，2009 年情况更为严重。当年住户部门债务余额 8.2 万亿元，同比增长 43.3%，其中个人住房贷款余额 4.4 万亿元，比上年增长47.9%；而且在住户部门的债务余额中，个人住房贷款余额几乎占到一半。虽然 2010 年之后个人住房贷款余额增速在国家多次房地产调控抑制之下有所放缓，但近些年增速曲线又开始出现上抬趋势。

---

① 中国人民银行金融稳定分析小组. 中国金融稳定报告 2018 ［R/OL］. http：//dfjrjgj. hunan. gov. cn/tslm_71665/mtjj/201811/13365237/files/28dc0b9649124e2482b52608bc2448a4. pdf.

同时，还需要注意的是，一些炒房者除了直接住房贷款之外，还通过短期消费贷款、房屋抵押贷款、经营性贷款等方式获取更大数量的银行资金。据中国人民银行调查，这些资金被大量用于炒房，进一步助长了房地产市场的价格上涨。

因此，要抑制炒房，必须要阻断炒房资金的来源，提高炒房资金信贷成本。

第一，严格管控商业银行个人住房贷款，强化个人住房贷款审慎管理，控制住户部门杠杆过快增长，守住炒房资金来源主渠道。除保证对住房刚性需求的金融支持之外，对投机性炒房贷款要严格限制；强化对住房按揭贷款的管理，严控房地产高杠杆，禁止商业银行"加按揭"行为。

第二，要严控其他贷款资金用于炒房，堵住炒房资金来源辅助渠道。在国家严厉的调控之下，有的炒房者通过消费贷款方式融通资金进行炒房。"2016 年下半年以来银行逐渐收紧房贷授信，部分购房者利用短期消费贷款等渠道违规加杠杆，绕过首付比例限制，从而可能导致大量短期消费贷款流入房地产市场，助长了房地产市场投机行为，房价过快上涨问题更为突出。"[①] 因此，要严格防止消费贷款、经营性贷款、房屋抵押贷款、信用卡透支等资金进入房地产市场。

第三，积极推进因城施策，实施差别化住房信贷政策，以"减弱城市间房地产供需错配和房价过度分化"[②]。

第四，抑制资金过度流向房地产领域，对参与市场炒作的房地产开发经营企业进行融资限制。开发企业本是房地产市场的供给方，但是许多企业明目张胆地参与市场炒作，如制造"地王"、捂盘惜售，甚至还直接进入需求市场哄抬房价。开发商之所以能参与市场炒作，主要是得益于宽松的信贷环境，资金压力较小，贷款较为容易，资金充足、约束较少。因此，要堵住开发企业参与市场炒作，需要提高房地产行业债务透明度，进一步规范开发商"明股实债"等融资，严控购地过程中加杠杆行为，增大其资金腾挪难度（企业资金受限，自然就不能大手笔购地，不能捂盘惜售）。

---

① 中国人民银行金融稳定分析小组. 中国金融稳定报告 2018 [R/OL]. http：//dfjrjgj. hu-nan. gov. cn/tslm_71665/mtjj/201811/13365237/files/28dc0b9649124e2482b52608bc2448a4. pdf.

② 倪鹏飞. 货币政策宽松、供需空间错配与房价持续分化 [J]. 经济研究，2019（8）：87 - 101.

第五，加快利率市场化步伐。我国虽然已经开始了利率市场化改革，但步子还不够大，程度还不够深，对于抑制炒房的效果也还不太明显。

利率水平直接影响开发成本，也直接影响购房成本。合理利用利率杠杆，可以更有效地调控房价。高盛资本首席经济学家宋宇曾说，利率市场化对抑制房价可起到"四两拨千斤"的效果。有学者通过实证研究也得出结论，在房市调控中，相对于调整货币供应量这种货币政策来说，利率是更好的政策工具[①]。利率市场化的实质是由市场供需关系决定利率水平，也就是商业银行根据市场需求变化享有更多的利率定价权利和空间。可见，一方面，利率市场化使商业银行得到央行赋予的更多的关于存款利率的自由定价权，通过升息揽储，可以在一定程度上吸引房地产市场特别是需求市场资金向银行等金融机构回流，减低房地产市场需求压力；另一方面，央行可以在控制利率底限的基础上放开高限，赋予商业银行自由定价权，商业银行则可以在相应利率定价幅度内，提高对需求旺盛的住房贷款的利率（主要是针对多套房以上的炒房贷款，满足刚需的住房贷款不在其列），进而实现对房地产投机的抑制。

二、区分运用税收政策抑制房地产投机

用税收调控房市，尤其是通过征收房地产税来抑制投机炒房，是近些年相当热门的话题之一，也是学界、政界分歧较大的问题。

（一）学者关于税收政策抑制房地产投机的观点

一种观点认为，房产具有资本的属性，开征房地产税最重要的意义就在于可以增加炒房者持有环节的成本，使资本收益率下降，精准打击投机购房，达到抑制炒房的目的，同时还可以增加地方财政收入，降低对土地出让金的依赖。如袁钢明（2013，2019）认为，真正抑制投资、投机行为的税种和政策就是房地产税；刘世锦（2019）也认为，现在一些地方房地产投机盛行，开征房地产税就是要对这种现象"纠偏"。

---

① 郭东杰，王如丰. 经济周期下货币政策与房地产价格关系研究［J］. 牡丹江师范学院学报（社科版），2020（1）：1–12.

另一种观点认为，征收房地产税不能有效抑制炒房，也不能真正满足地方政府愿望，达到增加财政收入的目的。理由是：住房保有环节的房地产税收固然可以增加持有成本，在一定程度上影响房价，但在需求旺盛的情况下，增加的成本最终会转嫁给消费者，不但达不到抑制房价的目的，反而可能会推高房价；同时，虽然征收房地产税也可以增加地方财税收入，但由于房地产税等保有环节的征税都是分期征收，税额有限，不足以补偿土地出让所得，地方政府积极性不高。如国外学者奥利维尔等（Oliviero et al.，2016）通过对 34 个 OECD 成员国在 1970 ~ 2014 年房产税与房价关系的研究得出结论，没有证据证明房产税能有效稳定房价；卢茨（Lutz，2008）和多默（Doemer，2012）通过对房地产税和房价的关联研究也得出了相似的结论[①]。除国外学者的观点之外，许多国内学者也秉持这种观点，如王敏等（2013）认为，开征房地产税在短期内可能降低房价，但长期来看则可能提升房价；蔡继明（2017）认为，根据试点看，房地产税会提高持有成本，但对抑制房价几乎不起作用。李稻葵（2017）也称，决定房价的主要是供需关系而不是房地产税；李迅雷（2016）认为，房产税推出不会导致房价下跌。前几年上海、重庆的房地产税改革试点的结果似乎也有力地支持了这一观点。

还有一种较为中性的观点，认为房地产税的作用是有限的，并不完全表现在抑制房价上，推行房地产税应稳中求进。刘尚希（2019）认为，房地产税只是影响房价的一个因素而不是决定性因素；刘洪玉（2019）认为，房地产税主要功能是为地方政府增加稳定持久的财政收入，而不是用来调控房地产市场，只是其附加功能可能会影响房价和提升住房资源的使用效率。顾云昌（2019）指出，开征房地产税是弥补我国房地产持有环节税收缺失、完善房地产税收体系的重要一环，但房地产税需要稳妥推进，不能急于求成。

与房地产有关的赋税较多：一是开发与交易环节的税负；二是保有环节的税负。就当下来说，房地产税改革的重要任务就是要进一步完善房地产税收体系，建立综合与分类结合的个人所得税制，实现劳动所得税负与资本所得税负的协调统一，充分发挥税收的调节作用，并达到抑制房价、增加地方

---

① 转引自：马蔡琛，朱旭阳. 关于我国房地产税收问题的若干思考 [J]. 税务研究，2020（4）：31 – 38。

财政收入的目的。

笔者认为，房地产税对于炒房的直接抑制作用可能不明显，但是其可以对房地产需求（主要是购买多套住房的消费需求）有直接的抑制作用，因而对炒房起到间接抑制的作用。

（二）运用税收政策抑制房地产投机

要抑制炒房，从税收的角度上讲，应做到以下几点：一是要完善与房地产有关的税负征收体系，建立多环节、多种类的税收体系；二是不仅应当只关注房地产持有环节的税负，而且更应当注重交易环节的税负，要从增加炒房者成本和减少收益的方面设置税负，比如像德国等国家征收税率较高的房地产交易税和房地产资本利得税；三是相关税负不能太轻，税负太轻达不到抑制炒房的效果。

税收的功能是多面的，也是多向的。面对我国目前的房地产市场，房地产税收作为抑制房价和遏制炒房的重要工具，已经被提上议事日程，但是，由于与房地产相关的税收种类较多，具体作用也不完全相同，所以，对于每一个具体的税种是否开征、如何开征、何时开征都应当秉承区分对待、谨慎实施的原则，进行充分的事前论证和积极的试验探索。有的税收可以采取激进的策略，积极推进；有的税收则需要严谨求证，区别市场环境和市场时机分步推出。同时，也要注意各税种之间的有机联系与衔接，以使房地产税收体系运行更具有效益。

1. 努力调整房地产生产和交易环节税费

房地产生产和交易环节的税负包括费和税两部分。征收对象既有消费者，也有开发商。从开发商所缴纳的税费来看，各个地区不完全相同，除了常见的营业税（税率5%，税基为交易额）、城市维护建设税（以营业税和其他营业税作为征税基础，税率依据城市、城镇、农村厂矿区的地区差异而不同）、教育费附加、土地增值税、印花税、公司所得税等之外，还有一些名目繁杂的"费"。这些"费"往往是地方政府根据当地实际而征收的，有的具有征收的合理性，但有的则缺乏征收的合理性和法律依据，甚至是一些职能部门出于对房地产业利润分割的目的而设置的。这些税费在整个房地产成本中占比是很高的。

要抑制房价，需要对房地产生产环节和交易环节的税负和费用进行合理设置并规范征缴。学界和政界的许多专家都认为，要降低房地产价格，除了降低土地成本、压缩开发商利润空间之外，也需要对不合理征收的税费进行规范。对于高房价地区（高房价地区往往是经济较发达地区，对房地产税的依赖度要低于其他地区）可以实施适当的税费减免，以降低总体房价。当然税费减免机制的设置需要以降低房价为目标，也就是说，对开发和交易环节开发商缴纳的税费实施减免，需要将减免的税费按一定比例兑现在房价中。

2. 谨慎推行房地产保有环节税收政策

我国房地产税改革的实质就是要将房地产税负由卖家转嫁给买家（当然不是所有买家，刚需家庭不应在此列），从购前环节转移到购后环节，其主要目标是打击投机、抑制炒房，同时为地方财政收入开辟另一条路径。对房地产保有环节课税可供选择的税种较多，如房地产税、空置税、遗产税、资本利得税等。这些税种如果作为抑制房价和炒房的工具，必须要秉承区分对待、谨慎实施的原则，对是否开征、何时开征、如何开征都应当进行充分的论证和积极的试验探索。

（1）房地产税。房地产税实际上是一种财产税，在欧美等发达国家和地区早已有之，如美国立国之初的1798年通过财产税法，设置了房产税，虽然最初只在部分州实施，但到20世纪初被推广到全国每一个州。日本自20世纪50年代起，开始在保有环节征收房产税。新加坡、俄罗斯等也都实施了房产税。据统计，全球范围内有40多个国家（主要是发达国家）开征房产税。当然，这些国家设置房产税的最初目的并不相同，但基本上都是把它作为一种财产税来征收，除了部分国家在设置此税之初的目的是用来抑制房价之外，更多的国家是基于增加财政收入的需要而开征的。

此处的房地产税是一个综合性的税负概念，与已开征的房产税是有一定区别的。房地产税实质上属于财产税的范畴，是在房地产保有环节实施征收。因为房地产税涉及面广，影响程度深，与社会经济和广大人民群众都有密切的关系，国家对于此项工作也十分慎重，采取了逐步稳妥推进的方式。2011年首先在上海、重庆试点房地产税；2020年5月18日，中共中央、国务院发布的《关于新时代加快完善社会主义市场经济体制的意见》指出，要加快建立现代财税制度，稳妥推进房地产税立法。经过多年的探索和准备，房地产税的推出已经被提上议事日程。

房地产税的开征应当基于必要和可行的前提。只有这两个条件同时具备，开征房地产税才具有基础。正如前文所说，房地产税开征的主要目的是抑制炒房和增加地方政府税收，降低对土地财政的依赖。如果这样的目的能够实现，开征房地产税就很有必要。同时，房地产税的开征需要具有可能的条件，这些条件包括征收技术条件和税收征收的市场条件等。

判断房地产税实施的市场条件，需要围绕开征房地产税的两大目标来分析。从房地产税抑制房价、遏制炒房的目标看，最理想的市场环境应是房地产供需矛盾不太突出的时期，也就是无房家庭变少、刚性需求减弱的时期，此时的需求市场特性是弹性的，需求量受价格影响程度很大，如果房价因房地产税的征收而提高，购买者就可以不买房，因此，房地产税的推出就可以直接精准作用于房地产投资和投机者身上，不会伤及刚需族；而在严重的需大于供、刚需大量存在的市场，价格需求弹性小，因房地产税而增加的成本就会转移到房价之中，进而推高房价，伤及刚需家庭。所以，房地产税的开征需要特定的市场条件作为保障，市场条件成熟后，方可推出房地产税。

房地产税开征的另一前提是征收技术的成熟。有人认为，我们可以学习、借鉴甚至套用如美国、新加坡等国家的经验。但是，由于国情不同，采用拿来主义的方式未必行得通。比如，其他国家大多实行土地私有制，而我国实行的则是土地公有制，对土地使用、土地管理的终极目标与西方国家有本质的不同。新加坡虽然许多土地也为国有，但其国土面积小，人口少，居住很集中，不会出现因为人口跨区域、跨城际流动带来的诸多征税技术性难题。在我国，房地产税是否可以顺利开征，需要以征税技术性问题的解决为前提。

一是税基，即征收对象和范围的问题。一般来说，以满足基本居住为原则，对于保障居住的住房不应征税，这已基本达成共识，但依据家庭套数还是人均居住面积征收，则是一个差异较大、操作较难、具有一定分歧的问题。如果按照人均居住面积征税，起征面积较难确定，因为一方面存在区域性差异，另一方面有家庭人口数量的差异。在北上广深等土地供应紧张的城市，人均居住面积相对较小，再加上有较多的单身和丁克家庭，这些家庭人口少，如果按人均面积征税，就很难满足其居住的基本需要；如果以家庭住房套数为单位征税，则相对较好，如一个家庭从第二套或第三套房开始计征

（同时与人均面积计征相结合），既满足了人口较少家庭居住的需要，又可以提高住房资源的使用效率，甚或达到抑制房价的目的。

二是计税依据问题。征税必须对房地产进行价值评估，作为征收的计税依据。房地产价值的评估是一件较为困难的事情，以购买时的价格还是以征税时的现值作为计征依据哪种更合理？对于这个问题的处理，每一个地方可能都是不相同的，如上海在试点房地产税时规定："计税依据为参照应税住房的房地产市场价格确定的评估值。试点初期，暂以应税住房的市场交易价格作为房产税的计税依据。房产税暂按应税住房市场交易价格的70%计算缴纳。"重庆则规定："应税住房的计税价值为房产交易价……条件成熟时，以房产评估值作为计税依据。独栋商品住宅和高档住房一经纳入应税范围，如无新的规定，无论是否出现产权变动均属纳税对象，其计税交易价和适用的税率均不再变动。"可见，计税依据需要因城施策、因地制宜，但无论是上海或是重庆，两地都提出要根据市场情况的变化重新对房屋纳税价值进行评估，作为后续房地产税的计税依据。而要真正做到对房地产进行周期性的价值重估，技术难度很大，一旦制度设计不好，技术处理不当，公平、公允不能得到保证，就可能形成很大的征税管理成本，也可能带来极高的社会风险和社会治理成本。

三是税率的确定问题。这是相对好处理的问题。绝大多数国家和地区都是采取累进税率制。在重庆和上海的试点中也是采用这种税率制，如《重庆市征收个人住房房产税相关政策解读》规定："一是独栋商品住宅和高档住房建筑面积交易单价在上两年主城九区新建商品住房成交建筑面积均价3倍以下的住房，税率为0.5%；3倍（含3倍）至4倍的，税率为1%；4倍（含4倍）以上的税率为1.2%。二是在重庆市同时无户籍、无企业、无工作的个人新购第二套（含第二套）以上的普通住房，税率为0.5%。"但是，如果要达到房地产税开征的目的，税率就不能定得过低。沪渝两地的试点效果不佳，与税率较低、税率累进梯次不多、梯次差不大有着较大关系。

四是同一家庭跨区域住房征税问题。当一个家庭在不同的区域都拥有住房且达到应税水平时，应如何征税？这种情况的出现需要明确两个问题：第一，由哪个地方政府征税？第二，当因区域不同而房价差异较大时按何地的房价计税？可能采用业主自愿申报的原则征税是较好的方案，但与此同时会遇到另一个问题，即有的地方政府为了吸引纳税主体在本地缴税，可能会大幅度进行税收优惠，这就会使征收房地产税的效用大打折扣。

五是是否存在重复征税的法理性问题。税收法治化是我国税收体制改革的重要抓手和努力方向，如何把房地产税的征收纳入法治轨道，实现依法纳税、征税依法，已成为当前必须要破解的课题。无论学界还是政界，对房地产税征收的法理解读都存在一定分歧。主要分歧有两点：其一，房地产税与土地出让金是否存在重复征收的问题。房地产税是对房产及其使用的相应土地都进行课税，而土地在开发之前已经缴纳土地出让金，因此有部分人认为，再对土地课税，则有重复计税之嫌。其实，只要弄清楚土地出让金的实质，这个问题就可以迎刃而解。土地出让金本质上就是土地租金，是土地使用者向土地所有者缴纳的土地使用价格，其性质上不是税负，"租"与"税"是完全不同的。所以，从这一点来看，征收房地产税在法理上是说得通的。其二，因房产、土地所有权分置，对土地课征房地产税是否具有法理依据。房地产税和房产税都属于财产税的范畴，二者虽然只有一字之差，但在内涵上却有较大差别。已开征的房产税是针对房产本身征收的财产税，房产是房地产的一部分，业主享有所有权；房地产税则是对一套房屋的房产和土地课税，也是一种财产税。财产税是对占有或可支配财产课征的税收的统称。从法理的层面上看，占有、可支配的财产应当是享有所有权或是基于法律享有充分使用权、可支配权的财产，也就是说，享有所有权或享有充分使用权、可支配是课征财产税的前提。由于我国所有土地都属于国家，住房所有者并不享有土地所有权，仅仅只有 70 年的使用权，对土地的可支配权并不充分，因此有业界人士认为，向土地征收财产税缺少法理依据。其实，2020 年 5 月全国人大通过的《中华人民共和国民法典》对房屋土地到期之后做出了"自动续期"的规定。"自动续期"使业主享有了对房产和相应土地更充分的使用和占有权，这就为针对土地课税扫清了法理障碍。

六是征收房地产税必须基于能够对每个家庭的所有房地产进行汇总。也就是说，要征收房地产税，必须要知晓每个家庭的房地产总量，因为有的家庭可能在不同的区域都购置了房地产，有些家庭因为婚姻，存在家庭房地产合并的情形。这就需要建立起全国联网的房地产登记平台。可喜的是，这一平台建设已经取得了很大的进展，为支撑房地产税征收提供了坚实的技术基础。

此外，房地产税征收还涉及征税主体（由哪级地方政府征收）、征收期限（分期征收还是一次征收、分期的时间长度）、征税中介市场的建立与规范（房地产税征收涉及面大且十分复杂，需要建立相应的中介市场，如房地产价值评估等机构）等问题，所以，开征房地产税前也必须对这些问题进行全方位、系统深入的研究和论证。

总之，正因为房地产税的实施还存在着上述种种疑虑和难点，需要以同时具备必要性和可行性为前提，需要以房地产税开征的技术条件为保障，也需要特定的市场条件为基础，所以，房地产税的开征应当谨慎、稳妥推进，不能急于求成。在推进过程中，应当充分论证，加强顶层制度设计，并在试验、实践中不断探索完善。

（2）房屋空置税。空置税是对商品房空置达到一定年限后征收的惩罚性税收。对于空置税是否应当征收有两种不同的声音。一种观点认为，应当征收空置税，其好处是既可以提高对房屋的利用率，节约社会资源尤其是土地资源，也可以降低房价，起到满足住房刚性需求、抑制炒房的作用。如实业界的一些人认为，空置税会比房地产税更能起到调节房价的作用，中国社科院在相关研究中也得出了肯定的结论。学界的吴培智（2019）认为，增收空置税是提高资源利用率、降低房价的重要手段[1]；刘华、黄安琪和陈力朋（2019）认为，基于当前我国房屋空置率较高的现实，为调节房价，可以借鉴国外房屋空置税政策的实践经验，对一线、二线空置率较高的城市征收房屋空置税，抑制房地产投机行为[2]。反对的观点则认为，征收空置税不仅不符合市场经济规律（有购买就有需求，有需求就不是空置），也缺乏法理依据，同时也达不到提高资源利用和抑制房价的目的，可能反而会因为成本的增加抬高房价。如赵奉军（2019）认为，正如自然失业率一样，在住房中也存在着自然空置，对住房征收空置税不具有合理性[3]。

近年来，随着房地产市场的变化，除了商铺、车库等结构性过剩之外，住房空置率也越来越高。中国家庭金融调查与研究中心称，2013 年中国城镇地区整体住房空置率为 22.4%，较 2011 年提高 1.8 个百分点。西南财经大学中国家庭金融调查与研究中心发布的《2017 中国城镇住房空置分析》

---

① 吴培智. 征收住房空置税的法律问题研究 [J]. 法制博览, 2019（4）：204, 205.

② 刘华, 黄安琪, 陈力朋. 房屋空置税的国际比较与政策启示 [J]. 税务研究, 2019（5）：61 - 66.

③ 赵奉军. 不要寄希望于空置税 [J]. 中国房地产, 2019（8）：23 - 25.

报告显示，中国城镇家庭住房空置率呈逐年上升趋势，2011 年、2013 年、2015 年分别为 18.4%、19.5%、20.6%，2017 年则达到 21.4%，总数 6500 万套；住房空置也呈现出明显的区域结构性差异，一线城市较低（16.8%），二线和三线城市住房空置情况最为严重，空置率分别为 22.2% 和 21.8%。同时，2018 年 3 月 17 日全国人大农业与农村委员会主任委员陈锡文在接受访谈时披露，据国家电网公司的统计，以一年一户用电量不超过 20 度为标准判断住房空置情况，2017 年，大中城市住房空置率为 11.9%，小城市空置率为 13.9%，农村房屋空置率最高，达到 14%[①]。此外，《中国房地产报》针对一二级地产开发公司和营销机构（二手房中介、房产电商等）的定向调查也显示，一线城市空置率为 22%，二线城市空置率达到 24%。住房存在一定比例的自然空置率是合理的，按照国际通常水平，空置率低于 10% 较为合理和健康，但超过 10% 则表明在存在一定问题：10% ~ 20% 为危险区间，20% 以上则是库存严重的信号。陈杰（2018）提供的数据显示，荷兰、瑞典一般住房空置率只有 2%，法国住房空置率为 6% 左右，德国住房空置率约为 8%，美国 2007 年左右的自有住房空置率约为 2.9%。可见，通过多种渠道的估算结果与国际通常空置率水平相比较，我国住房空置率较高，且呈不断上升趋势，对房地产市场和社会资源的利用带来不利影响。

　　住房空置产生的原因很多，既有因为就业流动、交易转换等因素造成的自然空置，也有因为投机炒房形成的空置。房地产作为大宗商品，集聚的生产要素和经济资源较多，大量空置会造成严重的资源浪费。同时，从经济学角度看，住房空置会形成高昂的沉没成本，当其脱离市场不进入交易环节时会减少供给，进而推高房价，再加上投机炒房的推波助澜，房价上涨也就不可避免。所以，对空置住房征收空置税，是必要的。从国际经验看，目前已有许多国家和地区在实施或正准备实施房屋空置税，如加拿大不列颠哥伦比亚省（British Columbia）针对三类住宅房地产征收空置税（vacancy tax）：住宅房地产不是居住者的主要居所、住宅房地产在纳税年度内被业主及其家人等作为主要居所占有和使用的时长少于 180 天、住宅房地产在纳税年度内用于出租但累计租出时间少于 6 个月的住房。同时，对于空置住宅用地也开征空置税。澳大利亚在部分地区（维多利亚州所有空置房）或针对特定对

---

① 赵奉军. 不要寄希望于空置税［J］. 中国房地产，2019（22）：23 - 25.

象（境内的外国业主持有的空置房地产）课征住宅空置税。法国也对空置房实施差异化的课税：对于人口较多（一般超过 5 万）、住房供需明显失衡、存在严重住房困难的城镇开征住宅空置税，课税对象一般是空置一年及以上的住宅，税率采用随空置时间增加而递增的累进税率，第一年税率为应税住宅租金价值的 12.5%，从第二年起税率为 25%[①]；对于其他不适用住宅空置税的城镇的空置两年及以上的住宅征收空置住宅居住税，税率一般低于 10%。法国空置税实施的目的就是要缓解住房市场的供需矛盾，抑制房价的不合理上涨。

显而易见，对房地产开征空置税的重要作用之一就是要抑制房价上涨，抑制炒房，实现土地和住房资源的有效利用。在我国，一方面存在刚需家庭住房困难，另一方面空置率居高不下，调节供需平衡的市场机制失灵，住房供需矛盾得不到有效缓解。特别是，房地产市场的高利润，吸引了大量的生产要素和经济、社会资源进入房地产市场，聚集在住房产品上，空置率长期高企，必然造成严重的资源浪费和其他领域的资源短缺，对社会经济发展带来不利的影响，同时也为投机提供了机会，助长了炒房行为。

鉴于我国房地产市场的特殊性，尤其是面对炒房盛行、房价长期居高不下的困境，课征空置税具有积极的意义，但空置税的开征需要以抑制炒房为主要目标，同时在实施过程中也不能急于求成，不能一刀切，要在充分论证和试验探索的基础上稳妥推进，要根据区域市场差异实施"一城一策"，在吸收和借鉴海外经验的同时，与我国房地产市场的实际相结合。

同时，开征房地产空置税应当区分空置类型，实施分类征收。房地产空置的类型主要有三种。第一种是因为异地就业或婚姻原因而形成的空置。其中又分为三种情况：一是一些人因为购房之后工作调动到异地就职而形成的空置。二是因为婚姻关系而形成的空置。比如异地两个年轻人分别都购置了住宅，后来因为结婚组建为一个家庭以后形成一处住宅的空置；又如原来异地分居的夫妻团聚后形成一处住宅的空置。三是外出务工人员在原户籍地或者自认为理想的区域购买住房，期望未来不能再外出务工之后作为养老的居所而形成的暂时未居住的空置，这类情况目前在空置住宅中占比很高，一般

---

① 刘华，黄安琪，陈力朋. 房屋空置税的国际比较与政策启示 [J]. 税务研究，2019（5）：61-66.

来说属于刚需性质，即使形成了一定时期的空置，也不应当收取空置税。对于因为工作调动原因和婚姻原因而形成的房屋空置，可以视情况给出一定处置时限，超过一定时限没有处置而同时又有多套住宅的，可以开征空置税。第二种是拥有两套及以上住宅的空置。其中又有几种情况：一是为了生活享受或特殊原因一个家庭在多处置业而形成的空置，如前段时期，一些家庭在海南或者其他避暑胜地购买住房形成一个家庭多套住房的情况；二是炒房者或者投资者购房形成的空置。第三种是开发商手中的空置房。开发商手中的空置房也有两种类型：一是因为决策失误或者其他原因导致的不被消费者接受而卖不出手的房屋，这种房屋既有住宅，也有商铺、车库等，尤以商铺和车库居多；二是开发商为了获取更高的利益而"捂盘"形成的空置。对于第二种类型和第三种类型的空置，国家应当区别对待，征收空置税。此两类空置房地产品超过一定年限不上市流通，对房地产市场的供给影响很大，特别是炒房者购房之后形成的空置和开发商"捂盘"形成的空置，政府对此应当加强监管，征收较高的税负。

总之，对于空置税的课税对象不应局限于消费者持有环节，而应当重点把炒房者炒房形成的空置和开发商"捂盘惜售"形成的空置纳入征税的视野，严控炒房者炒房和开发商囤积居奇、故意抬高房价的行为。目前，对开发商"捂盘惜售"的炒房行为往往只是地方政府采取罚款的方式予以处罚，由于这种方式的非稳定性，根本达不到预期目的，所以，抑制开发商故意空置以抬高房价的行为，必须依赖对空置课税这种法制强制方式。

（3）房地产遗产税。当今世界上，已有100多个国家开征遗产税。目前，我国还没有在全国范围内正式开征房地产遗产税。遗产税开征的主要意义在于缩小社会贫富差距和提升社会运行的活力与效率[1]。在我国特殊的国情背景下，房地产遗产税还可以在一定程度上起到调节市场供需关系、抑制房价快速上涨，进而遏制炒房的作用。我国许多居民都有这样一种认识：购房置业不仅是解决自己一生居住的问题，而且可以将其当作家庭最重要的财产传递给子孙后代。从古到今，国人这种依附于土地、房产的财富意识都非常强烈，甚至有学者提出，我国商品经济在宋代就已经萌芽但却没有发展起来，其最重要的原因就是在人们观念中根深蒂固的对土地等不动产财富的依

---

[1]　时卫平．房产产权为解决前不宜开征遗产税［N］.广州日报，2013–03–05.

赖。直到今天，这种为子辈积攒长久财富的意识并没有弱化，反而是在这种观念的作用下，父辈财富不断加速向不动产领域集中。西南财大发布的《2015年中国家庭财富研究报告》显示，当时我国家庭资产配置中，房地产占比约为66%①，而到2019年，从央行调查统计司城镇居民家庭资产负债调查课题组在全国30个省（自治区、直辖市）对3万余户城镇居民家庭资产负债情况调查结果来看，我国家庭财富总值不断增长，且有不断向房地产集中的趋势，房地产在家庭资产中的占比已经上升到超过七成，在股市资本市场不稳定的情况下，金融资产占比则呈下降趋势。家庭资产不断向房地产市场堆积，极大地推动了房地产需求市场的增长，为炒房提供了市场基础。

因此，从家庭资产配置的角度来调节和影响房地产市场，开征遗产税不失为一种必要的途径。

（三）合理实施房地产资本利得税

资本利得税是针对股票、房产、土地等资本或资产在出售或交易时所获得的增值收益所征之税。房地产利得税就是对出售、交易房地产征收的税负。需要注意的是，本书此处所主张的房地产利得税不是在商品房首次交易环节向开发商征收，而是向投机炒房者征收（课税对象是二手房，不是新房）。关于对房地产课征资本利得税，在学术界也早有过探讨，如叶檀（2011）主张用资本利得税替代房地产限购；刘颖和王芳（2012）从抑制投机、增加财政收入、均衡社会财富三个方面肯定了在我国房地产宏观调控中实施资本利得税的功能②。但也有学者认为开征房地产资本利得税需要谨慎。陈杰和高任飞（2013）运用经济学框架进行分析后发现，资本利得税对二手房供给会产生"锁定效应"，对二手房需求会产生"资本化效应"和"首付效应"，这两方面的效应对房价的影响恰恰是相反的。由于我国房地产市场的需求弹性较弱、供给弹性较强，开征资本利得税很可能会进一步推高房价，产生与期望相反的效果③。从总体上看，学界对于开征房地产资本

---

① 西南财大家庭财富研究团队. 解读"中国财富世界第二"[N]. 南方都市报, 2015 – 10 – 16.

② 刘颖, 王芳. 论资本利得税在我国房地产宏观调控中的价值功能与实现路径[J]. 财会研究, 2012（2）：16 – 18.

③ 陈杰, 高任飞. 全面开征资本利得税须慎重——资本利得税对我国房地产市场的影响[J]. 探索与争鸣, 2013（8）：62 – 66.

利得税具有抑制炒房作用的认识居于主流。从国际上看，开征房地产资本利得税的国家不少，如美国、法国、澳大利亚等。不同的国家对不动产开征资本利得税的方式是不一样的，有的是独立设置不动产资本利得税（如英国），有的是把不动产资本利得税和个人所得税合并征收（如美国等国家）。但一般来说，这些国家在征收房地产资本利得税时主要都是针对二手房交易，有的税率很高，达25%以上，而且是房地产持有时间越短，资本利得税税率越高，有的国家规定持有时间达到一定长度后住房出售时不再缴纳资本利得税。

在我国，对房地产开征资本利得税是必要的，因为房地产资本利得税的征收主要是针对炒房者的二手房交易（只有一套住房的刚需家庭将住房进行第二次交易的很少），这样，一方面可以直接降低炒房者炒房收益，另一方面即使炒房者将税收成本转嫁到房价之中，但因为其房价与新建商品房会形成较大的价格差异，自然会对消费者失去吸引力，所以，房地产资本利得税的征收可以达到抑制炒房的目的。

开征资本利得税，应做到以下几点：一是应将房地产资本利得税单独开征，直接针对投机炒房，即对个人或家庭持有多套（一般是两套及以上）且短期内出售的二手房征收资本利得税。二是要以保障基本居住需求为目标，对只有一套住房的家庭或个人出售时实行住房资本利得税降减甚至免除征税。可借鉴英美等国家的做法，居民对居住一定时间后出让的住房可扣减一定交易金额后再按相应税率缴税。如美国规定个人转让持有时间在5年及以上且作为主要住宅超过两年的住宅，可向政府申请，交易额在25万美元内的可以免税，超出部分金额再征税；若是夫妻联合申报，免税计税基数则可翻倍[1]。由于美国的房地产资本利得税和个人所得税是合并计算的，所以，这种免税能更多地惠及中低收入家庭。英国对出售个人主要住房的免征资本利得税。三是实施累进递减递增税率制。一方面以持有时间作为依据，持有住房时间越短，税率越高，相反，持有时间越长税率越低，甚至免税，即税率累进递减制；另一方面，以交易金额为依据，金额越高，税率越高，金额越低，税率越低，即税率累进递增制。

---

[1] 梁先玲. 论我国房产交易资本利得税的实现途径——基于英美两国经验 [J]. 经贸实践，2018（7X）：106–106.

三、积极使用直接调控政策抑制房地产投机

对房地产市场的调控除了上述的金融政策、税收工具之外，还可以借助如限价、限利润、限购、限售等行政手段。从总体上讲，以"限制"为主要特征的这些纯行政手段毕竟是其他调控手段效果不佳或在运用市场机制调控失灵的情况下迫不得已而采取的补救方式，故只能作为房地产市场调控、抑制房地产投机的一种临时性的辅助工具，不应作为主政策而长期推行。由于房地产市场区域的差异性，各个城市在采用这些调控手段的时候也需要因地制宜、"一城一策"，并随时间阶段的变化而做出调整。

需要注意的是，由于限购、限价等政策都是直接作用于房地产市场的，政策效应很直接，也很显著，在市场机制调节房价作用弱化甚至失灵的特定市场条件下，也必须借助这种政策工具对市场进行调节；同时，在将这些政策作为抑制房价和遏制炒房工具的时候，应当根据其作用对象和作用机理的不同区分运用、分类施策。

（一）限购与限售

在历次的房地产市场调控中，限购、限售方式是采用得最多的调控手段之一。限购就是从需求侧对房地产投机行为进行抑制；限售就是从供给侧对炒房行为进行干预。限购就是对购房主体资格进行限制和筛选。在一些房地产热点城市，特别是像北上广深等一线城市，地方政府往往借助对购房主体资格的限制，来缓解房地产市场的供需问题，也在一定程度上达到抑制炒房的目的。限购的目的就是要对房地产市场的供需矛盾进行调节，其具体的操作方式就是对购房主体的资格进行筛选和限制，只有具备相应条件的人才有资格购房。虽然各地的限购条件不完全一样，但一般都是对异地购房者予以限制，而对于本地居民的限制相对较低；同时，限购主要是对购买第二套及其以上的房屋进行限制，对于自住性质的购房限制则相对较低。因此，可以说，限购就是从需求侧对炒房行为进行干预。

限购需要从资金链上着手，也就是要进行限贷，要通过限贷切断购房者尤其是炒房者的资金供应链。限贷必须在金融政策上发力，既要保持金融政策的合理性，更要保持金融政策的稳定性和连续性，要发挥好金融信贷的杠

杆作用，从房地产产品的供给侧和需求侧两端利用金融信贷的调节功能，调控房地产市场的供需结构。在房地产产品的供给端，对于过热时期的房地产市场要通过限贷抑制过热的投资；在房地产需求端，对于刚需消费者的购房要积极进行金融支持，但对于过热的房地产需求贷款特别是炒房贷款，则要通过限贷进行抑制。如何进行限贷，有效而通行的做法是以消费者持有住房的套数作为依据，贷款购买第一套住房的不予限贷，而对于购买第二套住房的则应当进行限贷。同时，还应当对多次进行住房交易（反复买进卖出）的进行限贷。只有这样才能从资金供给上对炒房进行抑制。

限购和限售是紧密相连的。一般而言，限购主要有以下几种：第一种是单独使用的限购；第二种是结合金融工具一并使用的限购。独立使用的限购是直接通过购房者身份的区分来限制外地居民在本地购房，也就是说，外地居民要在本地购房，必须取得当地户籍或者在当地工作满一定年限。限售则是对所购住房实施一定年限的锁定，只有达到规定年限之后才能出售。限售主要是针对购房之后的再出售行为，对于抑制投机炒房有直接的作用，因为炒房需要通过快速交易获得利润（即从购入标的房地产到卖出房地产的时间不会很长，否则机会成本会很高，甚至丧失销售机会），限售直接阻断了炒房者快速买卖完成脱手盈利的目的。可以说，限售是最直接抑制炒房的手段之一。

限售是指对于所购住宅的再次出售在时间上予以限制。限售要求购房者在购进新房并取得产权证之后要再次出售，必须达到一定的年限要求。这种限售举措在一些房地产热点城市往往也成为当地政府频繁使用的工具。限售是对房地产交易频次的约束，其对于炒房也具有较大、较直接的抑制作用。

北上广深成等许多一线、二线城市都曾采用限购、限售的政策。这种政策直接针对的是外地购房者特别是外地炒房者，积极意义显而易见：其不仅为阻止域外需求进入当地房地产市场建立起一道有效的"围栏"，也直接降低了炒房者的交易频率，对抑制投机炒房可起到精准抑制的作用。安辉、何萱和邹千邈（2020）通过实证研究，也得出了房地产限售、限购政策能显著平抑房价的结论[①]。当然，仅仅依靠限购抑制外地需求进入房地产供需矛盾突

---

① 安辉，何萱，邹千邈. 中国房地产限售政策对房价的影响研究——兼论限售和限购的政策组合效应［J］. 中国管理科学，2021（8）：35–43.

出的市场是不够的，因为这些地区本来经济发达，居民家庭财富积累较高，区域内自身存在的房地产需求（除刚需之外的投资性需求）也很大，对于这一部分内部需求也需要予以适当抑制，于是，通过限贷从资金供给的渠道来实现限购的手段也常常与独立限购政策一并被采用。陈沈和高然（2020）通过构建动态随机一般均衡模型量化模拟房地产价格渠道下"限购、限贷"政策对城市人口迁移的影响，认为限购政策使城市房地产需求降低，限贷政策使城市首付款比例提高，"双限"政策有效地抑制了房价[①]。可见，"限购""限售""限贷"作为一组"姊妹政策"对拦阻域外房地产需求的输入、抑制本地内部需求具有显著作用，因此，在我国房地产供需矛盾还没有得到有效缓释的一定时期内，"多限"政策仍将被积极而高频率地使用。

（二）限价

限价就是要限制房价的过快上涨，阻断炒房赖以生存的基础。炒房是基于房价的快速上涨，通过较短时间从买入到卖出的全流程交易来实现盈利的。也就是说，如果房价不快速上涨，要在较短时间内完成从买入到卖出并实现盈利是不可能的，只有房价快速上涨，炒房才具备盈利的基础。因此，实施限价对抑制炒房也具有直接的作用。

限价是直接行政干预房地产市场价格的一种迫不得已的措施。限价的主要目的就是要抑制过高的房价和房价过快上涨。依据传统市场经济理论，价格机制是市场资源实现有效配置和传递市场信号的有效途径，实施限价，有可能破坏市场机制的作用，使市场供需结构发生变异，所以，这种政策也只是一种基于特定市场环境而实施的临时性政策。一般不能作为主要的抑制炒房的工具来使用，正常情况下，抑制炒房主要应由其他机制来实现。面对房地产市场投机盛行、价格不断非理性上涨的实际，限价与限购一样是一种不得不采用的调控手段。

首先，对房地产实施限价应做到土地、房屋"双限价"，也就是不仅要对房屋限价，也要对土地限价。在房地产调控的持续压力下，一些城市对商品房实施了价格限制政策，主要以备案价为基准来确定楼盘开盘价，达到对

---

① 陈忱，高然. 限购限贷政策对城市人口迁移的影响——基于动态随机一般均衡模型的政策模拟 [J]. 统计与信息论坛，2020（5）：123 – 128.

房价的限制作用。如 2018 年 2 月，三亚市规定，楼盘开盘价不能高于备案价的 20%。也有的城市直接依据楼盘的周边价格来限定楼盘的价格区间，如东莞市等城市。还有的地方直接给出房屋销售指导价，如上海等城市。对于土地的限价，各地主要以土地溢价率作为依据，如果成交溢价率超出一定比例范围，政府可终止土地交易。易居房地产研究院发布的《2018 年 8 月份 40 城土地市场报告》显示，通过土地限价，2018 年 8 月，上海、深圳、杭州、青岛等 10 个城市的土地成交溢价率为 0。可见，从以上情况看，积极的地市、房市限价政策对抑制房价起到了很好的作用。

其次，房地产限价应根据开发企业的开发量实施比例限价制，也就是要求开发商根据年度开工面积，按照一定的比例实施限价销售，甚至也可以在土地出让条件中做出明确的规定。

最后，对房地产限价需要与对购房者限购、限售同时进行。楼市限价的重要目的就是要抑制炒房，因此，要实行"限购"，购房者需要具备相应资格才能购买限价房，以防范炒房者的加入，如北京市规定，限价房主要是用于满足中低收入家庭和征地拆迁家庭的住房需求。同时，对于限价的低价房，也需要实行限售，购房者在购买限价房之后，必须达到一定年限之后才能上市交易。

（三）限利润

限利润主要是要限制和降低以开发商为主的房地产产品供应者的市场主体的收益率水平。

面对房地产价格的快速上涨，有的城市不得不推出更为激进的限利润政策。如长沙市发展与改革委员会于 2019 年 12 月 11 日发布《关于明确我市成本法监制商品住房价格构成有关事项的通知》，明确规定商品住房价格的构成和利润计算方式，要求平均利润率不得超过成本项中"楼面地价、前期工程费、房屋建筑安装工程费、小区内公共基础设施及附属公共配套设施费"总和的 6% ~ 8%。其实，限利润的政策不是现在才出现。早在 2006 年南京就开始实行限利润政策，规定房地产开发利润不超过 8%，但这一政策并没有得到很好的执行；2012 年陕西把开发商的利润限定在 10%；等等。限制房地产利润的做法也不是中国的独创，德国就在相关法律中明确规定，开发商的房价不能超过"合理房价"的 20%，否则就被认定为是"超高房价"，如果超过50%则被视为"房价暴利"，均属违法，将受到制裁。

在我国，房地产开发利润水平一直很高，往往超过其他工业行业的利润均值。国务院发展研究中心发布的《中国住房市场发展趋势与政策研究》显示，2003年前后，我国房地产行业的毛利润率大致为20%，与大多数工业行业相差并不明显，但随着房价的不断上涨，2007年之后年均利润率达到30%左右，超出工业整体水平约10个百分点，有的开发商毛利润率甚至超过了50%，远远高于日本、美国等西方国家开发商的利润水平。据"中房网"发布的《2019年房企盈利能力报告》，2019年我国50家典型上市房企的加权平均毛利润率为29.9%[①]；又据华西证券等机构对房地产开发企业季报的统计，2020年第一季度，即使在新冠疫情的严重影响下，我国A股上市房地产开发企业的平均利润率仍然高达25.5%。其实，开发商的真实利润水平可能更高，因为，年报、季报是需要公开的，为了不让高利润、高房价刺激民众，引起社会舆论的不满，有的开发商故意抬高成本（增加管理费、将当期购买而将在后期开发的土地成本计入当期成本）以降低利润率。另外，根据国家统计局数据整理得出，2005～2019年，我国房地产企业在住宅开发项目上的平均销售毛利润率水平大致为26.77%[②]。可见，我国房地产开发投资收益率长期都保持在较高的水平，超过大多数工业行业的利润均值，甚至也超过国外同业利润水平。可以说，我国房地产开发环节是存在让利空间的。

房地产行业的高利润是由高房价支撑的，要抑制房价、遏制炒房，适当限制房地产开发利润也不失为一种选项。

第一，限制利润需要以开发商的真实成本和真实收益为依据。由于房地产项目的差异性和市场信息不透明，要完全真实地计算开发商的利润存在一定程度的困难。但是，任何地产开发项目都会真实地发生土地费用、建安费用、税费等成本项，政府在限制利润时可以以这些较易掌握的成本项为依据对开发商利润确定一个比例进行限制，对于在开发项目中发生的管理费、销

---

① 朱一鸣，贡显扬，汪慧等. 2019年房企盈利能力报告［R/OL］. http：//www. fangchan. com/data/143/2020－04－10/6654204151112995416. html.

② 此销售毛利润率值依据国家统计局历年"全国房地产开发住宅投资完成额"与"全国住宅商品房销售额"进行计算得出。依据长期时间序列的"全国房地产开发住宅投资完成额"与"全国住宅商品房销售额"的比较数据能够相对准确、真实地反映销售利润率水平。

售费用、不可预见费等其他相对难于计算的成本可以按照行业基本水平纳入总成本中计算，进而得出房地产开发的基本利润率。

第二，要把限利润纳入法制的范围予以规范。缺少法制的强制力，限利润容易陷入作秀的尴尬中，达不到限利润、限房价、抑投机的目的。德国制定了专门法规对房地产的利润率予以限制，反观我国，仅在建设部 2001 年颁布的《商品房销售管理办法》中有这样的模糊规定："商品房销售价格由当事人协商议定，国家另有规定的除外。"法律依据的欠缺，使限利润举措就显得不太理直气壮，也使限利润缺乏严谨性和权威性。

第三，限利润需与限价、限购、限售等措施配合使用。单纯限制房地产利润虽然可以直接达到降低房价的目的，但是，如果失去了其他相关调控政策的配合，限利润反而会为炒房投机者提供机会。特别是如果仅对开发商新开发的商品房的利润率予以限制而没有对二手房的利润率进行限制，那么，在需求依然旺盛的情况下，两个不同的住房市场（新房交易市场、二手房交易市场）就会形成严重的价格剪刀差，为投机炒房提供市场空间。

第四，限利润是基于特定的房地产市场环境而推出的，目的是限制高房价，但通过政策之手限利润毕竟是对市场机制的一种伤害，从长期来看，是不利于房地产市场发展的，因此，限利润需根据具体情况稳妥谨慎实施。

第五，征收资本利得税。资本利得也可以被看作是一种所得收入，资本利得税就是对所得收入的一种征税。对房地产开发商征收资本利得税可以实现对其高利润的限制。对开发商征收资本利得税在操作方式上比对房地产产品销售中的利润率进行限制更简单可行。

四、全面协调市场主体利益关系

我国房地产市场利益主体很多，除了作为供方的房地产开发商和作为需方的房地产消费者之外，还有作为市场规则制定者和市场运行监督者的政府、房地产产业链上游的原材料供应商、主要开发要素——资金的提供者金融机构等。其中，政府在房地产市场中的角色又尤为特殊，是土地的供给者。也就是说，政府在房地产市场中扮演的是双重角色，甚至是三重角色，因为它还可以通过金融手段控制房地产开发和购房资金的供给。各市场主体的市场角色定位不同，利益目标分歧较大，因此，需要对其利益进行协调。

对房地产市场主体的利益协调就是要引导房地产市场可持续发展，也是在一定程度上对炒房行为的干预。

首先，全面协调房地产市场利益主体的利益关系，必须坚持利益优先、兼顾公平的原则。经济学理论认为，如果一项活动的结果既不使其他人境况变坏，又不会增进任何人的福利，则被视为具有效益。从另一个角度看，一项活动具有效益是看其获得的收益是否超过使用的资源。

效益的类型很多，如经济效益、社会效益、政治效益、文化效益等。在社会主义中国，进行房地产市场利益主体的调节，要以效益最大化为目标，既要兼顾经济效益，也要兼顾社会效益、政治效益、文化效益，实现利益目标的协调与平衡。同时，在市场利益调节中，要秉承公平原则，兼顾社会公平。兼顾公平应与发展经济和保障民生结合起来，通过经济发展保障民生改善，通过民生改善促进劳动者积极性和生产效益的提高、推动经济发展。由于资源的有限性，特别是土地资源的稀缺性，有时候在房地产市场追求效益和兼顾公平之间可能会产生冲突。面对这种矛盾冲突，必须处理好房地产市场短期利益与长期利益、局部利益与整体利益的关系，协调好经济效益、社会效益、政治效益，兼顾好追求效益和保障民生的关系。

其次，协调房地产市场主体的利益关系，要兼顾市场主体的利益诉求。正因为房地产市场主体众多，利益诉求不同，博弈关系也就十分复杂。在房地产市场处于上升期时，市场广阔，利润空间较大，市场主体之间的竞争就不太激烈，因为在这样一种市场环境下，市场供给主体（购房消费者除外）可以不通过挤占他人市场获得发展，开发商等市场主体之间利益冲突表现得不明显，也很容易达成默契合作，形成利益共谋。但随着房地产市场的发展，市场逐渐进入成熟期，供给逐渐饱和，没有新的市场空间可供开拓，市场供给主体的市场扩大、效益提高需要侵蚀其他供给主体的市场份额才能实现时，市场主体（购房消费者除外）之间的利益博弈和竞争就将显得非常激烈，特别是在有地方政府这一具有特殊权利和利益关系的主体参与其中之时，市场主体之间的利益协调就很难实现。习惯了获取高额利润和进行利益共谋的我国房地产市场其他主体（购房消费者除外）只能采取涨价策略，因而房地产价格被不断推高。

可见，要抑制房价，需要以协调市场主体的利益为前提，而协调市场主体的利益关系，应做到以下几点：一是要协调开发商与政府之间的关系。地方政府与开发商之间的关系是既对立又统一的关系。地方政府与开发商之间的对立冲突关系主要体现在土地市场以及政府作为整个房地产市场的管理者而在管理过程中与开发商发生的冲突。尤其是在土地市场中，开发商是土地需求方，地方政府是土地供给方，处于整个房地产市场的最上游，二者构成对立关系。协调二者之间的利益关系，主要是要协调土地市场的关系，而这种协调不是通过达成利益共盟来实现，而是要通过联合让利来实现。只有这样，才可能为房地产产品交易市场的利益协调奠定基础；也只有这样，才可能实现二者最大的契合利益，即让利带来的整个房地产市场可持续发展和繁荣，实现利益最大化。整体市场实现利益最大化的好处对开发商来说不言而喻；对政府来说除了获得更高的土地出让金、税收收入以及带动当地其他产业发展等经济收益之外，还可以获得附加的政治和社会效益：因房地产业的发展带来的长期、稳定的就业；因房地产开发带来的基础设施的提升、城市面貌的改善；因房地产业的发展促进经济发展带来的政府业绩的提升、政府公信力的提高和政治管理成本的降低等。二是要协调好开发商与银行等金融机构之间的关系。开发商与金融机构之间既有利益一致性，也有利益矛盾性。二者的利益协调应当以房地产整体利益为重，在兼顾金融企业、开发商利益的同时，也应当兼顾社会利益，因为在我国，为房地产企业提供资金保障的主要是国有商业银行，而国有商业银行也是中央政府的金融代理人，必须履行保障民生、实现社会效益目标的责任和义务。金融机构是开发资金的主要供给者，在与开发商的博弈中往往占据有利地位，所以，协调二者之间的利益关系也要以管控金融机构的利益行为为主。三是协调好开发商和消费者之间的利益关系。可以说，在房地产市场中这对关系是最主要的市场关系，由于房地产市场在一定程度上存在供给垄断和市场信息不对称，开发商往往具有地位优势。要协调二者之间的利益关系，最主要的是要抑制开发商的利益目标，通过对开发商的引导、监管，实施内涵式发展提高经济效益，而不是通过价格上涨来实现企业效益最大化。

房地产市场主体的利益协调是一个复杂而又长期的系统性工程，针对不同的市场主体要采用不同的协调方式，如对政府组织要采用行政与协调为主的手段，通过行政规制和行政化经济指标对不合理或者有损整个房地产市场的行为予以限制和约束；对于开发商、房地产中介等市场化主体可借助市场机制的软调节方式进行约束；对于金融机构等具有政府和市场双重身份的市场主体则需要软硬协调相结合；对处于市场链最末端的消费者，需要通过引导、教育、保护的方式进行利益协调。只有对房地产市场的利益主体在各自目标愿景下进行合理协调，才能抑制房地产价格，进而达到抑制炒房、实现房地产业健康发展的目标。

五、加强对房地产中介市场的监督和管理

房地产中介是指为房地产投资开发、销售经营提供各种服务活动的媒介，也就是在投资、开发、销售等各个环节提供各种咨询服务和代理服务的个人和组织，这些服务活动包括房地产决策咨询、开发服务、价格评估、委托代理等。

在我国，随着房地产业的发展，房地产中介业也得到快速发展，其中，尤以房地产销售中介发展最为迅猛。随着房价的快速上涨和房地产需求的旺盛，各地房地产代理销售店如雨后春笋涌现。随着这些良莠不齐的房地产中介的出现，房地产中介市场特别是销售代理中介市场曾一度出现了发展失序、管理失范的情况。其中主要的问题在于：第一，从业人员素质参差不齐，缺乏专业能力和专业素养。许多中介缺乏房地产专业相关知识和经验，在从业中主要是以盈利为目的，以卖掉房地产产品为任务，无法为消费者提供有效的咨询服务，有时候甚至会错误地诱导消费者。可以说，这些中介不能被称为房地产经纪人，与专业的房地产经纪人有着较大的差距。第二，诚信不足，职业操守丧失。有些中介只以效益最大化为唯一目标，在执业过程中，不坚守职业诚信，甚至故意欺骗消费者。比如有的房地产销售中介故意制造合同陷阱，利用合同漏洞，坑害消费者。第三，法律规制不健全，对房地产中介的管理手段不足。就整个房地产中介市场来说，一方面，房地产中介业务缺少有效的法律法规和管理制度，相关的法律法规还有待健全和完善；另一方面，缺少对房地产中介进行指导和培训的机制和路径，房地产中介执业准入门槛很低，从入职到从业基本上是处于自由发挥和自我约束的状况。

房地产中介的这些问题往往集中反映在房地产市场秩序的混乱上，房地产中介的推波助澜，导致消费者非理性购房，对炒房行为也是一种助力。有的房地产中介本身就是炒房者。因此，加强对房地产中介的监督和管理有利于抑制炒房。

第十一章

不同国家（地区）抑制
炒房的经验与启示

在房地产市场利用房地产的特殊属性来炒作牟利是一个世界性问题，在不同的国家或地区因为国情和区情的差异而有不同的应对方式。这些应对炒房的方式对我国抑制房地产炒作具有一定的参考和借鉴意义。在此主要对具有代表性的欧美和亚洲国家及我国香港地区抑制炒房的经验进行介绍。

一、不同国家（地区）抑制炒房的经验

在全球范围内，各个国家和地区面对炒房投机行为都是采取抑制的态度。不同的国家或地区，除在对待炒房的态度上一致之外，抑制炒房所遵循的基本思路也大体相似，只是在具体的实施方式上有所区别。

（一）欧美国家的经验

欧美国家的房地产市场化时间较长，对抑制炒房也有较多的经验。在此着重介绍两类较有代表性的国家，一类是炒房情况较为严重的国家，另一类是抑制炒房较为成功、炒房行为较少的国家。

1. 英国抑制炒房的经验

近几十年，英国的炒房情况较为严重，特别是 21 世纪初，英国地产价

格又开始了新一轮的高速上涨，年均涨幅超过 20%①。"目前英国房屋的平均价格已经接近 10 年前的 2.25 倍，使许多人无力承担购房成本。"② 英国房价的上涨虽然受到多种因素的影响，但与炒房投机行为的推波助澜关系密切。炒房和房价的上涨给英国经济方方面面都带来了不利的影响，为此，英国政府不得不对高房价和炒房行为进行抑制。

一是在金融手段上发力，充分利用利率杠杆功能抑制房地产市场需求。市场需求始终是推涨房价的主要动能，而需求的实现必须要以资金兑现为前提。房地产品是大宗商品，没有资金就不可能将需求变为现实的商品交易。炒房者在炒房时也需要资金。所以，英国政府抑制房价、抑制炒房的重要手段就是提高利率，增加购房抵押成本。"英格兰银行自 2003 年 11 月至 2004 年 8 月连续 5 次上调利率，把利率从 48 年来最低水平的 3.5% 提高至 4.75%。"③

二是保障中低收入者的居住需求。英国政府为了抑制炒房和控制房价，基本思路就是抑制需求，尽力实现对房地产需求的分流，也就是要尽力将作为房地产需求市场重要组成部分的中低收入群体从竞争性更强、以市场化方式定价的房地产市场中抽离，实际上以此形成了两个不完全相同的房地产市场。中低收入者是住房的重要需求者，这部分人原有居住条件较差，对住房的需求往往也较为迫切，在很多时候会成为影响房地产市场走势的重要力量，如何保障这个群体的住房需要是各个国家关心的重要课题。为了解决这部分人的居住需求，而不至于把他们都赶进和其他高收入者共同竞逐的房地产市场，英国政府加大了保障性住房的建设力度。英国的保障性住房制度大致可以分为两个阶段：一是 1980 年以前，实施由政府大力修建公共住房并以低于市场平均价格的方式出租给符合条件的中低收入者租赁居住的公房制度，类似于我国的公租房制度。二是 1980 年后实施的可负担的住房制度。可负担住房制度就是要由居住者（主要是指原先由政府负担的中低收入者）在可负担的范围内自己承担部分居住费用，通过拓宽居住获取方式实现。这种制度既延续了原有公租房制度的内容，让中低收入者可以继续享受政府给予的指定公租房低价租赁居住，又对符合条件的中低收入者在自购住房时给

---

①③ 李东卫. 防控投机性购房的国际经验及启示 [J]. 新会计，2010（7）：50－52.

② 宋国明. 英国房地产业管理 [J]. 国土资源情报. 2011（7）：21－25，43.

予财政补贴和支持，进而降低中低收入者的购房压力。如无力购买全产权的首次购房者购买符合政府要求的住房时，可以申请政府的财政资金支持。

三是利用税收政策的直接调节作用抑制炒房。英国政府为了抑制炒房和高房价，通过降低印花税等方式对低收入群体的购房成本进行调节。如"英国政府为降低低收入者的购房成本，将购房印花税的起征点提高到 12 万英镑，此举将确保超过 50% 的首次购房者不用缴纳印花税"[①]。将中低收入群体的购房需求剥离，有助于市场化程度更高的房地产市场需求的降低，从而达到抑制房价的目的，进而也达到抑制炒房的目的。

四是利用房屋互助协会，帮助居民解决住房问题。英国的房屋互助协会是从 19 世纪兴起、由互助的非营利性组织发展起来的、旨在帮助有住房需求并自愿加入组织的人们解决住房问题的合作组织。从第一家房屋互助协会成立算起，至今已有两百多年的历史。房屋互助协会主要是为在协会进行储蓄的储蓄者和债权人提供住房服务。从 20 世纪 80 年代中期开始，英国的房屋互助组织在业务内容和组织构架上都随着情况的变化而越来越像商业银行。其业务越来越多样化，主要为有住房需求的人们提供购房金融服务。英国住房互助协会是一个半公半私的组织，虽然经过 20 世纪 80 年代的私有化改造，但其公有比重仍然约占 36%[②]。英国政府通过对住房互助协会的支持，在很大程度上解决了部分居民的住房困难，对于稳定房地产市场、抑制炒房起到了积极作用。

2. 德国抑制炒房的经验

人们普遍认为，德国炒房情形并不严重，甚至很多人认为，德国没有人炒房[③]，因为不存在炒房的土壤，炒房难以盈利[④]。德国之所以令炒房者难以立足生存，主要在于德国政府非常重视房价的稳定，对于推动房价上涨的炒房行为采取了一系列行之有效的抑制政策。曾在德国生活和工作多年的银行分析师郝鹏在分析德国为什么能够有效阻止海外炒房者进入德国炒房时指

---

① 李东卫. 防控投机性购房的国际经验及启示［J］. 新会计，2010（7）：50 - 52.

② 邹益华，周云. 英国"房协"模式特色及借鉴设想［J］. 现代物业（上旬刊），2004（3）：50 - 54.

③ 余丰慧. 德国没有炒房史［J］. 芳草（经典阅读），2014（1）：33 - 33.

④ 转引自：郇公弟. "海外炒房团"缘何败走德国［J］. 四川党的建设（城市版），2008（5）：64 - 64.

出："德国政府杜绝房价炒作的手段很多，但有三条不容忽视：一是地价、房价、房租的指导价制度；二是对抬高房价者的刑罚威慑；三是重税限制。虽然海外资本大量涌入德国楼市，但迄今为止并没有改变德国房价稳定的状况，不能不说是这三大利器的功效。"①

一是推行估价师定价制。德国房地产不是由卖方——开发商定价，不是由买方——购房者说了算，也不是由政府来决定价格，而是由房地产估价师通过对房地产标的物进行专业评估之后确定指导价格。房地产估价师要对估价负法律责任，而且时限长达30年。房地产估价师通过专业性的评估可以对地价、房价、房地产租赁价格制定出一个具有重要指导作用的"基准价格"，各市场主体在土地交易、房屋买卖、房地产租赁中都有义务参照基准价格执行。当然各种房地产市场交易定价可以在合理的范围内进行浮动②，但浮动不能太大。德国房地产市场的交易定价机制与其他国家有很大的不同，有效地保证了房地产市场的价格稳定，进而也就有效地抑制了炒房行为。

二是对故意抬高房价和租价的行为进行严厉处罚。如德国政府规定，对于超过由估价师经过专业评估指定的指导价格20%的房价或者租赁价格可以被认定为超高房价，相关的房地产开发商或者房东要承担5万欧元的罚款；对于超过指导价格50%的，则可以被认定为暴利，房地产提供者被视为触犯刑法，可以被判处3年及以上有期徒刑。德国对超高房价和房地产暴利行为的刑法威慑是保证德国房地产定价制度得以顺利实施的重要条件，是抑制利用推高房价进行炒房的有效保证。

三是加重房地产交易环节税负。德国政府十分重视在房地产交易环节征税。政府规定，自有自用的住宅只需缴纳宅基地的土地税，不用缴纳不动产税；而对于在市场上进行自由交易的房地产首先要按照评估价值缴纳1%~1.5%的不动产税，同时还要缴纳3.5%的交易税。此外，如果通过买卖获得盈利，还要缴纳15%的差价盈利税。德国政府对房地产交易与盈利课以重税，大大压缩了炒房者的利润空间，对炒房者起到了极大的抑制作用。

3. 美国抑制炒房的经验

美国是公认的炒房较少的国家。炒房之所以难以在美国立足，原因是多

---

①② 转引自：郇公弟．"海外炒房团"缘何败走德国［J］．四川党的建设（城市版），2008（5）：64－64.

方面的，既与其房地产市场长期以来形成的市场环境有关，也与美国政府所制定的稳定房价、抑制炒房的政策有关。

首先，美国缺乏炒房的市场环境。美国虽是市场经济发达的经济体，GDP 总量世界第一，人均 DGP 居于世界前列，国民收入水平高，购买力较为强劲，但美国人却并不热衷于购房，很多人愿意租房居住。也就是说，在购房和租房选择上，人们更愿意租房，因为从经济成本的角度考虑，租房更划算，购房总成本更高。

其次，美国房价长期上涨缓慢。"数据显示，在过去的 100 多年里，美国房价实际上没多大变化，每年平均只上涨 0.2%。从房价涨幅和回报率角度分析，对美国人来说，炒房实在不划算。"① 虽然在 2008 年之前一段时间，因为特殊的原因造成了美国房价一定程度的上涨，但涨幅也不大，在扣除通货膨胀因素和价格泡沫因素之后，实际涨幅也不超过 10%。

再次，美国社会保障制度较为完善，"以房养老"的需求不迫切。同时，美国的投资渠道较多，投资中介市场较发达，普通老百姓能够参与的投资渠道较多，房地产投资不会成为人们实现资产保值增值的重要渠道。

最后，政府推出了一系列抑制炒房的政策。这些政策不仅影响了美国长期的房地产市场环境，控制了房价上涨，左右了美国人选择租房而不愿意买房，而且也有效地抑制了炒房投机。美国抑制炒房的政策主要是充分利用了税收手段。这些税收政策主要包括以下一些。

一是通过征收房地产税（不动产税）增加房地产持有环节的成本。税率每年平均为 1%~3%。"以休斯敦为例，休斯敦房产年税率较低的是老社区，约 2.6%，新社区大多在 2.9%~3.1% 之间。新泽西州的一些地方，房产税高达 7%，有的州达到 10%。"② 这是在房屋不升值的情况下的课税，当房屋升值、房价上涨时，政府规定不管房主是否交易都要按照房价上涨额计税。美国养房贵不仅体现为税负高，还表现为房屋的养护成本很高。美国的房屋不管有没有人居住，都要定期对房屋及其设施进行养护维修，包括屋外的草坪都需要按期修剪。其实，房屋养护费用也是一种房地产持有环节的成本。对房地产持有环节征税以及对房屋定期养护的规定极大地影响了美国人的购房选择，也抑制了美国房地产市场的需求，使炒房失去了市场土壤。

①②　高荣伟. 美国人为什么不炒房［J］. 聊斋，2017（1）：69－71.

二是强化对交易环节的征税。在房地产买卖交易中，要产生 6% ~ 8% 的佣金，佣金一般是由卖方支付，买方只需要支付其他过户费即可。较高的佣金由卖方支付，可以在一定程度上降低炒房者的收益，起到抑制炒房的作用。同时，美国政府为了抑制炒房，规定低收入者购房可以向地方政府申请享受税收抵扣或免于缴税，而对二手房交易则要课以重税。"在二手房转让环节，购房者需要缴纳交易税、遗产税和所得税，尤其是所得税税率极高，最高可达 39.9%；对于短期炒作，即未拥有产权 1 年就要买卖的房屋，收入列入个人本年度总收入，税收比例最高可达 33% 左右；即使拥有产权超过 1 年，卖房时也须缴纳 20% 左右的税。"①

三是征收房地产利得税（房地产所得税）。每当房地产交易完成并获利之后，都必须缴纳资本利得税。资本利得税按照累计税率制征收（从 10% 到 35%）。炒房收益的很大一部分要交税，在很大程度上压缩了炒房者所得。因此，从这一角度说，征收房地产资本所得税，极大地抑制了炒房。

（二）亚洲国家抑制炒房的经验

一些亚洲国家在控制房价和抑制炒房方面也积累了可供借鉴的经验。主要以日本、韩国、新加坡为代表。

1. 日本抑制炒房的经验

日本是一个地少人多的国家，在 20 世纪 90 年代，日本出现了极为严重的炒房行为和房地产泡沫现象，给日本房地产业和国民经济都带来了极其严重的影响。在那个时期，日本房价在多重因素的联合作用下快速上涨，价格泡沫十分严重，据测算，房价在 1990 年比 1987 年上涨 2 倍左右，其中仅商业用地和住宅用地的价格就上涨了 2/3 以上。日本房地产泡沫最终破裂进而引发了日本经济大衰退。日本房地产泡沫的出现固然有众多因素，但也与炒房投机行为的推波助澜有较大的关联。为了抑制房地产投机和稳定房价，应对房地产泡沫，日本政府采取了一系列积极措施。

一是收缩信贷，控制房地产信贷规模。在 20 世纪八九十年代，日本对房地产领域的信贷是十分宽松的，如 1990 年，日本四大银行就向房地产领

---

① 李东卫. 防控投机性购房的国际经验及启示［J］. 新会计，2010（7）：50 – 52.

域提供贷款高达 50 万亿日元，占了当年贷款总额的 1/4。在日本房地产泡沫破灭之后，日本银行业也随之遭受重创，因此，此后不得不紧缩对房地产领域的贷款。

二是加大税收手段的调控力度。学界普遍有一种观点认为，日本 20 世纪八九十年代所出现的房地产泡沫在很大程度上就是由于对房地产各个环节的课税太轻造成的。在房地产泡沫出现之前，日本在房地产获取、交易、持有环节都实行了征税，但征税太轻，不足以达到抑制炒房的目的。比如，"1990 年，不动产税占日本所有税收的比重为 6.5%，占国民所得的 1.7%。而当时美国的不动产税占所有税收的比重为 14%，占国民所得的 3.5%"①。因此，在日本经济危机之后，政府总结经验教训，加重了对房地产各环节的课税，可以说有些课税还具有惩罚性质。首先，对土地课以高税，提高土地持有成本。为了抑制土地投机，强化土地的有效利用，对土地除了征收固定资产税外还征收地价税，也就是要提高土地保有环节的成本。其次，强化对房地产交易环节的征税。土地价格上涨是催生日本房地产泡沫的重要因素，因此，日本政府为了抑制高房价，加重了对土地的税负。除了对房地产交易以 4000 万日元为分界分别按照 20% 和 50% 征税之外，"为抑制投机，1992 年开始……对于保有期在两年以下的土地，转让时另行加收 30% 的重税"②。这种税收政策在一定程度上起到了抑制炒房炒地的作用，正如有的学者指出的那样："实施这些对策的结果是：日本土地价格从 1988 年开始放缓涨势，此后长期处于下跌状态，直到目前仍然低迷，'土地神话'已经终结成为市场共识。"③

2. 韩国抑制炒房的经验

韩国历史上曾出现过多次房地产价格的暴涨，特别是土地价格曾一度涨到惊人的地步。"韩国的地产价格总额令世人咋舌，如果把其全部地产售出就可以购买一半美国，或者购买 9 个法国。以 2015 年为基准，韩国地价比日本和德国分别高 2 倍和 3.5 倍，比人口密度相似的荷兰高 3 倍左右。"④

①②③　尹中立. 用税收手段遏制房地产投机——日韩税收政策的经验与借鉴 [J]. 新财经，2006（11）：82 - 83.

④　陆姗. 借鉴日韩经验谈我国利用税收手段调控房地产市场 [J]. 商场现代化，2008（3）：335 - 336.

为了稳定房价，特别是土地价格，以及抑制炒房，韩国历届政府都是不遗余力。韩国政府抑制炒房的基本思路也和其他国家相似，重点是从缓解供需矛盾和利用税收政策来调控炒房成本。具体来说，这些措施主要有以下几种。

一是加大房地产供应量，缓解市场供需矛盾。20 世纪 80 年代，居民户数的增加高于房地产供给，"1980～1987 年，韩国新增居民 185 万户，但住房仅增加了约 100 万套"①。因此，当届政府出台了建造五座卫星城市和修建 200 万套住房的计划并积极付诸实施，有效地缓解了市场供需矛盾。二是推行土地公共概念政策和房地产综合税等政策。长期以来，韩国房地产投机盛行的重要原因就是对房地产课税较轻。为此，韩国政府不断加强对房地产的税负。在卢泰愚政府时期，推出了由《宅地所有上限制》《土地超额利润课税制》《开发利益回收制》组成的土地公共概念政策。这些政策一方面是为了限制个人宅基土地占有的不均，另一方面是对限制土地课税以及对开发土地的预期利润征税，其基本目的就是要抑制房地产投机。到 2005 年，韩国又推出了房地产综合税。这项政策对于抑制炒房具有积极的意义，但可惜的是，此项政策推行不久即被废止。

3. 新加坡抑制炒房的经验

新加坡国土面积不大，仅有 700 多平方公里，还不如中国的一个中等县面积的 1/2，却居住着 500 多万人口。新加坡是一个典型的地少人多的国家，按理说应该是一个地价、房价很高，适宜进行房地产投机炒作的地方，但为什么新加坡的炒房投机现象却并不严重呢？根本原因就在于新加坡政府采取的一系列措施有效抑制了炒房，其中尤以组屋制度最有特色，也在抑制炒房中作用最为突出。

组屋制度就是对占人口绝大多数的中低收入群体提供由政府出资建造的组屋，按照低于市场价的价格卖给这部分人群，使之居有其所的制度。新加坡组屋制度主要贯彻了这样几种思想，从而起到了抑制房价进而抑制炒房的目的。一是由政府出资建造组屋，组屋的建造不交给市场，不交给房地产开发商。可以说，虽然新加坡是一个市场经济国家，但房地产市场则是以政府

---

① 金光熙. 韩国房地产投机历程探析［J］. 延边大学学报（社会科学版），2021（5）：23－30.

为主导。政府在为中低收入群体提供低价房屋方面发挥着主要作用。二是组屋只卖给符合条件购买的中低收入者。三是组屋定价不是由市场决定，而是由政府确定。组屋的价格往往远低于普通市场的房地产价格。四是组屋实行封闭流转机制。组屋只在中低收入群体中流转，不进入普通房地产市场。新加坡政府长期贯彻"民生归民生，市场归市场"的理念，将房地产市场分为两个并行的系统：一个是组屋系统；另一个是普通房地产市场系统。普通房地产市场主要是采取市场定价原则对房地产产品定价，买方主要是占人口约15%的高收入群体，而占人口总数约80%的中低收入者则主要参与组屋系统，购买由政府出资修建的、价格低于普通房地产的组屋。此外，约占总人口5%的收入更低的底层民众则可以租住由政府提供的廉租房。组屋类似于我国的经济适用房，是由政府提供的，即使符合条件的中低收入者购买之后，也不能进行炒作。组屋制度是一套系统化、高效运作的住房制度。从组屋建造，到组屋购买资格审查，再到组屋流转，有一套严格的制度。只有符合条件者才能购买，每个居民终身只能购买一次组屋，且每个居民只能同时拥有一套组屋。组屋在流转过程中实行封闭式运作，不能进入普通房地产市场交易，即使组屋的原有购买者因为各种原因退出组屋。

与组屋系统并行的普通房地产市场的消费者主要是高收入群体。由市场机制决定价格，按市场规律运作。但为了抑制炒房，新加坡政府也采取了相应的措施，那就是对外国人购买新加坡普通市场的公寓或其他私人房产，要征收税率很高的印花税等各种税费。新加坡政府以这种方式阻断域外需求进入新加坡房地产市场抬高房价，达到抑制炒房的目的。

（三）中国香港地区抑制炒房的经验

中国香港地区也是典型的人多地少地区，住房市场供需矛盾一直都较为突出。相关数据显示，香港地区的住房均价一直处于世界前列，人均居住面积仅有16平方米左右。房价高企、炒房盛行是香港楼市的重要特征。为了抑制炒房和稳定房价，香港地区政府采取了积极的应对政策，主要措施如下：一是尽力为市场提供有效供给，缓解供需矛盾。比如收回政府土地用于建造住房。二是征收房地产空置税。三是对拥有两套及以上住房的消费者课以重税（收取双倍印花税。香港地区的印花税税率曾高达15%）。

二、不同国家和地区抑制炒房的经验对我国的启示

世界各国和地区因为国情（区情）及市场环境的差异，在抑制炒房、控制房价上的做法不尽相同。这些做法对我国抑制炒房行为具有积极的参考和借鉴意义。

（一）增加房地产供给，缓解市场供需矛盾

供小于求必然导致地价和房价的上涨，只有为房地产市场提供更加充裕的供给，才能控制住房价，也才能最终消除炒房的市场土壤。无论是发达国家（地区）还是发展中国家（地区）都十分重视解决房地产市场的供给问题。增加房地产市场的供给量主要应从三个方面入手：一是要增加土地供给量。土地是房地产最基础的资源，如果土地供给规模有限，或者供给不及时，也会导致房地产价格的上涨。土地价格上涨对房地产市场的影响最大，日本和韩国就是最好的例子。二是要加大房屋供给量。三是要为中低收入者提供低价住房，解决好刚需人群的住房问题。增加房地产市场供给是一个方面，同时，还要分流需求。只有做到在增加供给的同时缓解需求，才能真正有效地平衡供需矛盾。如新加坡推行的组屋制度。

（二）利用金融手段，切断炒房资金融资来源

炒房需要大量的资金，宽松的银行融资环境很容易为炒房提供资金来源，如2008年次贷危机之前的美国、20世纪90年代的日本。为了真正有效地抑制炒房，各国无不在金融政策上下功夫，如采取提息、惜贷等金融措施从资金链上抑制炒房。

（三）充分利用税收政策，通过对房地产课以重税来抑制炒房

成功抑制炒房的国家或地区都不约而同地采用了这种方式。只有对房地产征收较高税收，增加炒房成本、减少炒房收益，才能真正抑制炒房。对房地产征税，应当注重增加在交易环节、持有环节和交易后环节的税负。比如，在交易环节征收印花税并提高印花税率，在持有环节征收房地产税（或者叫物业税），在交易后环节征收资本利得税，等等。

（四）建构按照消费者水平分流的房地产市场

尽力将房地产市场按消费者收入水平进行分流，建立相对独立、相互平行的房地产亚市场，即高收入者参与的普通房地产市场、中低收入者参与的由政府主导的房地产市场，以及底层收入者参与的由政府主导的低租金房地产租赁市场。每个市场按照不同的运行机制进行各成体系的运作。如新加坡就是按照不同的收入水平把房地产需求群体划分成不同的类别，使之归口于不同的房地产市场体系：高收入者在普通房地产市场，按市场机制定价、按市场原则交易；中低收入者归口于组屋市场，由政府主导、政府定价进行组屋交易；底层居民则进入由政府主导的租金低廉的房屋租赁市场。这种按购买力分类的房地产市场划分方式很值得我国借鉴。

（五）尽力阻断海外炒房者扰乱本国房地产市场

新加坡、美国等国家对国外购房者征收高额税负，在一定程度上阻止了国外房地产投机客的进入，对于保护本土房地产市场的稳定具有积极意义。

参 考 文 献

［1］敖永春. 中国电信价格管制研究［J］. 价格月刊，2013（1）.

［2］巴曙松. 价值投资理念的中国启示［J］. 新商务周刊，2013（9）.

［3］白正府. 中小学教师"凡进必考"录用制度的信息经济学分析
［J］. 教师教育论坛，2013（8）.

［4］本报特约评论员. 市场化撬动社会资本　严防地方债务风险集聚
［N］. 中国城乡金融报，2019－5－10.

［5］本刊编辑部. 勠力同心　千帆竞发［J］. 中国工程咨询，2019
（6）.

［6］本刊记者. 沪渝先行先试　房产税改革"破冰"［J］. 中国财政，
2011（4）.

［7］本刊评论员. 促进房地产业良性循环［J］. 上海房地，2022（1）.

［8］毕舸. 楼市发烧　热钱猖獗［N］. 中国房地产报，2005－8－29.

［9］蔡庆丰，李超. 金融投资中介化及其对市场的影响［J］. 证券市场
导报，2004（6）.

［10］蔡曦蕾. 非法集资的法律规范及关系梳理［J］. 北京政法职业学
院学报，2014（3）.

［11］蔡曦蕾. 个人合作建房的困境与出路——以与非法集资的界分为
主线［J］. 金融刑法，2010（1）.

［12］蔡宗洧. 二手商品房限价政策的影响分析［D］. 北京：商务部国
际贸易经济合作研究院，2022.

［13］曹倪娜. 2014 年全国 35 个大中城市房价收入比排行榜［J］. 上海
房地，2015（8）.

［14］曾德金．对涉房贷款应持续严监管［N］．经济参考报，2018 - 11 - 15．

［15］陈忱，高然．限购限贷政策对城市人口迁移的影响——基于动态随机一般均衡模型的政策模拟［J］．统计与信息论坛，2020（5）．

［16］陈丹丹．小城镇土地集约利用评价研究［D］．芜湖：安徽师范大学，2010．

［17］陈宏超．投资最大的敌人是自己［N］．中国证券报，2015 - 05 - 04．

［18］陈吉梁．资产价格与通货膨胀的相关性研究［D］．上海：复旦大学，2010．

［19］陈佳悦，吴霄琪，王思莹等．哈佛分析框架下房地产行业财务问题分析——基于华远地产［J］．山东商业职业技术学院学报，2021（6）．

［20］陈家宁，郭莎．城镇化后新生居民社会保障问题研究［J］．经营管理者，2015（8）．

［21］陈杰，高任飞．全面开征资本利得税须慎重——资本利得税对我国房地产市场的影响［J］．探索与争鸣，2013（8）．

［22］陈丽．都市圈视角下中心城市能级提升路径研究——以盐城市为例［J］．盐城师范学院学报（人文社会科学版），2021（5）．

［23］陈平，李建英．房地产税对我国居民收入再分配效应研究——基于广东的模拟测算［J］．地方财政研究，2021（12）．

［24］陈思，叶剑平，王峰．多主体供地的渠道及产权处置模式创新［J］．中国土地，2018（5）．

［25］陈思．多主体供地的实践探索及思考［J］．团结，2019（1）．

［26］陈伟．电子商务中信息不对称的经济分析［J］．绥化学院学报，2009（6）．

［27］陈新美．浅谈我国当前的房地产泡沫及泡沫经济［J］．华东经济管理，2006（10）．

［28］程娅．从美国房产税看我国房产税改革［J］．企业研究（理论版），2011（7）．

［29］崔效辉，张秋林．住房价格监管问题探讨［J］．价格与市场，2011（11）．

［30］邓丰，谭洪卫．以近零能耗为导向的上海地区不同住宅类型的能

耗及光伏替代率研究 [J]. 建筑科学, 2021 (4).

[31] 邓元东. 地租地价对中国城市房价的影响 [D]. 南充: 西华师范大学, 2019.

[32] 邓元东. 基于马克思地租理论的中国城市房价形成研究 [J]. 中国经济问题, 2018 (6).

[33] 丁芊, 聂琦波. 宏观调控下对我国房价持续上涨的思考 [J]. 商场现代化, 2008 (2).

[34] 董杰, 彭富华. 房地产泡沫及其应对措施 [J]. 产业与科技论坛, 2006 (8).

[35] 董志勇, 邱海平, 张辉等. 奋进新征程, 创造新伟业——学习党的二十大报告心得 [J]. 经济科学, 2022 (44).

[36] 段雯娟.《全国城镇土地利用数据汇总成果》发布 [J]. 地球, 2018 (2).

[37] 范燕. 我国居民消费结构和消费趋势的变化 [J]. 山西财经大学学报, 2011 (s1).

[38] 冯科: 2008 年房价能否软着陆 [J]. 经济展望, 2008 (5).

[39] 高冬, 徐兆妍. 房地产泡沫的危害与防范措施 [J]. 科技创业月刊, 2006 (1).

[40] 高荣伟. 美国人为什么不炒房 [J]. 聊斋, 2017 (1).

[41] 高晓杰. 马克思的地租理论与中国农村土地制度改革 [D]. 曲阜: 曲阜师范大学, 2010.

[42] 高志良. 三个报告分析购房透支抑制消费 [J]. 中国质量万里行, 2019 (1).

[43] 巩丽嫒. 毛泽东利益关系协调思想及其现实启示 [D]. 太原: 山西师范大学, 2012.

[44] 顾志明, 赵海峰. 遏制投机性炒房的必要性与对策 [J]. 武汉科技大学学报 (社会科学版), 2006 (4).

[45] 顾志明, 赵海峰. 培育投资性住房市场的效应与遏制投机性炒房的对策 [J]. 中国房地产金融, 2006 (8).

[46] 郭寸举. 警惕学区房炒作卷土重来, 降低市场虚火 [N]. 经济日报, 2022 - 04 - 11.

［47］郭东杰，王如丰．经济周期下货币政策与房地产价格关系研究
［J］．牡丹江师范学院学报（社科版），2020（1）．

［48］郭克莎．中国的总供求政策和宏观调控［J］．管理世界，1996
（2）．

［49］郭新奇．纪录片《草根乐手集结号》创作报告［D］．杭州：浙江
传媒学院，2019．

［50］哈崴．试论建筑工程风险管理制度中保险经纪人的职能发挥［J］．
上海保险，2007（2）．

［51］何爱华，徐龙双．住房租赁市场发展的制约因素、国际经验与改
进方向［J］．西南金融，2018（8）．

［52］何峰．试论中国房产税课税标的估价［J］．财税法论丛，2015
（1）．

［53］何立峰．认真贯彻《政府投资条例》 依法更好发挥政府投资作用
［EB/OL］．https：//www.gov.cn/zhengce/2019 – 05/06/content_5388902.htm．

［54］何文辉．货币政策与区域性房地产投机：理论与实证研究［D］．
广州：暨南大学，2010．

［55］胡盾，李巧敏．民营企业社会保险缴费"负担"及其影响研究
［J］．经济问题，2021（3）．

［56］胡海斌，冷安妍，吴景峰．美国通胀分析与当下有色市场［J］．
铜业工程，2022（2）．

［57］胡宏军，袁凯．房地产泡沫成因与对策［J］．科技创业月刊，
2007（12）．

［58］虎吉祥．房价上涨影响因素的经济学研究［D］．西安：西北大
学，2006．

［59］郇公弟．"海外炒房团"缘何败走德国［J］．四川党的建设（城
市版），2008（5）．

［60］黄继林．市场经济的潜在危险因素分析［J］．现代经济信息，
2013（24）．

［61］黄奇帆．房地产业发展的六种趋势及开发企业要摒弃的八种运行
方式［J］．住宅产业，2018（9）．

［62］贾曼莉．我国城市房地产价格决定的经济学分析［D］．长春：吉

林大学，2015.

[63] 姜必刚. 过剩商铺无人问津 [N]. 四川日报，2016 - 04 - 22.

[64] 蒋蕾. 信息不对称视角下高校专业资料室的信息服务 [J]. 科技情报开发与经济，2010 (9).

[65] 金光熙. 行房地产投机历程探析 [J]. 延边大学学报（社会科学版），2021 (5).

[66] 靳昊. 将政府投资纳入法治轨道 [N]. 光明日报，2019 - 05 - 06.

[67] 赖茇宇，李长花. 土地市场调控博弈分析的思考 [J]. 合肥学院学报，2007 (17).

[68] 黎显扬. 房企土地增值税纳税筹划的基本逻辑 [J]. 基建管理优化，2010 (4).

[69] 李东卫. 防控投机性购房的国际经验及启示 [J]. 新会计，2010 (7).

[70] 李开孟，李东，王盈盈. 扩大有效投资要善于用好政府投资 [J]. 中国投资（中英文），2022 (Z7).

[71] 李梦丹. 35 大中城市房地产价格泡沫度量及监管效果 [D]. 南昌：华东交通大学，2019.

[72] 李庶民. 限售 [J]. 中国金融家，2017 (12).

[73] 李爽. 上海和重庆房产税改革试点的案例分析 [D]. 沈阳：辽宁大学，2013.

[74] 李晓龙. 有机马克思主义的生态经济思想研究 [D]. 长春：东北师范大学，2017.

[75] 李延军，陈敏. 土地储备制度的风险研究 [J]. 中小企业管理与科技（下旬刊），2012 (12).

[76] 李宇嘉. 从土地供给到房屋供给的瓶颈亟待疏通 [N]. 证券日报，2017 - 04 - 17.

[77] 梁先玲. 论我国房产交易资本利得税的实现途径——基于英美两国经验 [J]. 经贸实践，2018 (7X).

[78] 梁潇，杨郡. 政策托底 为江苏政府投资"立规矩" [N]. 中国产经新闻，2020 - 08 - 27.

[79] 梁中华. 从人口流向看房价走势 [J]. 股市动态分析，2020 (13).

［80］廖富洲. 房产税改革：争论与前景［J］. 学习论坛，2013（9）.

［81］廖俊宇. 广州市地方政府土地违法行为研究［D］. 广州：华南理工大学，2013.

［82］廖勇，梁凡. 不对称信息条件下科技情报跨越式创新发展的思考与对策［J］. 经济与社会发展，2010（7）.

［83］林婧君. "限价" 下的上海房地产市场［J］. 上海房地，2017（8）.

［84］林雪. 金州新区收购土地中的房屋所有权注销管理研究［D］. 大连：大连海事大学，2015.

［85］刘丁豪. 房地产价格平抑与利益调节机制研究［M］. 成都：西南交通大学出版社，2013.

［86］刘华，黄安琪，陈力朋. 房屋空置税的国际比较与政策启示［J］. 税务研究，2019（5）.

［87］刘雷. 马克思政治经济学数理思想及其发展研究［D］. 长春：吉林大学，2021.

［88］刘丽. 论档案、图书、情报一体化管理的理论基础［J］. 内蒙古科技与经济，2013（5）.

［89］刘琳. 浅谈房地产价格问题［J］. 会计之友（下旬刊），2008（12）.

［90］刘明，梁中华，吴嘉璐. 我国人口迁移流动特点及未来展望［J］. 经济研究参考，2020（14）.

［91］刘升，郭丽. 房产税改革试点方案的评析与拓展［J］. 郑州轻工业学院学报（社会科学版），2012（3）.

［92］刘思翅. 高校毕业生就业信息不对称探解［J］. 商业文化（学术版），2009（5）.

［93］刘艳. 信息不对称与管理转型对高级人才流动的影响［J］. 经营管理者，2010（7）.

［94］刘英. 土地调控政策对商品房价格的影响研究［D］. 北京：北京交通大学，2010.

［95］刘颖，王芳. 论资本利得税在我国房地产宏观调控中的价值功能与实现路径［J］. 财会研究，2012（2）.

[96] 鲁延林. 旧城改造中"地随房走"模式分析 [D]. 成都: 电子科技大学, 2015.

[97] 陆姗. 借鉴日韩经验谈我国利用税收手段调控房地产市场 [J]. 商场现代化, 2008 (3).

[98] 陆永萍. BT模式下的房地产企业项目融资研究 [D]. 长春: 长春理工大学, 2011.

[99] 罗妙成. 对重庆上海房产税改革试点的思考 [J]. 福建江夏学院学报, 2011 (3).

[100] 罗珊. 保障性住房建设机制的运行机理研究 [D]. 天津: 天津商业大学, 2018.

[101] 马蔡琛, 朱旭阳. 关于我国房地产税收问题的若干思考 [J]. 税务研究, 2020 (4).

[102] 马吉祥. 我国房地产泡沫分析及政策建议 [D]. 乌鲁木齐: 新疆大学, 2008.

[103] 马克思. 资本论: 第三卷 [M]. 中共中央马克思恩格斯列宁斯大林著作编译局译. 北京: 人民出版社, 2004.

[104] 马毅, 李迟芳, 左小明. 房地产热下的项目投资冷思考——基于投资公司的视角 [J]. 会计之友, 2014 (26).

[105] 车锋. 近年来我国房价上涨原因分析 [D]. 广州: 华南理工大学, 2010.

[106] 倪鹏飞. 货币政策宽松、供需空间错配与房价持续分化 [J]. 经济研究, 2019 (8).

[107] 聂勇宽. 新时代土地储备制度面临的问题与对策 [J]. 中国土地, 2018 (9).

[108] 牛禄青. 医养融合新浪潮 [J]. 新经济导刊, 2016 (9).

[109] 潘金宝, 张三宝. 房地产泡沫问题研究 [J]. 时代经贸 (下旬刊), 2008 (24).

[110] 潘天敏. 信息不对称理论的重要启示 [J]. 决策咨询通讯, 2002 (1).

[111] 羌洲. 政府购买公共服务的机制创新: N市G区的实践探索 [J]. 社会建设研究, 2016 (2).

［112］任凌云.共赢经济学理论初探［J］.中国市场，2010（33）.

［113］邵亚勇.集体经营性建设用地入市的突破与挑战［J］.天中学刊，2021（2）.

［114］申文金，黄欣.完善土地储备制度 增强土地宏观调控能力［J］.国土资源，2008（2）.

［115］盛松成等.房地产与中国经济［M］.北京：中信出版社，2021.

［116］石玉亭.关于《资本论》的绝对地租理论和现代资本主义的绝对地租问题［J］.河西学院导报，1989（2）.

［117］时卫平.房产产权未解决前不宜开征遗产税［N］.广州日报，2013－3－5.

［118］史欣向，李善民，李胜兰.广深充分释放"双城"联动效应打造世界级创新平台研究［J］.城市观察，2021（3）.

［119］舒健.政府投资项目融资结构比选方法的优化［J］.建筑经济，2022（6）.

［120］宋国明.英国房地产业管理.国土资源情报［J］.2011（7）.

［121］宋天敏.中国房地产投机的成因及对策研究［D］.重庆：西南大学，2009.

［122］宋艳艳.江苏农村互助—自助养老的现实困境与对策分析——基于中国儒家传统互助文化视角［J］.改革与开放，2020（1）.

［123］孙静，周咏馨.房地产投机的五大危害［J］.中国房地产，2010（7）.

［124］孙瑞灼.不妨给"民间合作建房"一个正当身份［N］.新华每日电讯，2011－12－20.

［125］孙鱼铭.考虑入住率的实际供暖面积热指标估算方法［J］.暖通空调，2022（5）.

［126］汤立.W公司竞争战略研究［D］.成都：西南财经大学，2021.

［127］田传浩，王福林，贾生华.房地产泡沫的危害——国际经验及其启示［J］.中国房地产金融，2004（5）.

［128］汪贵顺.内资偏好炒房的原因及对策研究［J］.经济师，2007（10）.

［129］汪建强.非营利住房组织发展与我国多元住房供给体系构建

[J]. 中州学刊, 2012 (3).

[130] 王传言. 我国小额信贷困境解读: 一个信息不对称视角 [J]. 高职论丛, 2009 (z1).

[131] 王冬银. 城市化进程中耕地保护经济补偿模式研究 [D]. 重庆: 西南大学, 2013.

[132] 王家庭, 张换兆. 国外土地储备制度及其借鉴意义 [J]. 上海城市管理职业技术学院学报, 2006 (4).

[133] 王平, 万冬冬. 马克思资本主义农业批判的生态意蕴 [J]. 中共宁波市委党校学报, 2013 (6).

[134] 王树梅. 寿险经营风险管理探索 [D]. 济南: 山东大学, 2011.

[135] 王万力. 海外资金对我国房地产市场的分类影响 [J]. 中国房地产, 2006 (2).

[136] 王文娟. 现行征管模式下提高税收征管能力的研究 [D]. 成都: 西南财经大学, 2009.

[137] 王翔. 公共项目管理成熟度研究 [D]. 长沙: 中南大学, 2010.

[138] 王云霞. 对赌协议的法律适用及风险防范 [J]. 西部法学评论, 2013 (1).

[139] 王振芳, 周利花. 地产政策 "刀光剑影" [N]. 经济视点报, 2007 - 12 - 27.

[140] 卫泰池. 我国政府投资基金绩效评价 [D]. 北京: 中国财政科学研究院, 2020.

[141] 魏哲哲. 规范政府投资行为　激发社会投资活力 [N]. 人民日报, 2019 - 05 - 06.

[142] 文林峰. 监管外资进入中国房地产市场已迫在眉睫 [J]. 中国房地产, 2005 (11).

[143] 吴艳霞, 王楠. 房地产泡沫成因及其投机度测度研究 [J]. 预测, 2006 (2).

[144] 吴依桐. 全面二孩政策对我国人口结构和公共服务的影响 [D]. 上海: 上海交通大学, 2017.

[145] 西南财大家庭财富研究团队. 解读 "中国财富世界第二" [N]. 南方都市报, 2015 - 10 - 16.

[146] 夏巧玲. 住宅项目市场价格定量确定模型研究 [D]. 杭州：浙江大学, 2016.

[147] 谢挺. 小产权房若干问题的法律研究 [D]. 南京：南京航空航天大学, 2011.

[148] 谢晓娇. 农村市场假冒伪劣产品横行的信息不对称分析 [J]. 科技情报开发与经济, 2008 (25).

[149] 徐俊武, 肖晓勇. 房地产宏观调控中政府与房地产开发商行为的博弈分析 [J]. 重庆工学院学报, 2007 (8).

[150] 徐颖. 沪渝两地房产税试点方案比较及对今后房产税改革的启示 [J]. 特区经济, 2011 (8).

[151] 徐源鸿, 王丽婕, 苏晓莹等. 北京房地产市场泡沫分析与对策 [J]. 中国集体经济, 2012 (3s).

[152] 许倩. 央行严批金融"灰犀牛"风险：房企高负债、房贷高杠杆在列 [N]. 中国房地产报, 2018 - 11 - 12.

[153] 薛乔. 成都一级市场住房价格机制及公共政策 [D]. 成都：四川师范大学, 2008.

[154] 阎密. 看消费市场主力军 "Z 世代"如何改变餐饮业 [N]. 国际商报, 2021 - 12 - 09.

[155] 阎星. 成都都市圈是引领带动成渝双城发展的重要极核——《成都都市圈发展规划》解读 [J]. 中国投资 (中英文), 2022 (z5).

[156] 阳建勋. 税收调控房地产的正当性及其必要限度——房产税改革试点的税法原则反思 [J]. 税务与经济, 2012 (3).

[157] 杨光. 股权分置改革对投资者情绪影响研究 [D]. 成都：西南财经大学, 2009.

[158] 杨璐璐. 中国土地供给制度演进轨迹：文献综述及其引申 [J]. 宏观经济, 2012 (1).

[159] 杨铭. 建成小康社会后农村贫困治理重点转向与应对策略 [J]. 人民论坛·学术前沿, 2021 (9).

[160] 杨宁, 吴惺惺. "买卖不破租赁"原则之法经济学分析 [J]. 行政与法, 2013 (2).

[161] 杨勤法. 住宅房产税的合法性研究 [J]. 财会研究, 2011 (7).

[162] 杨勤法. 住宅房产税的经济法律分析 [J]. 河北法学, 2011 (9).

[163] 杨硕, 陈旭东. 土地增值税税制存在的问题及改革思路研究 [J]. 税收经济研究. 2022 (4).

[164] 杨新荣. 马克思的绝对地租理论及其启示 [J]. 学术交流, 2004 (9).

[165] 杨梓. 浅析房地产利益博弈中政府非理性策略行为及成因 [J]. 现代商业, 2008 (30).

[166] 杨梓. 我国房地产利益博弈探究 [J]. 消费导刊, 2008 (9).

[167] 姚新立. 《资本论》中的空间生产及其当代启示 [J]. 学理论, 2013 (12).

[168] 姚新立. 资本空间化的历程与状况 [D]. 苏州: 苏州大学, 2013.

[169] 姚泽力. "对赌协议" 理论基础探析 [J]. 理论界, 2011 (8).

[170] 叶姗. 房地产税法建制中的量能课税考量 [J]. 法学家, 2019 (1).

[171] 易宪容, 郑丽雅. 中国住房租赁市场持续发展的重大理论问题 [J]. 探索与争鸣, 2019 (2).

[172] 尹中立. 用税收手段遏制房地产投机——日韩税收政策的经验与借鉴 [J]. 新财经, 2006 (11).

[173] 应洁芳. 我国商品住宅价格影响因素的经济学分析 [D]. 沈阳: 东北大学, 2007.

[174] 于丽艳, 王殿华. 环境壁垒对我国食品出口的影响——基于农产品食品安全的视角 [J]. 财经问题研究, 2011 (5).

[175] 余丰慧. 德国没有炒房史 [J]. 芳草 (经典阅读), 2014 (1).

[176] 袁雪飞. 《江苏省政府投资管理办法》印发实施 [N]. 中国经济导报, 2020 - 09 - 02.

[177] 张诚. 假设房产税开征, 对个人影响探讨 [J]. 环渤海经济瞭望, 2018 (7).

[178] 张程. "抢人" 大战为何频频上演 [J]. 检察风云, 2020 (10).

[179] 张改革. 集团性企业全面预算执行问题分析 [J]. 中国电力教育 (企业版), 2009 (11).

［180］张金霞．浅析我国房地产泡沫的形成原因及防范措施［J］．科技信息，2013（12）．

［181］张露．新形势下中小投资者风险控制研究［N］．广西质量监督导报，2021 - 04 - 28．

［182］张美涛．论合同法诚信原则的经济学基础［J］．华章，2010（24）．

［183］张莫，梁倩．调控持续高压　政策松绑无望［N］．中国联合商报，2018 - 11 - 19．

［184］张洽棠，郭丁源．《政府投资条例》深刻内涵：推动政府投资迈向法治化轨道［N］．中国经济导报，2019 - 05 - 31．

［185］张日芬．我国居民房价承受能力分析［J］．合作经济与科技，2013（21）．

［186］张睿．合作建房——国外经验借鉴和我国相关制度的建构［D］．天津：天津大学，2007．

［187］张润林．房地产泡沫与金融稳定刍议［J］．会计之友（中），2007（01Z）．

［188］张文．基于WebGIS的土地储备及交易系统的开发与研究［D］．天津：天津大学，2013．

［189］张小玲．通胀预期下，分析我国的出口结构［J］．中国证券期货，2010（11x）．

［190］张煦．我国住房空置的金融风险传导机制研究［D］．湘潭：湘潭大学，2016．

［191］张艳．房产税改革的公平性分析［J］．东方企业文化，2014（9）．

［192］章嘉鞯．从信息不对称视角解读小额信贷的风险控制［J］．中国集体经济，2012（1x）．

［193］赵家祥，唐昆雄．从抽象到具体——《资本论》的叙述方法［J］．贵州师范大学学报（社会科学版），2019（6）．

［194］郑世刚，严培胜．中国房价决定、泡沫测度及波动效应分解——基于35个大中城市的实证分析［J］．湖北经济学院学报，2020（5）．

［195］郑铁桥，张建中．我国出口贸易：新常态转换、宏观影响因素及发展新思路［J］．对外经贸，2015（11）．

[196] 中国人民银行金融稳定分析小组. 中国金融稳定报告 2018［R/OL］. http：//dfjrjgj. hunan. gov. cn/tslm _ 71665/mtjj/201811/13365237/files/28dc0b9649124e2482b52608bc2448a4. pdf.

[197] 仲量联行. 应势开新，重塑格局：2021 中国办公楼市场白皮书［EB/OL］. https：//www. joneslanglasalle. com. cn/zh/trends － and － insights/research/2021 － china － office － whitepaper.

[198] 周贝贝. 今年楼市"金九银十"或难再现［J］. 新产经，2018（10）.

[199] 周丹雯. 房产税税基评估法律制度构建研究［D］. 上海：华东政法大学，2021.

[200] 周密，胡清元，边杨. 扩大内需战略同供给侧结构性改革有机结合的逻辑框架与实现路径［J］. 经济纵横，2021（9）.

[201] 朱林鑫. 龙游县食品安全市场监管问题及对策研究［D］. 长沙：湖南农业大学，2020.

[202] 朱亚鹏，孙小梅. 合作建房的国际经验及其对中国的启示［J］. 广东社会科学，2019（1）.

[203] 邹益华，周云. 英国"房协"模式特色及借鉴设想［J］. 现代物业（上旬刊），2004（3）.